Franziska Muri

21 Gründe, das
Alleinsein
zu
lieben

WILHELM HEYNE VERLAG
MÜNCHEN

Die in diesem Buch vorgestellten Informationen und Empfehlungen sind
nach bestem Wissen und Gewissen geprüft. Dennoch übernehmen die Autorin
und der Verlag keinerlei Haftung für Schäden irgendwelcher Art, die sich direkt
oder indirekt aus dem Gebrauch der hier beschriebenen Anwendungen ergeben.
Bitte nehmen Sie im Zweifelsfall bzw. bei ernsthaften Beschwerden immer professionelle
Diagnose und Therapie durch ärztliche oder naturheilkundliche Hilfe in Anspruch.

Sollte diese Publikation Links auf Webseiten Dritter enthalten, so übernehmen
wir für deren Inhalte keine Haftung, da wir uns diese nicht zu eigen machen, sondern
lediglich auf deren Stand zum Zeitpunkt der Erstveröffentlichung verweisen.

MIX
Papier aus verantwor-
tungsvollen Quellen
FSC® C014496

Verlagsgruppe Random House FSC® N001967

2. Auflage
Taschenbucherstausgabe 05/2019

Copyright © 2017 der deutschsprachigen Ausgabe by Integral Verlag München,
in der Verlagsgruppe Random House GmbH
Copyright © 2019 dieser Ausgabe by Wilhelm Heyne Verlag, München,
in der Verlagsgruppe Random House GmbH, Neumarkter Straße 28, 81673 München
Alle Rechte sind vorbehalten. Printed in Germany.
Redaktion: Daniela Weise
Umschlaggestaltung: Guter Punkt GmbH & Co. KG, München
unter Verwendung eines Motivs von © loliputa/thinkstock
Satz: Satzwerk Huber, Germering
Druck und Bindung: GGP Media GmbH, Pößneck
ISBN 978-3-453-70369-8

www.heyne.de

Alleinsein hat einen schlechten Ruf.
Das finde ich so ungerecht, dass ich begann,
dieses Buch zu schreiben. Denn ich bin viel allein –
und ich liebe es. Meistens. Die darin verborgenen
Schätze zu kennen und weiter zu erforschen,
hilft mir in den Momenten, in denen auch ich am
Alleinsein leide, mich einsam oder »falsch« fühle.
Und ich denke, das wird vielen anderen Menschen
ebenso gehen. Für sie ist dieses Buch.

Inhalt

Eine Reise auf die Sonnenseite des Alleinseins........... 11

1. Ergreif die Chance!
   Das Leben traut Alleinigen etwas zu.................. 18

2. Eine Solistin unter tausenden
   Wer allein ist, ist in guter Gesellschaft................ 34

3. Schluss mit Einreden!
   Im Alleinsein bist du frei von 54

4. Schluss mit Ausreden!
   Im Alleinsein bist du frei für 62

5. Deine Zeit, dein Rhythmus
   Allein ist alle Zeit dein............................... 72

6. Dein Anker in der Reizflut
   *Allein kannst du die heutigen Informations-
   unmengen leichter verarbeiten*....................... 80

7. Musen küssen keine Massen
   Alleinsein beflügelt die Kreativität................... 92

8. Einer geht immer
   *Allein bist du flexibler, dein Leben fährt sich weniger
   leicht fest*.. 104

Special: Allein reisen, allein ins Restaurant 112

9. Leben heißt Lernen
   Alleinsein fördert Eigenständigkeit und persönliche
   Weiterentwicklung................................ 129

10. Beim nächsten Mal kann's wirklich besser werden
    Gut genutzt ist das Alleinsein eine Lernphase für
    neue Beziehungen 146

11. Wer bist du noch – außer (mögliche)
    Partnerin?
    Allein findest du am besten zu dir selbst.............. 157

12. Täglich hundert winzig kleine Küsse
    Die Wertschätzung für alle, auch kleine
    Begegnungen wächst............................. 170

13. Nie mehr irgendein Erstbester
    Kannst du gut allein sein, hast du bei neuen
    Beziehungsangeboten die Wahl 183

14. Gebend, nehmend, bei sich
    Kannst du gut allein sein, bist du bereichernd
    für andere....................................... 190

15. Ade, was beengt
    Lebst du (zeitweise) das Alleinsein, wirst du
    Mitgestalterin von neuen Zusammenlebensformen..... 200

16. Du bist die Frau deines Lebens
    Bist du viel allein, wirst du zur Selbstliebe
    geradezu gezwungen 211

17. Niemand ist je wirklich allein
    Allein bist du näher an der Natur, näher an der
    geistigen Welt und erfährst dort ein heilsames
    großes Du 226

18. Sich auf das eigene Selbst verlassen
    Hast du das Alleinsein gelernt, hast du es an den
    großen Kreuzwegen des Lebens leichter damit 237

19. Die Energie aus dem Zentrum
    Hast du das Alleinsein zum Freund, ist es dir eine
    immer verfügbare Kraftquelle 246

20. Wie es Liebe wird
    Kenner des Alleinseins sind Pioniere einer neuen
    Stufe der Verbundenheit mit dem Leben selbst.
    Genau das, was wir heute brauchen. 251

21. Mystiker 5.0
    Allein bist du näher am reinen Sein, am All-Eins-
    Sein, der übergroßen Erfülltheit. 261

Zum Abschluss. 267

Danksagung. 268
Literaturauswahl 271
Anmerkungen 275

Eine Reise auf die Sonnenseite
des Alleinseins

Dieses Buch habe ich für mich selbst zu schreiben begonnen. Es sollte das Buch werden, das ich mir immer gewünscht hatte, wenn ich mich einsam und verlassen fühlte, wenn ich das Gefühl hatte, alles falsch gemacht, »falsch gelebt« zu haben, kurz: wenn mein eigentlich sehr gemochtes Alleinsein zu quälender Einsamkeit geworden war. Ich machte mein ungewöhnlich häufiges und intensives, meist freiwilliges, aber zeitweise auch aufgezwungenes Alleinsein zum Forschungsgegenstand.

Als diese Idee geboren war, fühlte ich mich um Tonnen erleichtert. Jetzt wollte ich es wissen! Schluss damit, mich von Bekannten oder Nachbarn bemitleiden zu lassen, nicht selten von solchen, die gern jammerten, mich aber niemals jammern hörten. Schluss damit, mich von Therapeuten und Hobbypsychologen pathologisieren zu lassen, weil ich nicht fähig sei (»nicht willens« zählte nicht, das wurde als noch schlimmere, unbewusste Unfähigkeit interpretiert), mich in die »gesunde Norm der Gesellschaft« einzureihen. Schluss vor allem aber damit, mich selbst als Problem anzusehen. Denn was ich seit einigen Jahren, in denen ich überwiegend Single war, erlebte, war doch Entwicklung, war Wachstum im ganzheitlichen Sinne, war vor allem zunehmende Lebenszufriedenheit. Es ging nur eben nicht in die Richtung, die ich (und andere) glaubte einschlagen zu müssen. Was also war los mit mir und der Welt?

Alle mir zugänglichen Kanäle wollte ich befragen – und blicke heute zurück auf eine intensive Forschung: Ich beschäftigte mich vermehrt mit Büchern, Fachzeitschriften und Vorträgen, in denen Soziologen, Historiker, Psychologen, Hirnforscher, Paar- und Familientherapeuten, Philosophen und spirituelle Lehrer zu Wort kamen. Ich schaute mir zu meinem Thema allgemein die Medien an und lauschte den Äußerungen der Menschen um mich herum mit größerer Aufmerksamkeit. Ich befragte Leute. Zugleich – und stets in Bezug zum Gelesenen und Gehörten – untersuchte ich die vielfältigen Regungen in mir immer genauer, meditierte, lauschte der Intuition.

Auf diesem Weg erlebte ich kostbare Momente des Erkennens. Ebenso erstaunt wie dankbar begann ich zu begreifen, dass ich in meinem Alleinsein nicht allein war. Ich war sogar Teil eines kollektiven Prozesses, der jetzt offenbar wichtig und notwendig ist. Wir Heutigen leben eine schon vor Jahrhunderten begonnene zunehmende Individuation. Dabei verabschieden wir uns auch von Beziehungsmustern, die sich überlebt haben. Frauen sind selbstbewusster und selbstständiger geworden und suchen heute auch in Liebes- und Lebensbeziehungen völlig neue Wege. Und immer mehr von ihnen nehmen nicht mal ungern in Kauf, dass sie dies zunächst in eine Phase des Alleinlebens führen kann. Zugleich nimmt das Spirituelle heute fernab der etablierten Religionen eine sinnstiftende Rolle im Leben von immer mehr Menschen ein – und das braucht Raum für Stille, den Rückzug nach innen, das Für-sich-Sein. All das markiert einen Aufbruch zu etwas Neuem, noch Ungewissem, in dem das Alleinsein eine wertvolle und stützende Rolle spielt.

Wie herrlich war es, dies alles zu erkennen! Die quälenden Essen an Katzentischen von Restaurants, die Tränen an manch einsamen Abenden, das beißende Gefühl des Andersseins an Sonntagen zwischen spazierenden Paaren und Familien, die Ängste, das Leben nicht hinzubekommen, all das bekam plötzlich Sinn, und was darunter lag, war folgerichtig und gesund. Es war ein Weg zu etwas noch nicht Erkennbarem, aber irgendwie doch *ich glaube ich schaffe das*

Lockendem. Genau so, seltsam und doch irgendwie stimmig, hatte es sich als grobe Linie in meinem Leben auch angefühlt. Etwas in mir wollte diesen kaum beleuchteten Weg gehen, scheinbar wider alle Vernunft.

Wenn ich dieser inneren Kraft vertraute, war alles leicht und gut. Ich fühlte mich verbunden – mit dem Leben selbst. Eine unbeschreiblich schöne Erfahrung, die ich niemals so tief hätte machen können, wenn ich dem angstvollen Sehnen nach »normalem« Eingebundensein in eine Partnerschaft oder in einen unternehmungslustigen Freundeskreis nachgegeben hätte. Die nährende Süße des Für-mich-Seins erfüllte mich ganz und gar … bis wieder einmal die Zeit von Angst und Zweifel kam. Heulende, zitternde, schwach machende Einsamkeit. Aber letztlich hat genau sie mich immer wieder zum Weitersuchen gebracht, zum noch tieferen Eindringen in die geheimen Kräfte des Alleinseins, das mein überwiegender Alltag war. Irgendwann konnte mich vieles, was mich wenige Jahre zuvor noch fertigmachte, nicht mehr greifen. Stattdessen entdeckte ich ein paar glitzernde Juwelen in genau dem, was mir zeitweise so problematisch erschienen war. Sie sind der Kern dieses Buches: 21 Gründe, das Alleinsein zu lieben.

Nutze es für dich

Ob du Single bist, geschieden, verwitwet, ob du langjährig allein lebst oder erst seit Kurzem, ob du in Beziehung oder Familie eingebettet bist und dich dennoch ab und an allein fühlst, ob du es liebst oder fürchtest – wenn dich das Alleinsein so sehr bewegt, dass du zu diesem Buch gegriffen hast, wirst du hier viele Anregungen finden, es neu zu betrachten und als etwas Schönes und Kostbares zu empfinden. Als eine Kraftquelle, die dir immer zur Verfügung steht. Als eine – nicht immer süße – Medizin, die das Leben dir schenkt, um dich zu heilen.

»Jeder Mensch ist eine kleine Gesellschaft«, sagt Novalis und meint das sicherlich nicht als Trost bei akuter Einsamkeit. Aber er spricht an, dass wir in uns selbst Widersprüche und Launen haben, die daher kommen, dass unterschiedliche Persönlichkeitsanteile in uns wirken. Deswegen kann es auch mal die eine und dann wieder eine ganz andere Facette des Alleinseins sein, die dir Freude macht, dir Sinnhaftigkeit schenkt oder Trost. An manchen Tagen ist es vielleicht die Nummer drei der hier beschriebenen Gründe, die perfekt passt und jubelnd zelebriert wird, an anderen ist es die fünfzehn, die neun oder – still und kraftvoll – die einundzwanzig. Manchmal braucht man Gründe für den Verstand, dann ist es auch gut, sich von der Wissenschaft unterstützen zu lassen, die dem Alleinsein in einigen Untersuchungen ansehnliche Gütesiegel gab. An anderen Tagen braucht man etwas für die Gefühle, dann wieder ist man offen für das Spirituelle. Pick dir einzelne Punkte heraus oder nutze sie nacheinander wie einen Weg. Die 21 Gründe wollen angenommen, erlebt, teilweise auch errungen werden. Bei vielen könnte man sagen: Das Alleinsein öffnet eine Tür, durchgehen aber musst du selbst.

Natürlich kann man problemlos auch 21 und mehr Gründe finden, Partnerschaft oder Gemeinschaft zu lieben. Aber die schwirren ohnehin durch unsere Köpfe und alle möglichen Zeitschriften und Ratgeber. Genau sie machen viele von denen, die gerade allein sind, ja so unzufrieden.

Wichtig ist mir: Es geht nicht um Besser oder Schlechter. Allein sein oder mit anderen zusammen? Beides gehört zum Leben und beides hat Vor- und Nachteile. Je nach Lebensphase und Wesen eines Menschen. Besser oder schlechter ist gar keine Frage. Entweder man ist allein oder man ist es nicht. Niemand verlässt eine erfüllte Partnerschaft, weil er allein leben will. Und genauso wissen Singles, dass man sich nicht einfach für eine neue Beziehung entscheiden kann, nur weil man eine möchte. Wenn man niemanden kennt oder findet, mit dem es passt, ist man eben allein. Wichtig ist, mit dem umgehen zu lernen, was gerade da ist. Das ist beim Alleinsein nicht unbedingt einfach, aber sehr lohnend. Zum einen, weil kein Leben ohne auskommt. Zum anderen, weil die darin verborgenen Geschenke zu einer tiefen Lebensliebe führen können. Und was könnte schöner sein, als die zu entdecken?

Vielleicht aber willst du dich gar nicht mit dem Alleinsein anfreunden, sondern einfach nur das Eine: den richtigen Partner für eine glückliche, erfüllte Beziehung finden. Traurig oder frustriert warten oder krampfhaft suchen allerdings wäre ziemlich kontraproduktiv. Oder wie attraktiv und beziehungstauglich findest du Männer, die genau dies in der Hoffnung auf eine Frau tun? Die Chancen steigen, wenn du gut mit dir allein sein kannst. Vielleicht gibst du dir die Chance, dich an das heranzulieben, was jetzt gerade da ist: Du bist allein. Das mag dir wehtun, zumindest zeitweise. Aber es hat auch schöne Seiten und Vorzüge, die du bestimmt noch nicht alle ausgekostet hast.

Es gibt eine Linie, oberhalb derer das Alleinsein Freude macht und fruchtbar ist. Für viele ist es dort sogar eine gleichberechtigte Lebensform, die sie in vollen Zügen genießen. Die meisten Menschen siedeln das Alleinsein aber weit unterhalb dieser gedachten Linie an. Sie finden es schwer, leiden daran, sind einsam oder langweilen sich, wenn sie niemanden um sich haben. Weil das so ist, wird es in diesem Buch häufig auch um die Schattenseiten des Alleinseins gehen, um die Ursachen dafür, dass wir es so dunkel sehen, und dann vor allem um die Wege, Sprünge oder Kletterpartien nach oben über diese Linie. Ich hoffe sehr, dass es mir auf diese Weise gelingt, die hellen, schönen Facetten oberhalb der Linie auch denen nahezubringen, die momentan unterhalb davon unterwegs sind.

Für mich war es gar kein so langer Weg, das Alleinsein lieben zu lernen. Aber es war ein langer Weg, zu dieser Liebe zu stehen und mich darin okay zu finden. Ich hoffe mit diesem Buch auch sehr, dass sich alle verwandten Seelen fortan leichter die Erlaubnis geben, gern allein zu sein, in ihrem Maß, auf ihre Weise.

Ich erinnere mich dabei an einen persönlichen Schlüsselmoment: Es war eine warme, ruhige Sommernacht. Ich stand am Fenster und schaute auf Tausende von Sternen, die sich überwältigend klar am Himmel zeigten. Ich wusste: Sie alle haben den gleichen Ursprung, sie alle kommen wie die Erde von diesem einen zentralen Fleckchen (so stelle ich mir das Unvorstellbare vor), diesem unfassbaren Urknall, mit dem alles begann. Sternenpartikelchen formten sich über Jahrmilliarden zu unzählbaren, unendlich vielgestaltigen Lebensarten und Lebensweisen, von denen wir bis heute nur einen Bruchteil kennen. Eine solche Vielfalt! Eine solche Weite und Fülle und atemberaubende Faszination! Und ich, dieses winzige Wesen aus Sternenstaub auf diesem kleinen blauen Planeten, ringe jahrelang mit der Frage, ob es okay ist, so viel von meiner Lebenszeit allein zu verbringen? Dabei bin ich doch untrennbar verbunden, mit all diesem Wunderbaren um mich her!

Hinein in neue, tiefere Verbundenheit

Die kreativsten Köpfe und liebevollsten Herzen gehen heute allerorten davon aus, dass wir uns zusammenschließen müssen, um die anstehenden Herausforderungen zu lösen und das Ruder für die Zukunft der Menschheit noch herumzureißen. Es braucht ein ganz neues Wir-Gefühl. Und in genau dieser Zeit schreibe ich über die guten Seiten des Alleinseins? Ja. Denn es passiert. Dass Millionen allein leben und sich noch viel mehr Menschen zeitweise einsam fühlen, ist Teil der Realität, Teil des Ganzen. Und wie alles andere birgt es auch Chancen. Nur sollten wir aktiv einen gesunden Umgang mit diesem Phänomen finden. Was ich hier schreibe, ist daher keine Verherrlichung der Vereinzelung. Kein Hoch auf den Individualismus oder gar Narzissmus. Stattdessen sehe ich das Alleinsein als einen Weg zu einem neuen, tieferen Eingebundensein. Die Erfahrungen und Gedanken, die sich hier finden, haben letztlich einen Tenor: Raus aus der Einsamkeit, hinein in eine neue Art von Verbundenheit – mit sich selbst, mit der Natur, mit anderen Menschen, mit der Welt, mit dem Geistigen, mit dem Leben an sich. Das bringt nicht zuletzt auch der Gesellschaft etwas. Es kommen Facetten stärker zum Leben, die sonst im Ganzen fehlen würden. Eine neue Balance.

Noch ein Hinweis

Ich habe, anders als üblich, an vielen Stellen im Text die weibliche Form der Worte genutzt, da sich dieses Buch überwiegend an Frauen richtet. Alleinsein stellt sich für Frauen und Männer aus biologischen und vor allem aus soziologischen Gründen jeweils anders dar. Und naturgemäß kann ich nicht so tief erfassen, was es für Männer bedeutet, wie ich das für Frauen kann. Zugleich freue ich mich, wenn auch Männer in diesem Buch lesen. Ein Großteil der Gründe, das Alleinsein zu lieben, trifft für sie genauso zu. Und über die anderen könnten Frauen und Männer künftig bestenfalls in einen aufrichtigen Austausch kommen.

Von Herzen alles Liebe auf deinem Weg
des verbundenen Für-dich-Seins

Franziska Muri

1. Ergreif die Chance!

Das Leben traut Alleinigen etwas zu

Alleinsein ist nicht einfach. Keine Frage. Wir sind es immer weniger gewohnt und unsere Gesellschaft gibt uns kaum positive Vorbilder dafür. Wenn es dir so intensiv geschieht, dass es ein Thema für dich wird, kannst du davon ausgehen: Das Leben will etwas von dir. Hier wartet eine Aufgabe, an der du wachsen kannst. Wer es so sieht, macht es sich schon mal leichter. Er sagt Ja dazu, sich vom Leben ergreifen und auf eine neue Stufe heben zu lassen.

Ein Grund, das Alleinsein zu lieben

An meinen eigenen Umgang mit einem schon recht extremen, nicht wirklich freiwilligen Alleinsein vor einigen Jahren erinnere ich mich manchmal, wenn ich Marienkäfern oder anderen Insekten aus der Wohnung heraushelfe. Sie flattern oder krabbeln an der Fensterscheibe herum und weigern sich hartnäckig, einmal kurz über den Holzrahmen zu gehen, obwohl dort der zweite Fensterflügel geöffnet ist. Auf der anderen Seite des Holzes wartet die Freiheit – doch der Rahmen scheint ihnen der falsche Weg zu sein, immer dort kehren sie um. Verständlich, denn er versperrt ihnen die Sicht nach draußen. Das, wohin sie wollen, wirkt von dort aus noch ferner. Wie nicht mehr existent. Und so vollführen sie, manchmal über Stunden, einen kräftezehrenden Kampf des immer gleichen Versuchens und Scheiterns. Die

Scheibe gibt sie nicht frei – während das Fenster daneben weit offen steht. Doch das wissen sie nicht und in ihrem blinden Kampf können sie es auch nicht erfahren.

Wenn ich dann zu helfen versuche, wird es nicht gleich besser. Panik kommt hinzu. Etwas übermächtig Großes drängt das kleine Tierchen in Richtung Dunkel und so kämpft es sich mit aller Kraft immer neu zurück ins Licht. Leider nur bleibt es dort weiterhin an der Scheibe hängen, an diesem unverständlich unsichtbaren und doch schmerzhaft existenten Ding. Heftige Aufregung, Verzweiflung … Ich habe mittlerweile Übung und meist gelingt es mir schnell, fliegende Insekten mithilfe eines Blattes Papier vorsichtig über den Rahmen zu nötigen. Oder ich stülpe ein Glas über sie und schiebe eine Postkarte darunter. Wenn ich dieses kleine Kurzzeitgefängnis, in dem sich das Biestchen wiederum panisch oder bereits resigniert benimmt, in der Weite des offenen Fensters öffne, fliegt es nach kurzem Zögern davon. Ich selbst spüre die große Erleichterung: Es war schlimm, es war zum Verzweifeln, Ratlosigkeit und Angst waren die herrschenden Kräfte vor allem in den letzten Sekunden – doch nun ist gerade durch das Geschehen in diesen letzten Sekunden die Freiheit da. Das Leben, das in einer Sackgasse zu enden schien, geht weiter. Frei und weit, mit all dem unermesslichen Potenzial, das es auszumachen pflegt.

Wie wäre es, denke ich manchmal in diesen Momenten, in denen so ein Käfer, so eine Fliege, so eine Wespe wieder in die Unendlichkeit eintaucht, wie wäre es, wenn das Leben es mit uns ähnlich macht wie ich mit diesen Insekten? Wenn es uns liebevoll wissend dorthin drängt, wo wir einen Ausweg finden, auch wenn er in genau der Richtung liegt, in die wir niemals freiwillig gehen würden: noch tiefer hinein in Angst und Dunkel und genau dadurch ins Licht? Es weiß um die höheren Gesetze, die wir nicht überschauen, ebenso wie ich um die Erfindung der

Fensterscheibe weiß, die dem Insekt ein unangenehmes Rätsel bleibt. Wie also wäre es, wenn uns das Leben auf die jeweils nächste Stufe unserer Entwicklung zu heben versucht, indem es uns Wege zeigt, die wir niemals zu beschreiten gewagt hätten, die aber genau dorthin führen, wohin wir uns sehnen?

Wir alle kennen das bereits von unserem allerersten Weg: dem durch den Geburtskanal. Während wir uns da, am Anfang unseres Lebens, noch vertrauensvoll auf die größeren Kräfte einließen, können uns spätere Krisenerfahrungen in einen destruktiven Kampf bringen. Wie ich bei den Insekten muss uns dann auch das Leben manchmal uns selbst überlassen und warten, bis unsere Kräfte schwinden, bis wir das Toben und Wüten lassen, währenddessen es keine Rettung gibt. Oft können uns erst in einer gewissen Erschöpfung die wohlmeinenden Hinweise erreichen, die uns dorthin führen, wohin wir gehören: in die Weite zwischen Himmel und Erde, wo wir genährt sind und wachsen können.

Durchtauchen statt Weglaufen

Alleinsein kann eine wundervolle Erfahrung sein. Für die meisten von uns ist es das aber nicht von Anfang an. Wir können sehr daran leiden. Und doch werden wir alle immer wieder Phasen des Alleinseins haben. Zu positiven, wertvollen Erfahrungen werden sie erst, wenn wir sie annehmen. Wenn wir nicht mehr vorm Alleinsein weglaufen, sondern unseren Mut zusammennehmen, uns umdrehen und ihm ins Gesicht schauen. Vielleicht merken wir dann, dass es uns freundlich zunickt. Dass es uns anlächelt und uns einlädt, sich ihm anzuvertrauen und dabei über uns hinauszuwachsen. Hinein in unsere wahre Stärke.

Das Alleinsein kann zu einem Freund werden, der uns immer begleitet, der uns mal näher ist und mal beinahe vergessen. Wenn er kommt, dann nie mit leeren Händen, nie ohne

Geschenke. Das Durchtauchen führt aus meiner Erfahrung dazu, dass man es lieben lernt und selbst Momente der Einsamkeit gut durchleben kann. Zugleich aber führt es auch in eine neue und intensivere Verbundenheit mit anderen.

Wie Patricia Tudor-Sandahl schreibt: »Der Mensch ist ein soziales und zugleich einsames Wesen, mit dem Bedürfnis ausgestattet, sowohl für sich zu sein als auch in enger Beziehung zu anderen zu stehen. Sich zwischen diesen Zuständen frei hin und her bewegen zu können – darin liegt der Schlüssel zum ganzen und reifen Menschen.«[1] In genau dieser Aufgabe liegt die große Chance des Alleinseins. Denn meist ist es diese Seite der Medaille, die wir (noch) nicht ertragen. Sich ihr zu stellen, führt uns dazu, ganz zu werden, ein vollständiger Mensch. So drückt es auch Anselm Grün aus: »Doch um die einmalige Person zu werden, die ich bin, ist es notwendig, die eigene Einsamkeit anzunehmen. Sie gehört zu mir. Und nur, wenn ich mich damit aussöhne, werde ich wirklich erwachsen, werde ich wirklich eine Person, die in Beziehung ist zu sich selbst und zugleich offen für andere Personen.«[2]

Zunächst kann das Alleinsein eine heftige Krise auslösen. Die Trennung vom Partner, die Leere nach dem Auszug der Kinder, die Isoliertheit nach dem Umzug in eine andere Stadt, die Resignation nach vielen erfolglosen Dates oder das Realisieren, dass wir uns in der Beziehung einsam fühlen – wir merken, dass die Dinge nicht so laufen, wie wir es uns vorgestellt, wie wir Sie erträumt hatten. Fest scheinende Muster, in denen wir unser Denken und Empfinden eingerichtet hatten, sind aufgebrochen. Nichts stimmt mehr – und das Schlimmste ist: Es gibt keinen engen Vertrauten, mit dem gemeinsam wir es tragen könnten. Wir sind auf uns selbst zurückgeworfen. Und je nachdem, wie abhängig wir von bisherigen Bezugspersonen waren oder allgemein davon, »dass da jemand ist«, kann das sehr schmerzhaft sein. Denn das Selbst, auf das wir zurückgeworfen wurden, scheint uns klein und bedürftig.

Doch woran wachsen wir? Sicher weniger an den rosigen Momenten, in denen alles so läuft, wie wir es uns ausgemalt hatten. Sondern genau dann, wenn es »schiefgeht«. Leiden entsteht, wenn das Leben nicht so mitspielt, wie wir es wollen. Richtiger formuliert: Leiden entsteht, wenn wir nicht so mitspielen, wie es das Leben nun mal will. So oft lenkt es uns anders, als wir es geplant hatten – und so oft steckt genau darin das größte Geschenk, auch wenn wir das meist erst im Rückblick erkennen können.

Strukturen zerbrechen – und das Beste, was wir jetzt tun können, ist, sie nicht zu schnell wieder zusammenzufügen, sondern zu schauen, was sich aus den Bausteinen und Trümmern vielleicht auf eine ganz neuartige, lebenswertere Weise zusammensetzen lässt. Eine Krise bewusst als Chance zu nutzen, ist nicht nur der beste Weg, sie zu meistern. Es ist auch der Garant dafür, dass wir lernen, uns weiterentwickeln und als neuer Mensch – stärker und reifer – aus ihr hervorgehen. Damit ertragen wir die Situation nicht einfach oder lassen sie über uns ergehen, sondern gestalten sie aktiv.

Carlo Zumstein beschreibt am Beispiel der Depression, wie eine schwere Krise die Initiation zur eigenen Heilkraft sein kann. Er kam zu der Überzeugung, dass »die Depression wie jede Krankheit ihr eigener Selbstheilungsversuch ist«[3]. Sicher gilt das auch für Krisen allgemein. »Wir haben vergessen, dass der Same des Lebens in der Finsternis des Mutterschoßes und der Erde keimt.« Der stereotype Rat, bei Einsamkeit unter Leute zu gehen, könnte dann so wie der Versuch sein, Depressive »zur Rückkehr ins Tageslicht« zu zwingen, »wo sie doch auf dem Weg zur Lebenskraft *hinter* der Finsternis sind«[4]. Der Geistliche Richard Rohr weist darauf hin, dass das Heilmittel für die Einsamkeit paradoxerweise das Alleinsein ist.[5]

Bist du bereit für so einen Weg? Bereit, das Alleinsein und sogar die Einsamkeit – zumindest probeweise – nicht als Fehler anzusehen, weder als den eigenen noch den des Lebens? Bist du bereit, dich »im Dunkeln einem unsichtbaren Stern zu überlassen«, wie es Pablo Picasso für die beschreibt, die nicht länger suchen, sondern finden?

Sagst du hier Ja, wird es sofort leichter: Dein momentanes Alleinsein ist nicht super oder schlimm. Es ist einfach. Es ist Tatsache. Du kannst dir erklären, warum es so ist – biografisch vielleicht, psychologisch, aber auch gesellschaftlich, soziologisch – und dann schauen, was du daraus machst.

Eines darfst du dabei wissen: Das Gehirn, das der Neurobiologe Gerald Hüther so schön als »Problemlösungsorgan« bezeichnet, bleibt niemals bei etwas stehen, was uns schmerzt. Es sucht unermüdlich nach neuen Wegen, nach einer positiven Antwort, nach etwas, das uns wieder erfüllt und glücklich sein lässt, zumindest aber schmerzfrei. So wird es auch alles tun, um uns aus einer Einsamkeit herauszuführen oder uns die Sehnsucht nach guten Beziehungen zu erfüllen. Wir können ihm da vertrauen, ebenso wie unseren Gefühlen, die uns nicht ärgern wollen, sondern uns zeigen, wo wir gerade stehen, wer wir gerade sind. Alle Instanzen in uns als Team zu begreifen, das *für* uns arbeitet, bringt Mitgefühl hinein und Zuversicht. Und es macht mutiger, wirklich das anzunehmen, was gerade gelebt werden will. Denn das wandelt sich ohnehin immer wieder und kann so manche unerwartet positive Überraschung bereithalten. Für manche auch die, das Alleinleben plötzlich mehr zu lieben als jede andere Lebensform.

Was will das Leben von mir?

Die Salutogenese ist die Lehre davon, was uns Menschen gesund erhält oder im Falle einer Störung wieder gesund macht. Drei Faktoren nennt sie als maßgeblich dafür, ob wir als schwierig empfundene Umstände meistern können:

- Verstehbarkeit – *wir müssen verstehen, was uns geschieht und warum.*
- Gestaltbarkeit – *wir brauchen das Gefühl, aktiv auf unsere Situation einwirken und die Dinge beeinflussen zu können.*
- Sinnhaftigkeit – *wir müssen in dem, was uns widerfährt, einen Sinn erkennen können.*

Alle drei sind auch für gelingendes Alleinsein wesentlich. Und für alle drei werden dir die folgenden Kapitel jede Menge Anregungen geben. Es braucht die Offenheit dafür, die Dinge anders zu betrachten, als du es möglicherweise bisher getan hast. Vielleicht hast du schon deine Schleifen gedreht, bist mehrfach in die gleiche Art von letztlich unbefriedigender Beziehung geraten, hast auf die immer gleichen Weisen versucht, »den Richtigen« zu finden – vergeblich. Hast dir mehr Kontakt gewünscht und bist dann doch für dich geblieben. Immer wieder warst du allein. Oder du bist es gerade zum ersten Mal, dafür aber gleich bedrohlich intensiv. Statt nun zu fragen, was falsch läuft, könntest du fragen: Was will das Leben von mir?

Es braucht ein wenig Mut und Neugier für diese Haltung. Welche Chance und welche Aufgabe liegt im Alleinsein? Was geschieht wirklich, wenn ich nur mit mir bin? Was wandelt sich dabei zum Gesunden? Liegt der Sinn dieser Phase nicht vielleicht darin, Anteile von mir zu entdecken, die ich noch gar nicht kenne? Kann ich dem Leben mehr vertrauen als meinen eigenen Ideen davon, wie »es« sein müsste?

Es gibt unendlich vieles, was du entdecken könntest. Unendlich viele Spielarten, die du ausprobieren könntest. Wer fernab des Modells Mannfraukind lebt, hat die eine oder andere Klippe zu nehmen. Doch wer weiß, vielleicht ist dein Frausein einfach nicht so sehr von Aphrodite oder Hera geprägt, jenen griechischen Göttinnen, die nicht ohne Mann denkbar sind, sondern mehr von Athene oder Artemis, diesen unabhängigen Solistinnen, die niemandem gehören. Auch das sind vollwertige Frauen. Und auch sie werden gebraucht im Reigen all dessen, was Menschsein ausmacht.

Vielleicht dient dir das Alleinsein auch dazu, eine so tiefe, weite, wunderschöne Intensität an Selbstliebe zu entwickeln, wie du sie niemals für möglich gehalten hättest. Die Fähigkeit, bei dir zu bleiben, bei deiner Wahrheit, deinem Empfinden, das der Welt fehlt, wenn du vorrangig auf andere schaust. Vielleicht brauchst du eine Zeit, in der du dich selbst entdeckst – und als diese Person wirst du dann umso freudiger auf andere zugehen und von ihnen ganz neu wertgeschätzt und angenommen werden.

Fühlst du dich einsam, zieh dich zurück …
… von der Idee, dass es falsch ist, allein zu sein, sich einsam zu fühlen. Erkenne die Aufgabe darin, die das Leben dir stellt: für dein Wachstum. Werde zur Forscherin, zum Schatzsucher.

Es kann alles wandeln, wenn wir uns dem Alleinsein stellen – und es kann jede Einsamkeit auflösen. Besonders in Lebenskrisen kann etwas passieren, was wir Selbstorganisation oder auch Emergenz nennen: In der Natur wie in unserem Inneren kann aus jedem Chaos eine neue Ordnung entstehen, ohne dass aktiv etwas getan werden müsste. Auch was wir als Wunder wahrnehmen, ist häufig einfach darauf zurückzuführen, dass sich ein System in einer Krise selbst komplett neu organisiert, um weiterleben zu können. Auf rein rationalem Weg ist so etwas weder erklärbar noch möglich. Carl Gustav Jung nennt es die »transzendente Funktion«, die dazukommen muss: das Wirken des Unbewussten, die Intuition, die Inspiration, die innere Öffnung für etwas, das über uns hinausweist, vielleicht in der Meditation, in einem Gebet, zumindest in der Loslösung vom Altbekannten. So drängt alles auf eine nächste Stufe der Entfaltung. Und das Alleinsein kann der Faktor sein, der all das in Bewegung bringt.

Was macht es zuweilen so schwierig?

Ein Mensch ist allein in einem Raum. Vielleicht für längere Zeit oder recht häufig immer wieder. Was ist daran schlimm? Von Weitem betrachtet gar nichts, oder? Als Kind habe ich mir oft vorgestellt, nach oben zu schweben, immer weiter weg von dem Haus, in dem ich war, von der Straße, der Stadt, der ganzen Erde. Dann schaute ich mir das, was gerade so los war, von Weitem an – und fand es seltsam, mit welcher Ernsthaftigkeit bestimmte Dinge so sein mussten, wie sie nach Ansicht der Erwachsenen eben sein mussten. Wenn ich mit diesem Blick auf das Alleinsein schau, würde ich fragen: Die Welt ist voller Menschen und nur weil sich in manchen Räumen einzelne allein befinden, gibt es ein Problem? Was steckt dahinter?

Ich möchte das Leiden am Alleinsein, die Einsamkeit, keinesfalls verharmlosen. Dieser Schmerz kann schrecklich sein und uns alles, wirklich alles infrage stellen lassen. Die Neurobiologie weiß, dass im Gehirn die gleichen Zentren aktiviert werden, wenn wir uns verlassen, betrogen, ausgegrenzt, einsam fühlen, wie wenn wir körperlich leiden. »Sozialen Schmerz« schätzt das

Gehirn ebenso schlimm und gefährlich ein wie physischen. Beide können ja auch tatsächlich Leib und Leben bedrohen. Denn vollkommen allein kann ein Mensch nicht existieren.

Psychischer Schmerz entsteht vor allem aus unseren Vorstellungen. Sobald die Realität denen nicht entspricht, leiden wir. Ob es nun kollektive Bilder sind, die wir irgendwann übernommen haben, oder unsere eigenen Ideen: Wenn wir sie genauer unter die Lupe nehmen, verlieren sie viel von ihrer Macht. Wir erkennen, dass es Vorstellungen sind, die sich im Laufe der Zeit wandeln. Sie sind keine absolute Wahrheit. Mit diesem Wissen beginnen für uns die Schätze zu glitzern, die bislang unter Gefühlen von Selbstunwert und Falschsein verborgen waren. Fragen wir uns also: Warum ist das Alleinsein so krisenbehaftet und mit einem derartig schlechten Ruf belegt? Zunächst ein kurzer Überblick.

Das Empfinden

Manche fühlen bereits großes Unbehagen, wenn sie eine Stunde lang allein sind. Andere sind Single, leben allein, arbeiten zudem als Selbstständige ganz für sich – und lieben es. Es lässt sich also nicht an der objektiv gemessenen Zeit, die ein Mensch allein ist, ablesen, ob er sich einsam fühlt. Und auch jeder Mensch hat Phasen, in denen es ihm leichter fällt als in anderen.

Alleinsein, das ist eine objektive Tatsache: Da ist ein Mensch ohne die Gegenwart anderer oder einer, zu dem auch innerlich kein anderer Mensch gehört. Einsamkeit hingegen ist das Gefühl der Verlassenheit, das Leiden am Alleinsein. Einsam ist jemand, der eine schmerzliche Differenz zwischen gewünschten und realen Kontakten erlebt. In einer Gesellschaft, die in einem extremen Maß darauf baut, dass man sich an anderen orientiert, dass man kommuniziert, sich zeigt, sich darstellt, kann jedes Für-sich-Sein befremdlich wirken. Es fühlt sich dann nicht richtig an.

Dazu kommt eine existenzielle Einsamkeit. Als bewusste Wesen wissen wir um unsere Endlichkeit und können damit auch allzu leicht in ein Gefühl der Sinnlosigkeit stürzen: Wozu lebe ich überhaupt, wenn ich eh irgendwann ausgelöscht sein werde? Im Zusammensein mit anderen ist das leichter zu ertragen. Aber entkommen können wir dem nicht. Wir fühlen es dann vielleicht nicht, weil die anderen unsere Existenz bezeugen, indem sie uns bemerken, anschauen, ansprechen, sogar wertschätzen, ja lieben. Doch an der Tatsache unserer Sterblichkeit ändern sie natürlich nichts. An dieser Tatsache kann nichts und niemand etwas ändern. Wir müssen damit leben, und Spiritualität und Religion können uns dabei sicher mehr unterstützen als dauernde Ablenkung. Es ist ein Ringen, das zum Menschsein immer dazugehört.

Der Neandertaler in uns

Ein Mensch allein kann nicht lange überleben. Vor allem nicht in der Wildnis. Menschen schlossen sich schon immer zusammen, um sich gegenseitig Schutz zu bieten, die Arbeit zu teilen und ihr Überleben zu sichern. Zugleich war es unterhaltsamer.

Heute leben wir in einer Gesellschaft der extremen Arbeitsteilung. Für alles gibt es »Leute«, selbst für unsere Sicherheit. Daher ist es nicht mehr in dieser direkten Weise nötig, Menschen um uns zu haben. Vor allem nicht dauernd. Doch die ältesten Teile unseres Gehirns lassen sich nicht so leicht davon abbringen, in ihrer Sorge um unser Wohl darauf zu pochen, dass wir ausreichend eingebunden sind.

Die sozialen Normen

Weil Alleinsein einen schlechten Ruf hat, leiden wir darunter – und deswegen wird sein Ruf nicht besser. Diesen Teufelskreis zu durchbrechen, ist mir ein wirkliches Anliegen. Es spricht sich in unserer reizüberfluteten und sehr fordernden Zeit allmählich herum, dass jeder Mensch Momente, Stunden, Tage ganz für sich braucht, in denen er regenerieren und einfach mal nur er selbst sein kann. Aber es gleich übertreiben, vielleicht sogar allein leben, ohne Partner sein? Millionen tun es, müssen sich aber trotzdem ab und zu schief dafür anschauen lassen. Nicht zuletzt von sich selbst, wenn sie die noch immer geltende Norm des Paarseins verinnerlicht haben.

Natürlich ist Singlesein heute weitgehend akzeptiert, aber es ist eben doch nur eine »oberflächliche Legitimität, die bei zahlreichen Gelegenheiten infrage gestellt werden kann.«[6] Jean-Claude Kaufmann schrieb diese Bemerkung um den Jahrtausendwechsel, aber sie ist auch heute nicht vom Tisch. Singlesein gilt vielen allenfalls als Zwischenzustand, der notgedrungen sein darf und schnell wieder verlassen werden muss – was die Betroffenen aber nur bedingt beeinflussen können. Immer mehr Menschen, vor allem Frauen jenseits der vierzig, sehen es nicht mehr so. Sie leben gern allein. Doch oft bekommen auch sie das Gefühl, die ganze Welt wolle ihnen einreden, dass es besser sei, Teil eines Paares und ganz allgemein »unter Leuten« zu sein. Aber stimmt das? Stimmt es für dich?

Sind die Singles dann auch noch glücklich, stellen sie das Leben der Paare gehörig infrage. Dann versucht man gern, ihnen einzureden, dass sie eigentlich neidisch, verbittert, zu kurz gekommen und – natürlich – einsam seien. »Auf einen alleinstehenden Menschen wird die eigene Wahrnehmung der Einsamkeit projiziert. Wer selbst nicht allein sein kann, denkt, es muss auch für andere total furchtbar sein«, so Christiane Rösinger.[7] Doch bis das nicht mehr wehtut, kann der Weg durch einige Täler führen.

Der nicht so gute Ruf des Singleseins wird auch spürbar, wenn man sich darauf festgelegt fühlt. Die Journalistin und Buch-

autorin Meike Winnemuth beschreibt, dass sie in der Millionär-
sendung von Günther Jauch als »ledig, Single, kinderlos« vorgestellt wird, und merkt, wie traurig das klingt. Sie selbst würde das
nie so sagen, sie sieht sich als »Einzelgängerin mit hoher Sozialkompetenz«[8].

Ich bin davon überzeugt, dass das Gefühl der Einsamkeit gesamtgesellschaftlich deutlich seltener und weniger leidvoll wäre,
wenn wir ein positives Bild vom Alleinsein hätten. So eines, wie
es Meike Winnemuth mit dieser Selbstbeschreibung vermittelt.
Es wäre für alle einfacher, wenn wir uns gegenseitig darin bestärken würden, dass es okay ist, phasenweise oder auch länger allein zu sein, da dies in heutigen Biografien eben passiert. Würden wir uns gegenseitig darauf aufmerksam machen, dass das
Alleinsein besondere Geschenke für uns bereithält und wir es
genießen und lieben können – dann würden wir diese Zeiten auf
beste Weise nutzen, ohne uns den kritischen oder mitleidigen
Blicken der anderen ausgesetzt zu sehen. Den realen und den
eingebildeten.

Die individuelle Psyche

Während wir heutzutage als Erwachsene physisch durchaus
überleben könnten, ohne jemanden persönlich zu kennen und
Beziehungen zu haben – psychisch geht es nicht. Wir brauchen
nicht nur die Freude am Austausch, gelegentlichen Trost und
Rat, die Möglichkeit, unsere Fähigkeiten einzubringen, sondern
ganz schlicht auch die Bestätigung anderer Menschen. Nicht von
ungefähr tut es so gut, sich verstanden zu fühlen, gesehen zu
werden, geschätzt und auch gefördert und gefordert. Die Möglichkeiten dafür allerdings sind meist vielfältiger, als wir meinen.
Sie gehen weit über die Paarbeziehung hinaus, auf die wir oft
regelrecht fixiert sind. Gerade dann, wenn sie für uns gerade
nicht existiert.

Natürlicherweise bestimmen auch die frühen Erfahrungen mit Bindungspersonen mit, wie man das Alleinsein und das Zusammensein mit anderen empfindet, was man sucht, was man fürchtet, woran man leidet, was einen freut. Letztlich kann es nur darum gehen, mit dem, was gegeben ist, einen lebenstauglichen Umgang zu finden. Es gibt Einsamkeit, aus der ein Mensch nicht mehr allein herausfindet, die zutiefst unglücklich und krank macht. Spätestens dann ist professionelle Hilfe nötig.

Werkzeuge und Wegweiser

»Ein Mensch, der im Alleinsein geübt ist, kennt keine wirkliche Einsamkeit«, schreibt Hans-Peter Hempel.[9] Das heißt: Wir müssen es üben! In den heutigen Biografien gibt es für die meisten immer wieder Phasen, in denen sie aufgefordert sind, allein zurechtzukommen. Das Üben lohnt also. Es beginnt damit, dass man Klarheit schafft.

Steinzeit oder Konvention – woran genau leidest du?
Wenn du Alleinsein erlebst und darunter leidest, momentweise, phasenweise, dauerhaft, dann frage dich: Woran genau leide ich? Zwei Grundtendenzen zeigen sich hier aus meiner Erfahrung: Leide ich daran, dass ich keine(n) vertrauten Menschen um mich habe? Oder leide ich daran, dass ich es als falsch, peinlich, gefährlich, schlecht ansehe? Anders gefragt: Leide ich tatsächlich am Alleinsein oder schmerzen mich die Konventionen und Konditionierungen, das gesellschaftliche Bild des Alleinseins? Wenn du das genauer weißt, kannst du viel besser gegensteuern.

31

Du kannst detaillierter prüfen: Was fehlt dir, während du dich einsam fühlst?

- *Ein bestimmter Mensch?* ∠
- *Ein Mensch, der dir das Gefühl gibt, für dich da zu sein?* ja
- *Ehrlicher, freundschaftlicher Austausch mit anderen?* ja
- *Berührung, Hautkontakt, Wärme?* ja
- *Sex?* bisschen
- *Die starke Schulter?*
- *Leichtigkeit, Lachen, Lebensfreude?* ja
- *Wertschätzung durch andere?* ja!
- *Die magischen Momente in tiefen Begegnungen?* och ja
  Der Zauber der Liebe? ja
- *Hast du Angst vor Hilflosigkeit im Alter?*
  Finanziell oder lebensorganisatorisch?
- *Fehlt dir das Gefühl, dazuzugehören?* ja
- *Ist dir dein Alleinsein peinlich, unangenehm vor*
  anderen? (etwas) selten
- *Fühlst du dich sitzengelassen? Sitzengeblieben?*
- *Ist dein Leben einfach nicht so, wie du es willst und dir*
  vorgestellt hast? ja
- *Hast du Langeweile?* ja
- *Erscheint dir dein Leben sinnlos?* ja
- *Wärst du dir gern selbst genug, hast aber keine Vorstellung*
  davon, wie das geht? ja!
- *Würdest du dein Alleinsein gern genießen, weißt aber*
  nicht recht, wie? ja!
- *Ist es nur eine vorübergehende Laune, weil »eigentlich«*
  alles stimmt?

Frage dich außerdem: Welche der unerfüllten Bedürfnisse lassen sich auch anders als bisher geglaubt befriedigen?

Was immer diese Reflexion für dich ergibt – in den weiteren Kapiteln wirst du jede Menge Anregungen finden, damit gut umzugehen. Auch wenn dir eine Paarbeziehung weiterhin das Wichtigste und Größte bleibt, kann dich eine freundliche Annäherung an das Alleinsein, wenn es momentan deine Realität ist, sicherlich darin entspannen. Damit strahlst du dann vielleicht auch etwas aus, das dich der Erfüllung deines Wunsches sogar näherbringt. Wer weiß.

2. Eine Solistin unter tausenden

Wer allein ist, ist in guter Gesellschaft

Unzählbar viele Menschen sind allein oder fühlen sich einsam. Zuerst denken wir dabei an Singles oder Verwitwete. Doch auch in festen Beziehungen gibt es Einsamkeit. Missverstandene, Ausgegrenzte können sie fühlen, Sitzengelassene, Verratene, Andersdenkende … Es gibt unendlich viele Spielarten dieses zutiefst menschlichen Gefühls. Auch wenn es jeder für sich allein durchlebt – es ist viel weniger individuell als meist geglaubt. Alleinsein wird überwiegend als persönliche Fehlleistung empfunden – doch es gehört natürlicherweise zum Leben und unser Leiden daran hat starke gesellschaftliche Wurzeln. Darum zu wissen, gibt dem Einsamen das Gefühl, Teil von etwas Größerem zu sein. Deshalb hier ein paar Zahlen und Fakten.

Ein Grund, das Alleinsein zu lieben

Unzählige Menschen sind allein, jetzt in diesem Moment. Jeder Fünfte in Deutschland lebt allein. Und es gibt kaum eine Biografie, die ohne Singlezeiten auskommt. Andere sitzen allabendlich mit ihrem Partner auf demselben Sofa und fühlen sich innerlich verlassen. Die Tatsache, dass es dieses – und viele andere – Bücher zum Alleinsein gibt, beweist: Es ist nicht nur mein und dein Thema, sondern das sehr vieler anderer ebenso, ob sie daran leiden oder sich daran freuen. Wer sich gerade einsam fühlt, glaubt, das beträfe nur ihn, weil er sich darüber ja mit niemandem austauscht. Es kann Gefühle des Falschseins auslösen, doch wir schämen uns für etwas, was zutiefst menschlich ist.

Wenn man allein im Leben unterwegs ist, hilft es zu wissen, dass viele einen ganz ähnlichen Weg gehen. Tolle Menschen, die mit Herz und Verstand kreative Ideen spinnen, erproben und weiterentwickeln, um ihre Situation bestmöglich zu gestalten, um ihre Freiheit zu nutzen, um beständigere, liebevollere Bindungen aufzubauen. In trüben Momenten der Einsamkeit, in denen du vielleicht alles infrage stellst, kannst du wissen, dass so viele vor dir, zugleich mit dir und auch nach dir mit der gleichen Empfindung ringen. So entsteht Mitgefühl und das Wissen um eine ganz eigentümliche Verbundenheit.

Allein sein kann man auf tausenderlei Weisen, mit oder ohne Partner, mit einem großen Freundeskreis oder gänzlich ohne Bezugspersonen. Auch Single kann man auf die unterschiedlichsten Arten sein. Natürlich ist Alleinsein nicht mit Singlesein gleichzusetzen. Viele Unverpaarte haben einen riesigen Freundeskreis und nehmen sich kaum mal Zeit für sich – sie sind also so gut wie nie allein. Auf der anderen Seite fühlen sich Menschen trotz ihrer Beziehung einsam – das ist besonders schwer zu ertragen, denn eigentlich müsste doch alles toll sein … Im positiven Sinne ziehen sich auch Partner regelmäßig aus der Verbundenheit ganz auf sich selbst zurück. Sie regenerieren im Alleinsein und freuen sich dann wieder auf den anderen.

Eine spezielle Form leben Alleinerziehende. Sie sind allein und sind es doch nicht. Sie leben mit ihrem Kind oder ihren Kindern zusammen, tragen aber ganz allein die Verantwortung für die Familie, ohne einen weiteren Erwachsenen. Auf Websites wie beispielsweise der von Alexandra Widmer starkundalleinerziehend.de vernetzen sie sich. Denn sie brauchen ebenso dieses Wissen: Auch wir sind in guter Gesellschaft.

Die unterschiedlichen Arten des Alleinseins lassen sich in ihrer ganzen Vielfalt nicht vergleichen. Manchmal begeben sich Autoren für einen Artikel oder ein Buch in den Selbstversuch und ziehen sich für ein paar Tage in eine einsame Hütte zurück, um zu schauen, was passiert, und später darüber zu berichten. Sie wissen derweil, dass ihre Familie zu Hause an sie denkt. Damit ist das, was sie erleben, etwas völlig anderes als das, was jemand durchmacht, der allein ist und weiß, dass es niemanden gibt, der an ihn denkt, der im Notfall für ihn da wäre, der sich für ihn als Mensch interessiert. Damit zurechtzukommen verlangt eine andere innere Stärke, als für eine Zeitlang keine Ablenkung und keine Bestätigung von außen zu bekommen. Mal steht das Klarkommen im Vordergrund, mal der Genuss am Für-sich-Sein.

Was sagt die Statistik?

Ein paar Daten:

- *41 Prozent aller Haushalte in Deutschland waren 2014 laut Statistischem Bundesamt Einpersonenhaushalte. Das heißt: Etwa jeder Fünfte lebt allein. Tendenz steigend.*
- *Singles werden in keiner offiziellen Statistik erfasst, denn viele Alleinlebende haben einen Partner und viele Singles leben in WGs. Singles sind ledig, geschieden oder verwitwet. Die Zahl von unehelich Gebundenen kann offiziell nicht von der Zahl der Singles getrennt werden. Fakt ist: Beide Bevölkerungsgruppen wachsen seit Jahren leicht an, zuungunsten der Verheirateten. In den meisten Industrienationen zeigt sich dieser Trend.[10]*
- *Etwa 35 Prozent aller in einem Jahr geschlossenen Ehen werden in den folgenden 25 Jahren geschieden. Auch die Zahl der Scheidungen nach 26 oder mehr Jahren wächst.*

- *Tendenziell dauern Beziehungen immer kürzer, sodass die meisten Menschen mehrmals im Leben Phasen des Single-seins erleben.*
- *Die hohe Trennungs- und Scheidungsrate lässt die Schluss-folgerung zu: Der Zeit vor der Trennung gehen in vielen Fällen Gefühle der »Einsamkeit zu zweit«[11] voraus.*

Gründe für die wachsende Vereinzelung

Die Geschichte zeigt, dass wir Menschen uns zunehmend indivi-dualisieren – und dabei auch vereinzeln. Dass es heute so viele Alleinlebende gibt, ist vor allem in wirtschaftlichen Veränderun-gen begründet, die auch stark mit der Emanzipation der Frauen zusammenhängen. Sie sind seit einigen Jahrzehnten wirtschaft-lich selbstständig, sie bleiben also nicht mehr aus rein finanziellen Gründen in einer ansonsten unbefriedigenden Beziehung. Damit wachsen die Scheidungsraten. Insgesamt sind heute zudem viel mehr unterschiedliche Lebensstile »erlaubt« und können sich phasenweise abwechseln. Mal ist jemand Single, dann Ehefrau, dann Mutter im Reihenhaus, später Alleinerziehende im Zwei-zimmer-Appartement und dann Teil einer Patchworkfamilie.

Jan Eckhard findet einen weiteren Grund für mehr Singles da-rin, dass die Zahl der Scheidungskinder zunimmt: Sie bleiben statistisch gesehen später häufiger allein, haben sie doch ein Mo-dell verinnerlicht, nach dem es möglich ist, solo zu leben.[12] Es ist eine gewisse Unverbindlichkeit in den Mann-Frau-Begegnun-gen entstanden, die auch daran liegt, dass eine hohe Flexibilität in der Arbeitswelt gefordert wird. Sie macht viele Wechsel, viele Umzüge erforderlich, die die Beziehungen oft nicht mittragen können.

Neben den gesellschaftlichen Gegebenheiten gibt es die psy-chologische Seite. Aus dieser Sicht kommt es immer irgend-woher, wenn wir ungewollt allein bleiben, wenn wir uns einsam fühlen oder nicht die Art oder Anzahl von Beziehungen leben, die wir wollen. Vielleicht haben wir als Kind keine sichere Bindung zu unseren Bezugspersonen, meist die Eltern, entwickeln können. Möglicherweise fehlt es uns an Selbstvertrauen, an Sozialkompetenz oder an innerer Klarheit, was wir eigentlich im Leben wollen – Freiheit oder Bindung, Wachstum oder Nähe?

Der Wunsch nach Kontakt ist in uns Menschen stark oder weniger stark ausgeprägt. Die Angst vor Kontakten ebenso. Einsamkeit kann ihre Ursachen auch in sozialen Ängsten haben, ein Feld, mit dem sich die Psychologie ausführlich befasst hat. Und tatsächlich kann es hier sinnvoll sein, sich professionelle Hilfe zu holen. Das Alleinsein kann man ja weiterhin genießen, aber nur wer die Wahl hat, auch in Gemeinschaft zu sein, der kann ein positives Alleinsein leben. Andernfalls stellt es eine Flucht dar.

Zweifellos gibt es Rückzugstendenzen, die krankhafte Züge annehmen. Ein Extrembeispiel ist Hikikomori, ein aus Japan bekanntes Phänomen, bei dem sich junge Menschen über Monate und Jahre hinweg in ihrem Zimmer verkriechen, sich von den Eltern mit Nahrung versorgen lassen und allenfalls noch mal nachts nach draußen gehen, wenn kaum Gefahr besteht, jemanden zu treffen. Eine Kombination aus negativen sozialen Erlebnissen (oft Mobbing) und ungünstigen Familienstrukturen (dabei wird auch das Helikopterverhalten von Müttern genannt) führten bei diesen jungen Menschen zu einem derartigen sozialen Rückzug.

Hikikomori kommt nach Aussage einiger Forscher nicht nur in Japan und Südkorea vor, sondern wurde auch schon in Frankreich, Spanien und den USA dokumentiert.[13] In all ihrer Extremität werfen diese Fälle dennoch ein erschütterndes Licht auf das soziale Klima insgesamt, das in unserer Wettbewerbskultur entstanden ist. Menschen, die darin keinen lebenswerten Platz finden oder nicht die Kraft spüren, sich ihn zu erstreiten, schlagen dann alle Chancen aus und wählen die Isolation. Dass sie sich dabei hauptsächlich mit PC-Spielen und dem Internet befassen, rückt sie in die Nähe zu Millionen anderen, die dies ebenfalls als Hauptbeschäftigung betreiben, auch wenn sie zur Arbeit gehen oder ihre Ausbildung weiterverfolgen. Es ist ein schmaler Grat zwischen Individualisierung und Vereinzelung oder gar Isolation.

Sehnsucht nach Rückzug

Zugleich gibt es die andere Seite, die aus meiner Sicht gesunde Sehnsucht nach dem Alleinsein. Viele wünschen sich in dieser hektischen Welt mehr Zeit für sich. Denn Verbundenheit ist fast schon ein dogmatisches Gebot geworden. Viele leben sie zunehmend virtuell und schauen kaum noch von den Bildschirmen mit ihren sozialen Netzwerken auf. Doch diese extreme Nähe, die zugleich keine ist, fängt auch an zu quälen. Nicht zuletzt deshalb, weil wir uns von immer mehr Menschen beansprucht sehen. Schon Digital Natives klagen, dass sie gern mal ihre Ruhe hätten, statt unentwegt Nachrichten auf dem Handy beantworten zu müssen. Tun sie es aber nicht – und nicht schnell genug –, befürchten sie das soziale Aus. Sie haben oft keine Erfahrung mit positiv erlebtem Alleinsein – und vielleicht, ohne es zu wissen, die Sehnsucht danach.

Die PC- und Handy-Manie, von der heute so viele befallen sind, schafft einen eigentümlichen Zwischenbereich: Über virtuelle Räume kann man mit anderen verbunden sein und ist dennoch allein. Und es gibt sicher einige unter den Jüngeren, die es genauso sehen wie Sheldon Cooper aus der Serie »The Big Bang Theory«. Als ihm sein Mitbewohner Leonard in der allerersten Folge vorschlägt, dass sie sich um einen erweiterten Freundeskreis bemühen sollten, meint Sheldon, dass er den bereits habe: mehrere hundert Freunde auf MySpace. Leonard entgegnet, dass er doch aber keinen davon persönlich kenne. Und Sheldon sagt ganz verständnislos: »Das ist ja das Wunderbare daran!«

In dem Maß, in dem sich der Ruf des Alleinseins verbessert, gestehen immer mehr Menschen, dass sie es lieben und brauchen. Zweifellos spielt hier die allgemeine Reizüberflutung hinein, die Rückzugsphasen zumindest für sensiblere Naturen immer stärker nötig macht. Und da, wie gesagt, durch die Brüchigkeit der Paarbeziehungen fast alle Menschen Phasen als Single erleben, verlieben sich einige dann neu: in genau dieses Alleinsein.

Um sich selbst schon mal etwas klarer einzuordnen, kann man sich eine simple Frage stellen. Was kommt dir bedrohlicher vor: Wenn du nie mehr allein wärst oder wenn du ab heute immer allein wärst? Keine Sorge, beides wird nicht passieren, aber es ist ein guter Selbsttest.

Das Bild des Alleinseins in der Welt

Hierzu ließe sich ein ganzes Buch füllen, denn natürlich wurde das Alleinsein in den einzelnen Phasen der Menschheitsgeschichte auf ganz unterschiedliche Weise betrachtet. Und meist positiver, als wir es heute tun. Selten allerdings lebte man allein, das ging schon wirtschaftlich nicht. Aber Denker und Künstler priesen über Jahrhunderte die Einsamkeit und gaben sich ihr gern hin. Auch der gezielte Rückzug für religiöse Einkehr und Kontemplation war lange Zeit hoch geschätzt – und wird es heute zunehmend wieder.

Lebten früher überwiegend Männer im Sinne eines höheren Ideals das Alleinsein, sind es heute eher Frauen, die sich gern auf sich selbst zurückbesinnen und mit Freude und Wachstumsschmerzen lernen, alte Rollen zu verlassen und allein zurechtzukommen. Sie haben dabei mit gesellschaftlichen Bildern zu kämpfen, die es als falsch ansehen, allein zu sein, gerade als Frau. Oft wird auf eine Weise argumentiert, als hätte es nie etwas anderes gegeben als das eheliche Zusammenleben. Doch das stimmt nicht. Ulrike Schlicht zum Beispiel betont, dass die Ehe nur in weiten Teilen des 20. Jahrhunderts die einzige Normalität für Frauen war – beispielsweise 1871 lag die Ledigenquote bei gut 26 Prozent.[14] Das heißt nicht, dass diese Ledigen im heutigen Sinne Singles waren. Man lebte in Familienverbänden zusammen oder als Bedienstete im Haushalt des Brotgebers. Heiraten hieß, einen eigenen Hausstand zu gründen, und das konnten sich viele nicht leisten.

Das Ideal der Kleinfamilie erstarkte nach dem Zweiten Weltkrieg und verschlechterte den Ruf des Alleinseins enorm. Heute aber erlebt es eine Neubewertung und immer mehr Menschen beginnen, es zu schätzen. Bekam eine Singlefrau vor wenigen Jahren ständig zu hören, ob sie denn jetzt endlich wieder »jemanden habe«, ist heute die Wahrscheinlichkeit groß, dass man ihr sagt: Ach, genieß es doch. Du hast so viele Freiheiten und einfach auch mal deine Ruhe.

An den Zeitschriften sieht man gut, wie sich das Bild verändert. So titeln Magazine mit »Single. Die neue Lust aufs Leben« (»Focus«, Juni 2015), »Zum Glück allein. Warum Sie bei sich selbst gut aufgehoben sind« (»Psychologie heute«, Dezember 2015) oder »Allein sein? Find ich wunderbar!« (»Brigitte«, März 2016). Vor zehn oder gar zwanzig Jahren kaum denkbar. 2002 hieß eine Titelstory der »Geo« noch sehr ernst »Einsamkeit. Was ist wichtig am Alleinsein? Was ist zerstörend am Alleinsein?«. Es ist ganz und gar nicht so, dass Einsamkeit kein Thema mehr wäre, aber unser Umgang mit dem Phänomen verändert sich.

Auch Vorwürfe an Singles, sich nicht richtig zu bemühen, anderen keine reale Chance zu geben oder in einer Beziehung nicht lange genug zu kämpfen, gibt es und sie haben teilweise einen realen Hintergrund. Zugleich aber wissen wir aus der Soziologie, dass die Beziehungsmisere unserer Zeit soziologische, also kollektive Gründe hat und nicht einfach das Versagen Einzelner ist. Und wir erkennen auch, dass die Zentner an Beziehungsratgebern nicht wirklich etwas an den Schwierigkeiten ändern konnten. Worauf wir nun endlich genauer schauen, ist, dass das Alleinleben große Chancen bietet – paradoxerweise auch für Beziehungen.

Der Forschung fehlt es noch an Tiefe

Was die Wissenschaft schon lange weiß und akzeptiert: Zeitweiliges Alleinsein ist hilfreich, um innere Klarheit zu entwickeln, wieder zu sich zu kommen und neue Kräfte zu tanken. Den Studien liegt aber immer der Verdacht zugrunde, dass das Alleinsein schädlich sein könnte. In der Psychologie und der davon stark beeinflussten Gesellschaft kreiste lange alles um Partnerschaft und Beziehung und deren optimale Gestaltung. Gern übersehen wird bis heute, dass es ein zweites, »gleichrangiges Bedürfnis nach Distanz und Alleinzeit«[15] gibt, das bei uns allen unterschiedlich stark ausgeprägt ist. Es gibt nicht wenige, die das Alleinsein wählen, wenn sie wählen können, und zwar positiv motiviert. Sie tun es also nicht – wie manche andere – aus sozialer Angst, nicht weil sie schüchtern oder kontaktunfähig sind, sondern weil sie das Alleinsein schätzen und genießen. So wird seit einigen Jahren auch eine *affinity for aloneness* bestätigt.[16]

Insgesamt wandelt sich das Bild auch hier langsam ins Positive und die psychologische und soziologische Forschung stellt fest, dass es viel mehr Untersuchungen braucht. Vielleicht haben die Zeitschriften, die Fernsehsendungen, die Bücher und vor allem die vielen vielen Singles, die ihr Dasein genießen, die Wissenschaft längst überholt. In der Dezember-2015-Ausgabe der »Psychologie heute« sagt Ursula Nuber im Editorial, dass die Psychologie nur wenige Antworten zum gelingenden Alleinsein hat, weil sie bislang den Menschen zu sehr rein als Bindungswesen angesehen habe.

Allgemein hat man sich über Jahrzehnte fast nur damit beschäftigt, was im Menschen alles schiefgehen kann, woher er seine inneren Blessuren hat und was ihn alles auf welche Weise seelisch erkranken lässt. So wichtig dieser Aspekt war und ist, die erfreuliche Seite des Psychischen fehlte lange – bis mit dem Amerikaner Martin Seligman in den 1980er-Jahren jemand neue Fragen zu stellen begann: Was macht uns Menschen gesund? Was lässt uns innerlich wachsen? Was macht das Leben gut? Die Positive Psychologie war geboren.

Dies geschah ungefähr zur gleichen Zeit, als auch das Thema Alleinsein ganz langsam nicht mehr nur von der Seite des Makels und der Gefahr betrachtet wurde. Es gab bislang Untersuchungen über die schädlichen Auswirkungen der Einsamkeit. Man untersuchte Bindungsformen, wie sie in der frühen Kindheit erlernt wurden, und ihre Auswirkungen auf Fähigkeit oder Unfähigkeit, im Erwachsenenalter Partnerbindungen einzugehen. So wahr und wichtig dies alles sein mochte, eine gewisse Einseitigkeit lässt sich hierbei kaum abstreiten. Denn es wurde stillschweigend davon ausgegangen, dass ein Mensch nur dann »richtig« sei, wenn er in engen Bindungen und in Partnerschaft lebte, und dass Alleinsein per se nicht gut, nicht gesund, nicht förderlich sei. Die Meinung war: Wer viel allein ist, hat sicher psychische Probleme. Auf jeden Fall leidet er darunter, nicht genug eingebunden zu sein. Wer nicht darunter leidet, hat soziale Ängste und erlebt das Für-sich-Sein daher nur als geringeres Übel.

1995 endlich veröffentlichte der Psychologe Jerry M. Burger eine Studie, die zeigte, dass es gut sozial eingebettete Menschen gibt, die sehr gern und recht viel allein sind. Er kam in seinen Untersuchungen auf etwa 10 Prozent so gearteter Menschen und legte damit den seither viel zitierten Grundstein für eine positive Betrachtung des Phänomens von Seiten der Wissenschaft.[17] Man begann zudem anzuerkennen, dass das Bedürfnis nach Alleinsein von Mensch zu Mensch unterschiedlich stark ist. Abraham Maslow betonte – dies bereits einige Jahrzehnte früher –, dass ein hohes Maß an Alleinsein-Wollen typisch für hoch selbstverwirklichte Menschen sei. Alle von ihm untersuchten psychisch gesunden Personen schätzten das Alleinsein.[18]

So passt sich das Bild auch von Seiten der Forschung allmählich dem an, was ja tatsächlich immer mehr Menschen erleben: Alleinsein kann ein wundervolles Geschenk sein und ein unnachgiebiger, aber gütiger Lehrer.

Fühlst du dich einsam, zieh dich zurück …
… von der irrigen Vorstellung, dass nur du allein bist.
Schau dich um: Du bist damit in sehr guter Gesellschaft.

Dass die Wissenschaft den persönlichen Erfahrungen vieler hinterherhinkt, liegt wohl in der Natur der Sache. Es gibt Menschen, die selbst eine lange und tiefe Erfahrung mit dem Alleinsein gemacht haben und dabei – trotz des schlechten Rufes und der mangelnden Vorbilder für so eine Lebensart – gesund und glücklich geblieben oder geworden sind. Aber sie sind nicht so häufig, dass sich mit ihnen eine relevante Doppelblindstudie machen ließe. Bis heute stoßen Alleinige auf ihrem Weg auf Fragen, für die es offenbar noch keine und vor allem keine moderne Antwort gibt. Was geschieht in der Psyche, wenn auf Dauer das verbindliche Du fehlt? Wie organisiert sich die Psyche um, die ja auf einen Spiegel und einen Blick von außen angewiesen ist? Wie gestaltet sich die Reflexion der Erfahrungen, wenn kein dauernder Ansprechpartner da ist? Wie verändern sich Erkenntnisgewinn, Kreativität und Wahrnehmung, wenn die Eindrücke insgesamt sehr viel seltener und wenn, dann mit zeitlichem Abstand mit denen anderer abgeglichen werden? Wie genau verlagert sich das äußere Gespräch nach innen? Wohin fließen die Bedürfnisse nach Austausch und wie erfüllt sich das Bedürfnis nach Nähe? Was passiert mit den gegengeschlechtlichen inneren Anteilen, wenn kein Partner zur Verfügung steht? Welche neuartigen Formen tragender Verbundenheit können entstehen?

Die Forschung hat hier noch viel vor sich. Aber warum sollten wir warten, bis sie uns bewiesen hat, ob Alleinsein nun gesund oder ungesund, normal oder seltsam ist und von wie viel Prozent der Menschen es gelebt und von wie vielen es geliebt wird? Solche Ergebnisse können bestärken, oft aber findet sich das Individuum in seiner Besonderheit darin ohnehin nicht recht wieder. Für mich, für dich, für jeden, der eine Antwort auf »sein Alleinsein« sucht, kann es letztlich nur darum gehen, den ganz persönlichen Weg zu finden und dabei der eigenen Wahrheit zu vertrauen.

Darf man allein glücklich sein?

Trotz aller Rehabilitierung des Alleinseins haben sehr viele Singles nach wie vor das Gefühl, mit einem Makel behaftet zu sein. Sie fühlen sich eigentlich gut – wenn da nicht immer wieder das Auge der Gesellschaft mitleidig oder abschätzig auf sie blicken würde. Selbst von Freunden werden sie oft auf die vermeintliche Normalität hingewiesen, nach der ein Partner zum guten Leben gehört. Die konditionierten inneren Stimmen tun ein Übriges. Daher braucht es oft einen Bestätigungsschub und innere Bewusstwerdung über die wirklich eigenen Wünsche. Erst wenn die vielfältigen Einflüsterungen von außen innerlich verarbeitet und geklärt wurden, besteht überhaupt Wahlfreiheit: Bin ich gern Single, zumindest für diese aktuelle Phase? Oder sollte ich aktiv werden und einen Partner suchen, weil das besser zu mir passt und ich mir das wünsche?

Susi Piroué stellt sich die Frage, ob sie allein glücklich sein dürfe, in ihrem Buch *Vom Vergnügen, mit sich selbst zu reisen*: Sie hat Urlaub, liegt an einem See, ist entspannt, genießt den Tag – und liest in einer Frauenzeitschrift, dass sie als Single unglücklich sei und früher sterben werde. Wirklich? Aber es geht ihr doch so gut! Darf es das?

Trau keiner Statistik, kann ich nur sagen. Vor allem keiner, die deinem eigenen Lebensgefühl und deiner Erfahrung widerspricht. Es gibt viele Studien, die zeigen, dass Alleinlebende weniger gesund und glücklich sind und früher sterben. Das mag stimmen, es kommt nur drauf an, wen man fragt. Bei einer Frau, die sich mit Ende vierzig aus einer unerfüllten Ehe löst und zum ersten Mal in ihrem Leben ganz sie selbst zu sein lernt, mag das völlig anders aussehen als bei einem Mann, der im gleichen Alter die Frau verliert, die sich zuvor um alles im Haushalt und bei den Sozialkontakten gekümmert hat, und der sich fortan vielleicht von Tiefkühlpizza und Zigaretten ernährt. Es klingt in manchen Texten durch, dass die frühere Sterblichkeit der Alleinlebenden auf schlechtere Ernährung, höheren Alkohol- und Zigarettenkonsum und weniger Bewegung zurückzuführen ist. Und – trifft das auf dich zu? Oder auf all die Menschen, die ihr Alleinsein aktiv und mit viel Schwung und Freude anpacken, im Genuss ihrer neu gewonnenen Freiheiten?

Ich denke bei so manchen Prozentergebnissen, die durch die Presse rauschen, an die Umfragen per Telefon, zu denen man manchmal gebeten wird. Ich finde so etwas interessant und lasse mich gern darauf ein. Doch ich bin jedes Mal enttäuscht, weil die Fragen und Antwortmöglichkeiten letztlich immer so formuliert sind, dass nichts davon zu mir und meinem Lebensgefühl oder meinen Gewohnheiten passt. Das kann man mit wissenschaftlichen, psychologischen Studien natürlich nicht vergleichen – aber auch dort sind nicht alle Parameter, die zu einem Lebensgefühl oder einem gesundheitlichen oder sozialen Zustand geführt haben, zu erfassen.

Bleiben wir trotzdem noch kurz bei Ergebnissen aus Befragungen, denn oft sind sie die einzige Möglichkeit, ein größeres Bild zu zeichnen. Wie also sieht es aus mit der Zufriedenheit der Singles? Bereits 1990 gab es eine Studie von Dorothea Krüger, in der sich zeigte, dass Frauen »unerwarteterweise« recht zufrieden mit dem Alleinleben waren, während die Männer stark die Unfreiwilligkeit und ihr Bedürfnis nach einer neuen Bindung betonten.[19] In späteren Untersuchungen zeigte sich das immer wieder, wobei Männer, die nie mit einer Partnerin zusammenlebten, besser klarkamen, sie hatten sich als Singles eingerichtet. Geschiedene Männer sind durchschnittlich die Unglücklichsten. Diese Unterschiede liegen zum einen daran, dass Frauen emotional besser für sich sorgen können, sich mit Sozialkontakten leichter tun, ein besseres Händchen dafür haben, es sich schön zu machen. Zum anderen genießen sie die Freiheit und entdecken ihre Eigenständigkeit, die sie bislang nicht leben konnten oder deren Fehlen sie bei ihren Müttern beobachtet haben. Insgesamt ist zufriedener, wer sich anderem zuwendet als den traditionellen Modellen. Für wen Ehe und Familie das Größte ist und bleibt, der kann als Alleinlebender schwerlich glücklich werden. Eine Metastudie zeigte, dass Singles nicht weniger glücklich sind als Verpaarte, vor allem, wenn sie länger allein sind.[20] Einsamkeit nimmt insgesamt zu, nicht aber speziell bei den Alleinlebenden. Gaben 1994 noch 50 Prozent der Deutschen an, niemals einsam zu sein, waren es 2014 nur noch 30 Prozent. Dabei zeigte sich in der entsprechenden Befragung von Harris Interactive und des Vereins Wahlverwandtschaften letztlich das Bekannte: Einsamkeit hängt nicht davon ab, ob jemand allein ist. Auch innerhalb der Familie, der Partnerschaft und des Kollegenkreises können Menschen sich einsam fühlen. Männer leiden stärker darunter und nutzen auch weniger aktiv mögliche Bewältigungsstrategien. Und, vielleicht überraschend: Ob jemand Kinder hat oder nicht, hat keinen Einfluss auf die empfundene Einsamkeit.[21]

Die Gruppe der Vierzig- bis Neunundvierzigjährigen war in dieser Untersuchung am einsamsten. Dass vor allem alte Menschen leiden, scheint zu einem guten Teil eine Angst der Jungen zu sein. Denn sie sind zwar tatsächlich häufiger allein, leiden darunter aber weniger als Jüngere.[22] Wie wir das Alleinsein empfinden, ist auch kulturell bedingt. In Schweden fühlen sich nur 5 Prozent der Älteren einsam, in Griechenland sind es 70 Prozent.[23] Man ist es dort einfach nicht gewohnt und hat es nicht so gern.

Wäre das Alleinleben gesellschaftlich stärker akzeptiert, gäbe es auch weniger Einsamkeit, da bin ich mir sicher. Singles würden sich auch in trüben Momenten nicht als außerhalb der Gesellschaft fühlen und könnten ihr Für-sich-Sein positiver erleben. Doch auch dieses Bild wandelt sich mit jedem, der seine Freude am Soloweg ausstrahlt.

Menschen, die es lieben

Bella DePaulo vom Department of Psychology an der University of California prägte den Begriff »Single at Heart«[24], also in etwa »Single aus freudiger Überzeugung«. Es sind Menschen, die gern und freiwillig allein leben. Sie wissen, dass sie das Für-sich-Sein lieben oder gar brauchen, dass sie sich dabei zentriert fühlen und ganz sie selbst sind. Allein in Deutschland ist die Zahl derer, die sich für »überzeugte Singles« halten, seit einigen Jahren relativ stabil bei rund 4,4 Millionen.[25] Das zu wissen, kann sehr erleichternd sein für die, die das Alleinsein selbst durchaus genießen, aber mit dem Bild hadern, das die Gesellschaft davon hat. Sie können dann für sich sein und sich doch verbunden wissen mit vielen anderen, denen es ähnlich geht, auch wenn sie sie vielleicht niemals persönlich treffen werden.

Bella DePaulo ist selbst ein solcher Single at Heart, so gern allein, dass sie öfter vergisst, dass es anderen nicht so geht. Daher richtet sie ihre Forschung anders aus als viele ihrer Kollegen. Ein Jahrzehnt widmete sie beispielsweise Studien, die zeigen konnten, dass Singles eben nicht alle einsam und traurig sind und nur ein Ziel haben: schnell wieder einen Partner zu finden. Auch sie konstatiert, dass die Forschung noch ganz am Anfang steht, vor allem, wenn es um ein realistisches und zeitgemäßes Bild des Alleinseins und des Singlephänomens geht.

Introversion und Alleinsein

Wie sehr jemand das Alleinsein schätzt, ist nicht zuletzt Typsache. Introvertierte beispielsweise tun sich damit sehr viel leichter als Extrovertierte – weil sie wissen, dass sie Phasen des Rückzugs ganz auf sich selbst brauchen, um Erlebnisse zu verarbeiten und wieder zu Kräften zu kommen. Introversion heißt nämlich, dass die Betroffenen leicht überstimuliert werden können, während Extrovertierte immer noch mehr Reize suchen, denn sie sind gewissermaßen chronisch unterstimuliert. Introvertierte sind so veranlagt, dass sie gern nach innen schauen (*intro* – »nach innen«). Sie wissen daher etwas mit sich anzufangen, wenn sie für sich sind, und ziehen die Natur, ein Buch oder Tagebuch gern der Gesellschaft anderer vor. Oft kennen sie aus ihrer Kindheit die häufige – und meistens störende – Aufforderung, doch mal raus zu den anderen Kindern zu gehen. Es mag bei einigen auch Schüchternheit eine Rolle spielen. Doch ist diese nicht oftmals eine Folge dessen, dass sie in ihrer Wesensart immer als falsch angesehen wurden? Sie sollten sich einem Typus anpassen, der in der Gesellschaft ein höheres Ansehen genießt, und verinnerlichten diese Idee. »Erst wenn ich auch forsch und gesellig, laut, lustig und meinungsstark auftrete, mache ich es richtig und dann werde ich geliebt.« Aber so sehr sie sich anstrengen, meist ist das nicht zu schaffen, da es nicht ihrem Naturell entspricht. Das kann die Zurückhaltung steigern, sodass sie dann schüchtern wirken.

Inzwischen weiß man aus zahlreicher werdenden Untersuchungen, dass bei Weitem nicht alle, nicht mal der Großteil der Introvertierten schüchtern ist. Schüchterne wünschen sich mehr Kontakt, als sie realisieren können. Introvertierte leben die eher wenigen Kontakte, die sie wollen. Es gefällt ihnen schlichtweg zeitweise besser, ungestört von anderen ihre Gedanken zu sortieren, ihre Befindlichkeiten zu studieren, über ihr Leben zu reflektieren und es über Bücher und Filme mit der Außenwelt abzugleichen. Natürlich brauchen sie auch Austausch mit anderen und genießen eine innige Vertrautheit mit wenigen handverlesenen Menschen. Aber trubeliges Zusammensein ist nicht ihr Ding. Sie reisen gern auf den inneren Pfaden und dafür brauchen sie das Alleinsein.

Ich bin Susan Cain für ihr Buch *Still* sehr dankbar. Darin untersucht die frühere Anwältin und heutige Beraterin in Führungsfragen das Phänomen der Introvertiertheit in unserer weitestgehend auf Extrovertierte ausgerichteten Welt. Naturgemäß geht es ihr dabei auch um das natürliche Bedürfnis Introvertierter, für sich zu sein. Ich fühle mich ihr sehr verwandt, wenn sie kritisch bemerkt: »Uns wird eingeredet, dass (…) Glück mit Kontaktfreudigkeit einhergeht.«[26] Jeder Mensch muss für sich das »optimale Erregungsniveau« herausfinden, wie es in der Psychologie heißt. Genauso fordernd, dass es interessant und zugleich bewältigbar ist. Introvertierte werden dafür weniger Reize brauchen als andere. Und sie werden sich öfter allein zurückziehen wollen.

Ihre eher besonnene, achtsame Art ist etwas sehr Wertvolles für die gesamte Gesellschaft, ebenso wie die literarischen und künstlerischen Werke und die wissenschaftlichen Leistungen der sensibleren Naturen. Auch bei vielen Tierarten gehören 20 Prozent zum bedächtigeren Typus. Oft sind es auch die Überlebenden, wenn sich die Draufgänger zu weit nach vorn gewagt oder alle Energie für ihre Abenteuer vergeudet haben. Sind hingegen Risiken gefragt, haben die Extrovertierten die besseren Chancen. Die Evolution hat hier für einen Ausgleich gesorgt, der das Überleben der Art sichert.[27] Und es wäre sicher nicht verkehrt, auch auf menschlich-globaler Ebene heute mehr auf die Besonnenen zu hören, um das Weiterleben unserer Gattung zu sichern.

Ein faszinierender Unterschied liegt der Forschung nach im Belohnungssystem Intro- und Extrovertierter. Während es Extrovertierten einen herrlichen Kick beschert, auf Partys zu sein, viel Sex zu haben, Abenteuer und allerlei Rausch zu erleben, ist das für Introvertierte von Zeit zu Zeit auch schön – aber einfach nicht so wunderbar, dass sie dafür viel investieren würden. Sie machen sich nicht so viel daraus, weil ihr Gehirn derlei nicht allzu stark belohnt.[28] Verständlich daher, dass sie mit dem Alleinsein besser klarkommen und es sogar vorziehen. Wahrscheinlich muss man bei beiden sogar von völlig unterschiedlichen Definitionen von Glück ausgehen. Was Extrovertierte als Glück empfinden, lockt Introvertierte nicht unbedingt hinterm Ofen hervor. So aber laufen sie Gefahr, in Umfragen als unglücklich eingestuft zu werden. Ihre Art von Glück wird oftmals schlichtweg nicht abgefragt.

Was macht es zuweilen so schwierig?

Es gibt da eine seltsame Diskrepanz: In Zeitschriften, Fernsehserien, Talkrunden, in der Statistik – überall ist das Singlesein als positiv, gesund, normal, freiheitlich, schön angekommen. Dort strahlen uns attraktive Mitvierzigerinnen an, die ihren Traum leben, gerade weil sie sich nicht mehr zwingend an einen Mann binden. Der Alltag unter den uns real begegnenden Menschen kann ganz anders aussehen. Da gibt es scheele Blicke und beißende Sprüche, da werden Alleinige ungefragt mit hobbypsychologischen Deutungen ihrer Bindungsangst oder mitleidigen Ratschlägen behelligt. Alles auf der Grundidee basierend, dass der Mensch nur mit einem Lebenspartner »richtig« ist. Vielleicht geht es Menschen, die gleichgeschlechtlich lieben, ebenso. Offiziell gibt es gar kein Problem mehr – endlich. Aber bis das wirklich in allen Teilen der Gesellschaft angekommen ist, dauert es länger.

Vielleicht kennst du dieses Gefühl, nicht so richtig im Leben zu sein, irgendwie nicht so ganz mit beiden Beinen, stattdessen immer so halb am Rand, am Katzentisch, der rausgeräumt wird, wenn es richtig nett werden soll. In so einer Stimmung haben wir keinen Zugang zu der »guten Gesellschaft«, in der wir als Alleinige eigentlich sind. Es ist dann eben nur »eigentlich«.

Es ist eine Tatsache, dass das Alleinsein jeden irgendwann betrifft. Es gibt aber zugleich kaum Vorbilder, damit gut umzugehen. Jeder muss es für sich hinbekommen. Doch auch dabei können wir uns gegenseitig unterstützen. So wie mich viele Autorinnen, Vortragsredner, Fremde und Freunde inspiriert, angestachelt, getröstet oder auch geärgert und damit zum Weiterdenken angeregt haben, so hoffe ich, dir auf deinem Weg ein paar wertvolle Anregungen geben zu können. Jeder, dem es gelingt, das Alleinsein zu meistern, ist ein Vorbild für alle anderen. Auch das ist eine der Verbundenheiten, die heute neu entstehen.

Werkzeuge und Wegweiser

In der großen Fülle an Möglichkeiten, allein zu sein – im Guten wie im Leidvollen: Wo ordnest du dich ein? Welche Art, welche Intensität von Kontakten lebst du? Welche vermisst du? Wie erlebst du das Für-dich-Sein? Wie war das früher? Und wie ist es derzeit?

Wenn ehrlich darüber reflektiert wird, wie sich das Alleinsein ganz persönlich darstellt, lässt sich viel leichter gegen das ansteuern, was schmerzt. Bist du gern allein und brauchst nur die Erlaubnis? Dann gib sie dir. Leidest du am Mangel an Beziehung und Austausch? Dann suche sie. Für beide Bedürfnisse wirst du auch hier im Buch viele Anregungen finden. Wichtig ist das klare Abwägen: Was ist es, was zu dir passt und dir guttut?

Was wenn ich mich vor Lukas gedrückt hätte? Ich brauche schon eine Erlaubnis, um zu wissen dass wenn ich allein bin, es ok ist. Jedoch ziehe ich mich zu sehr zurück & wäre gern unter Leuten. Aber nicht einfach so. Ich hätte gerne wieder tiefsinnige Kontakte. Therapie wäre sinnvoll.

3. Schluss mit Einreden!

Im Alleinsein bist du frei von …

Singlefrauen kommen meist erstaunlich gut mit ihrem Status quo klar. Vor allem jenseits der 35. Was liest man über sie? Egal ob in Frauenmagazinen oder Büchern von Soziologen: Sie sind froh, sich nicht mehr ständig für einen Partner hübsch machen zu müssen, Haushaltspflichten durchzudiskutieren und dann doch überwiegend allein zu erledigen, Sex um des lieben Friedens willen zuzulassen, im Beruf zurückzustecken oder Hobbys fallenzulassen, weil der Partner sich dann vernachlässigt fühlt oder weil die Familienplanung das fordert.

Die Listen sind teilweise lang, werden aber oft vergessen, wenn dann doch der Jammer darüber einsetzt, so einsam zu sein. Aber fast jede Art von Alleinsein macht auch frei von irgendetwas, was man in Phasen des Zusammenseins nicht wirklich mochte. Ob man allein lebt oder nur mal für eine Zeit ohne andere Menschen in einem Raum ist, es fällt eine gewisse soziale Kontrolle weg – und das erleichtert.

Ein Grund, das Alleinsein zu lieben

Für viele Singles füllt dieser Punkt bereits das Maß der 21 Gründe, liebend gern allein zu sein: Ich bin Single und damit so herrlich, so fantastisch frei von … Was Frauen hier häufig zuerst nennen, ist, dass sie keinem Mann mehr nachräumen und den

Haushalt für ihn mit erledigen müssen. Arbeitsteilung würde das Leben leichter machen. Doch in wie vielen Beziehungen tut die Frau weitgehend alles! Als Single tut sie es nur für sich und muss dabei weder diskutieren noch sich ausgenutzt fühlen. Dass diese alte Leier auch heute noch Thema ist, ist erstaunlich, aber sehr häufig Tatsache.[29]

Frauen nennen weiterhin ganz vorn die Freiheit vom Herumgekrittel des Partners: Hast du schon wieder zugenommen? Du gibst dir gar keine Mühe mehr, für mich hübsch auszusehen! Musst du so viel an deine Arbeit denken? Was telefonierst du immer so lange mit deiner Freundin? Du könntest auch mal wieder versuchen, mich fantasievoll zu verführen! Oder: Warum müssen wir am Wochenende immer irgendwo hinrennen? Kann man nicht einfach mal in Ruhe Fußball schauen? (Entsprechende Listen von Männern werden andere Punkte enthalten.)

Und dann ist da noch die Freiheit von Aktivitäten, die einem selbst nicht allzu viel bringen, die aber dem anderen zuliebe mitgemacht wurden. Ich habe da immer dieses Bild vor Augen: Sonntag, Sonnenschein, hügelige Landstraße. Ein Mann auf einem superschicken Hightechfahrrad fährt so vor sich hin, die Hand für seinen Geschmack viel zu häufig an der Bremse. Denn achtzig Meter hinter ihm kämpft seine Frau mit hochrotem Kopf auf einem eher einfachen Radl darum, irgendwie Anschluss zu halten. Ich kann beim besten Willen nicht erkennen, dass ihr dieser Ausflug Freude macht. Und der Mann wäre auf einer Tour mit seinen Sportkumpels wahrscheinlich auch glücklicher. Natürlich kann es schön sein, interessant, ein Geschenk, etwas mitzumachen, was man von sich aus nie tun würde. Doch wenn man ständig Dinge tut, die beiden kaum gefallen, nur weil man »etwas zusammen machen« will? Oder wenn es Gewohnheit ist, allabendlich mit dem Partner fernzusehen, obwohl es einen gar nicht interessiert, dann verschwendet man Lebenszeit. Sie wird ja nicht einmal zusammen verbracht, sondern nur nebeneinanderher. Oft gilt das auch für den Sex, wenn er zur Routine wurde oder sich die Partner nicht auf eine Weise verständigen konnten, die beiden gefällt oder guttut. Nicht wenige Frauen haben nach einer Trennung das Gefühl, dass ihr Körper endlich wieder ihnen selbst gehört.

Meist sind es die Kleinigkeiten, die den Alltag allein zu einer Freude machen können. Keine Kompromisse mehr in Sachen Freizeit, Essen, Wohnen, Zeiteinteilung, TV, Reisen, Treffen mit Dritten, Arbeitspensum, Karriere, Ausgehen. Keine Sorge um den anderen und seine jeweiligen Probleme. Keine Sorge, ob man ihm noch genügt.

Auch wenn es wie Erbsenzählerei wirken mag: Es scheint mir wichtig, sich bewusst zu machen, wovon man sich als Single und speziell nach einer Trennung befreit und erleichtert fühlt. Das Leben antwortet immer auf das, was wir in unserem Inneren haben. Wenn wir – bei aller Sehnsucht – unbewusst keine Beziehung wollen oder Angst vor Nähe haben, wird es sehr wahrscheinlich, dass wir keine allzu enge Bindung eingehen oder sich Beziehungen immer sehr schnell wieder auflösen. Kaum jemand aber will *an sich* keine Beziehung oder keine Nähe. Es sind bestimmte Qualitäten davon, die wir nicht wollen. Sich die bewusst zu machen, lässt ein differenziertes Bild entstehen: Das will ich tatsächlich nicht mehr, aber dies und jenes schon. So ein klares Bild hält wach bei neuen Begegnungen und zuversichtlich, dass sie kommen mögen.

Das Singlesein vieler heute ist ein »weg von …«. Es ist ein Nein zu etwas, das man erlebt hat und nicht mehr möchte. Bei manchen Frauen ist es ein Nein gegen »die Männer«, mit denen schlechte Erfahrungen gemacht wurden. Ein Nein gegen die Beziehungsform, die bekannt und üblich ist. Das Interessante auf der gesellschaftlichen Ebene ist ja: Frauen blieben so lange in den traditionellen Beziehungen, wie sie keine andere Wahl hatten. Kaum war die Wahl gegeben, vor allem durch die Möglichkeit eines eigenen Einkommens, stiegen die Scheidungsraten (die Mehrzahl der Scheidungen reichen Frauen ein) und die Zahl der Nicht-Verheirateten wuchs an. So besonders gut passt das traditionelle Modell offenbar nicht zu den Frauen. Zahlreiche Studien weltweit zeigen, dass Männer von festen Beziehungen mehr profitieren als Frauen.[30] Sogar das routinemäßige Zusammen-in-einem-Bett-Schlafen tut Männern gut, Frauen aber weniger: Sie sind biologisch darauf eingestellt, ein Kleinkind bei sich liegen zu haben und bei dessen kleinster Bewegung aufzuwachen, um nach dem Rechten zu sehen. Im Ehebett kommen Männer in den Genuss dieses Rundumschutzes, während die Frauen unruhiger schlafen, weil da jemand liegt, den ihre Biologie beschützen will.[31]

Frei von ... sozialer Kontrolle

Frei von ... ist man in jedem Moment des Alleinseins, egal, ob man allein im Leben steht oder eng eingebunden ist in den Kreis seiner Mitmenschen. Schopenhauer schreibt: »Ganz er selbst sein darf jeder nur, solange er allein ist, wer also nicht die Einsamkeit liebt, der liebt auch nicht die Freiheit. Denn nur wenn man allein ist, ist man frei. Zwang ist der unzertrennliche Gefährte jeder Gesellschaft.« Klingt übertrieben? Ich denke, das hängt davon ab, was für ein Geselligkeitstyp man ist. Wer mit feinen Antennen unterwegs ist, wird die Anwesenheit anderer vielfältiger und insgesamt stärker wahrnehmen und sich davon tendenziell beeinflussen lassen. Zweifellos kann die Gesellschaft anderer sehr angenehm sein – zumal wenn sie selbst gewählt ist. Dennoch ist es unterschwellig fordernd, in ihrem Blick zu sein, ihre Ansichten und ihr So-Sein zu erleben und immer mit dem Eigenen in Bezug setzen zu müssen. Es lenkt von der eigenen momentanen Seinsweise ab und muss verarbeitet werden. Zumindest kurze und bewusst erlebte Zeiten des Für-sich-Seins sind daher ein gesundes Prinzip der Psychohygiene. Schon in den 1980er-Jahren zeigten Studien, an denen auch Flow-Experte Mihalyi Csikszentmihalyi beteiligt war, dass Jugendliche und Erwachsene freundlicher und vergnügter sind, nachdem sie gerade etwas Zeit für sich hatten.[32]

Alleinsein ist auch die Freiheit von allen Rollen, die wir anderen gegenüber spielen. In jeder Beziehung zeigen wir andere Facetten von uns. Selten ist es möglich, sich ganz zu zeigen, mit allem, was zu uns gehört. Immer gibt es Qualitäten, Eigenheiten, Empfindungen, die wir nicht, ja die wir sogar niemandem zeigen können oder wollen. Sie erfahren wir nur im Alleinsein, wenn der Blick des anderen wegfällt, an den wir uns in irgendeiner, vielleicht sehr subtilen Weise anzupassen versuchen. In einem Moment allein und ganz bei sich ist niemand Mutter, Lehrer, Bäckerin oder Geliebter. Er ist einfach er selbst. Oder noch besser: Er *ist* einfach. Das kann zunächst verunsichern, weil wir so sehr an unsere Rollen gewöhnt sind. Es ist letztlich aber ein Weg, sich der Masken, die wir tragen, bewusst zu werden und fortan entscheiden zu können, wie wir uns zeigen, wie wir sein wollen.

Vielleicht kennst du auch diesen Wunsch, dass dich eine geliebte oder ersehnte Person mal so erleben könnte, wie du im Alleinsein bist. So entspannt, so ganz du selbst. Doch kann man sich überhaupt jemandem so zeigen, wie man ist, wenn man allein ist? Wahrscheinlich nicht. Diese Seinsweise bleibt für immer eine, die nur uns selbst gehört. Unteilbar. Und es wäre jammerschade, wenn wir sie nicht leben, erkunden und auskosten.

Was macht es zuweilen so schwierig?

In unserer polaren Welt hat alles zwei Seiten – und so hat auch die »Freiheit von …« ihre Gegenseite. Wer allein ist, ist nämlich auch frei von Dingen, die er mag, die er zuweilen vermisst, die ihm wichtig sind, die aber gerade nicht gelebt werden können. Zärtlichkeit, jemand, der zuhört, jemand, der Ideen fürs Wochenende hat … Hier muss ich dir sicherlich nicht helfen herauszufinden, was es für dich ist. Vor allem wer einen geliebten Menschen verloren hat, weil der sich getrennt hat oder gestorben ist, wird sehr genau wissen, was ihm alles an diesem speziellen Wesen fehlt. Das ist eine Freiheit, die schmerzt. Und es sind Wunden da, die zunächst Zeit brauchen, um zu heilen. Zeit voller Selbstfürsorge, in der die Trauer durchlebt werden darf.

Ist der größte Schmerz abgeklungen, kann es dennoch darum gehen, sich bewusst zu machen, wovon man nun frei ist. Das richtet sich nicht gegen den anderen. Es ist *für* dich. Es geht um dein Weiterleben und dafür brauchst du neue Motivation, neue Klarheit, die auch aus dem Wissen kommen können, was du im nächsten Lebensabschnitt hinter dir lassen willst.

Fühlst du dich einsam, zieh dich zurück …
… von der verfärbten Erinnerung, die dir sagt,
dass in deiner letzten Beziehung oder dieser und
jener Begegnung alles, alles besser war als jetzt.
Spüre, wovon du jetzt frei bist.

Frei von ... jeglichem Halt?

Wenn dich abends oder am Wochenende die Leere überfällt, die Angst, vergessen und verloren zu sein, dann lohnt die Frage: Ist ein anderer Mensch wirklich das, was ich jetzt brauche? Habe ich jetzt überhaupt Kraft für Begegnungen und Lust darauf?

Vielleicht wäre es jetzt gerade das Beste, was dir passieren kann, dass du die Ruhe genießt und die Batterien mal so richtig auftankst – schlafend, bummelnd, lesend, kochend, in der Badewanne, auf der Yogamatte oder was immer dir Kraft gibt. Die nächste Begegnung kommt von allein, das ist sicher, solange das Leben weitergeht. In diesem Moment ist vielleicht eine Pause angezeigt. Eine Zeit ganz für dich.

Natürlich kann das Alleinsein auch eine Flucht sein. Menschen, die soziale Ängste haben, halten es mit Wilhelm Busch, der schreibt: »Wer einsam ist, der hat es gut, weil keiner da, der ihm was tut.« Das Für-sich-Sein ist hier nur das geringere Übel, es ist nicht freiwillig gewählt. Ein solcher Schutzmechanismus ist zu respektieren – nur sollte man nicht unbedingt dabei stehen bleiben und sich (durchaus auch mit professioneller Hilfe) da herausarbeiten. Auch hier könnte es sein, dass neuer vertrauensvoller Austausch gelingt, wenn man lernt, das Alleinsein als freiwillig, positiv und genussvoll zu erleben: wenn man das Herz im Für-sich-Sein so voll von Freude und Liebe werden lässt, dass es unweigerlich überzulaufen beginnt – hin zu anderen Menschen.

Werkzeuge und Wegweiser

Ob eine frühere Beziehung schon lange zurückliegt oder der Trennungsschmerz noch frisch ist, mach dir bewusst, was du glücklicherweise los bist. In der Fantasie einsamer Momente verherrlichen wir gern die Partnerschaft an sich oder speziell solche, die wir erlebt haben. Doch die Erinnerung täuscht. Es kann durchaus angebracht sein, noch einmal in die früheren schlechten Gefühle einzutauchen, die bei ehrlicher Betrachtung neben allem Schönen auch da waren, sonst wäre es nicht zur Trennung gekommen – von wem auch immer sie ausging. Hast du auf etwas verzichtet, das dir wichtig war? Facetten von dir nicht gelebt? Dich betrogen, benutzt gefühlt? Dich so ein biss-chen gelangweilt und nach etwas anderem gesehnt?

Hilf dir mit ungeschönten Listen: Was hat dir nicht gefallen? Wovon bist du jetzt frei? Oder: Was nervt dich an Paaren, die du kennst, was schreckt dich ab, wenn du sie erlebst?

Vertraue darauf: Nach einer Trennung gibt es irgendwann den Moment, wo es »durch« ist. Trauer und Schmerz ziehen sich zu-rück, es gibt keine Sehnsucht mehr nach dem Vergangenen. Stattdessen Erleichterung, Freude, Neugierde: Ja, ich halte die Schätze aus dieser Zeit in Ehren. Und ich gehöre wieder ganz mir selbst. Die Energie, die dann plötzlich da ist, verleiht Flügel für den nächsten Abschnitt auf der Lebensreise.

Ich gebe zu, ich fühle wie mich die bitter-süße Nostalgie einschnürt. Es gab tolle Momente. Aber ich „denke" nur diese existierten. Ich vergesse die anderen Erlebnisse.; Mich schreckt die blinde einzigen Abhängigkeit in Partnerschaften ab.

4. Schluss mit Ausreden!

Im Alleinsein bist du frei für ...

Wofür aber ist der Raum nun frei? Für Schokolade zum Frühstück, ungestörte Dauertelefonate mit Freundinnen und Schmonzetten-DVD-Abende? So schön das alles sein kann, es lohnt sich, nachzuschauen, ob da nicht noch etwas anderes ist, was seit Jahren darauf wartet, ausprobiert, gewagt, gelebt, erfüllt zu werden. Kraft erfährt man im Alleinsein, wenn man erkundet, wofür man die Freiheit nutzen will. Die Gelegenheit für so vieles ist in den Phasen allein gegeben – und es ist niemand da, auf den man es schieben kann, wenn man sie nicht nutzt. Nicht zuletzt kann es die Freiheit sein, das Alleinsein mit all seinen anfangs noch versteckten Geschenken wirklich auszukosten.

Ein Grund, das Alleinsein zu lieben

Frei von ... – das heißt immer weggehen, sich abwenden, sich vor etwas sichern. Wer hingegen weiß, wofür er frei sein möchte, der braucht keine Abgrenzung gegen das Ungewollte. Er findet Möglichkeiten, das Ersehnte umzusetzen. Was ihn dabei bremst, fällt von ihm ab, wenn sein Wunsch stark genug ist. Anfangs mag es das Leid sein, das uns von einem Zustand wegführen will. Wir wollen frei sein *von* etwas. Irgendwann aber erwacht die Freude am Neuen – dann sind wir *frei für* etwas. Für die wirkliche, aktive, kreative Gestaltung unseres Lebens. Dann werden wir nicht mehr drohend von hinten geschoben, sondern freudig von vorn gelockt.

Befragt man Frauen, was sie am Alleinsein lieben, kommen Antworten wie: Ich lese gern, liege in der Badewanne, schaue Filme an, schlafe so lange, wie ich will, telefoniere, wann ich will. So klein und lahm das klingen mag, es sind Dinge, die den Alltag und damit das Leben schön und reich machen, wenn sie genussvoll, im eigenen Rhythmus und selbstbestimmt erfolgen.

Andere heben die Eigenverantwortlichkeit und die hohe Selbstwirksamkeit hervor, in der sie sich erleben, seit sie das Alleinleben gelernt haben. Sie erkennen nach und nach, wie sie ticken, was ihnen wirklich guttut und wie sie sich ins Ganze einbringen können. Sie dringen zu dem vor, was ihre ureigenen Sehnsüchte und Absichten sind. Alles Dinge, die einen gewissen Freiraum brauchen, der im alltäglichen Zusammensein mit anderen oft fehlt. Und sie genießen die Freiheit, am sozialen Leben ganz nach ihren Wünschen auch tatsächlich teilnehmen zu können, was ihnen als Mutter und häusliche Familienversorgerin (ob mit Job außerhalb oder ohne) oft rein zeitlich kaum möglich ist.

Wofür brennst du?

Noch einmal Sheldon Cooper, der Hyper-Intelligenzler aus »The Big Bang Theorie« (ja, ich mag diese Serie). Er ist ein seltsamer Kauz. Was er aber kann: allein sein. Zumindest in friedlichen Alltagszeiten. Da freut er sich riesig, wenn alle anderen endlich mal weg sind. Denn: Er weiß etwas mit sich anzufangen. Er hat den Kopf voller Ideen und Pläne, er tüftelt, denkt und experimentiert oder er schaut sich geliebte und bereits x-fach gesehene Filme mit Regiekommentar an. Für all das begeistert er sich so sehr, dass es ihm schmerzlich fehlen würde, käme er über längere Zeit nicht dazu. Er braucht also Zeiten für sich.

Womit füllst du sie? Wofür begeisterst du dich so sehr, dass du förmlich darauf brennst, endlich wieder Zeit ganz für dich zu haben? Gerade in der Phase nach einer Trennung kannst du Kraft daraus schöpfen, dass du dich erinnerst: Welche Ziele waren mir einmal wichtig? Welche Träume, Wünsche und Ideen vom Leben hatte ich? Welche Meinungen, Interessen und Hobbys? Und was davon möchte ich neu aufleben lassen? Vielleicht hattest du während der Beziehungszeit sogar eine Liste im Kopf, was du alles gern machen würdest, aber dann doch nicht tatest, weil es sich mit der gemeinsamen Lebensweise nicht vereinbaren ließ.

Fühlst du dich einsam, zieh dich zurück …
… von den Selbstzweifeln, die dich am Losgehen hindern:
auf deine wahren Ziele und Wünsche zu.

Viele Mütter und Ehefrauen, aber auch nur noch funktionierende Angestellte oder überarbeitete Selbstständige haben regelrecht verlernt, auf sich selbst zu schauen und sich Räume nur für sich zu erschließen. Wer sehr lange immer nur für andere da war, muss erst lernen, dass es ebenso wichtig und nötig ist, für sich selbst da zu sein. Dafür kann das Alleinsein sehr kostbar sein, ob nach einer Trennung vom Partner oder weil die Kinder aus dem Haus sind und plötzlich viel Zeit übrig ist. Ob in einem Sabbatical oder nach dem Entschluss, beruflich endlich kürzerzutreten.

Nur allein? Oder »für sich«?

Samstagabend. Ich hatte eine anstrengende Zeit. Vor einer Stunde habe ich den Computer ausgemacht, um das Wochenende einzuläuten. Morgen, das wird mein erster wirklich freier Sonntag seit Langem. Der erste Tag, den ich nur für mich und ohne jede Anforderung sein werde. Lange habe ich mich darauf gefreut. Jetzt beschleicht mich eine Melancholie. Muss man samstags nicht irgendwas Aufregendes tun? Tolle Menschen treffen? Wilde Nächte erleben? Geborgenheit bei einem vertrauten Menschen? Muss man? Will ich?

Ich kenne mich so weit, dass ich weiß: Erst mal muss ich still werden, mich eine Weile hinsetzen und warten. Warten, bis die Sinne wieder zu mir kommen. Es stimmt, ich habe heute noch mit niemandem Kontakt gehabt, und doch sind meine Antennen allesamt nach außen gerichtet. Dorthin, wo ich etwas verpassen könnte. Dorthin, wo ich jetzt vielleicht besser sein sollte, aber doch nicht bin. Indem ich das bemerke, beginnt der Wandel. Ich spüre, wie sehr es mich nach außen zieht, die ganze Zeit bereits gezogen hat. Aber es ist ein Außen in meinem Kopf, ein Außen, das ich selbst in mir kreiert habe. Es existiert so gar nicht. Es ist wie die äußerste Schicht meines Inneren, die ich um- und umgrabe. Unnützes Tun, Unruhe stiftender Unsinn.

Und so rufe ich meine Sinne wieder zu mir. Ich nehme wahr, wo sie sind, was sie treiben. Ich spüre, wie sich die Wogen des Meeres in mir allmählich glätten. Frieden kehrt ein. Es ist Samstagabend und zum ersten Mal heute atme ich tief und frei. Ich sitze hier, weil es keinen besseren Platz für mich in diesem Moment gibt.

Und jetzt weiß ich auch: Morgen wird es dann endlich mal wieder ein Lieblingssonntag. »Seelentag« nenne ich das: Ich geh vielleicht morgens, wenn noch nichts los ist, ins Café, ansonsten spaziere ich im Wald oder am See entlang, beobachte die Enten,

Möwen und Haubentaucher, denke nach, lasse die Ereignisse der letzten Zeit nachwirken, schreibe mal etwas auf, entdecke Bücher in den Tiefen meines Regals neu, schlafe zwischendurch ein bisschen – und erlebe etwas, das für mich pures Glück ist. Es ist ebenso Angekommen- wie Unterwegs-Sein. Stille Daseinsfreude, ein Gefühl des puren Am-Leben-Seins. Keine Anforderungen. Zeit in ihrer seltsamen Form der Zeitlosigkeit. Ich bin ganz mit mir – und wenn aus meinem Inneren etwas auftaucht, was geklärt oder gefühlt werden will, nehme ich mir auch dafür Raum. Für einen Anflug von Traurigkeit, einen alten Ärger oder die Mail an eine Freundin, die endlich geschrieben werden will. So räume ich innerlich ein bisschen auf, um weiterhin gern »bei mir« zu sein. In diesem lebensnotwendigen Schwingen zwischen Aktivität und Ruhe bin ich endlich frei für die lange vernachlässigte Seite der Muße. Genau dafür nutze ich an diesem Wochenende das Alleinsein.

Job – oder Berufung?

Die in Zeitschriften gern zitierte Singlefrau ist erfolgreich und leidenschaftlich in ihrem Beruf. Job, Ehrenamt, Berufung – das aktive, nicht private Tun bekommt bei vielen, die allein leben, einen hohen Stellenwert. Oder es hatte schon immer eine Position in Leben und Herz, an die keine Beziehung heranreichte. Im Singleleben kann sich der Fokus ganz darauf richten. Freiheit und Unabhängigkeit sind für viele Jobs auch einfach nötig.

Oft wird ja über sogenannte Karrierefrauen die Nase gerümpft. Und tatsächlich übertreiben es einige wohl etwas mit den männlichen Eigenschaften, was schade ist, weil die Welt und gerade die Wirtschaftswelt eine gute Portion weibliche Denk- und Handlungsweise dringend nötig hätte. Dass viele Frauen so für ihre Arbeit brennen und sie zum Zentrum ihres Lebens machen, kann aber auch von einer anderen Seite betrachtet werden als der des Karriere-, Macht- oder Geldstrebens: Jahrhundertelang waren sie von diesem Bereich ausgeschlossen. Arbeit hatten sie in Haus und Hof und mit der Familie mehr als genug. Aber sie hatten (wie auch lange der Großteil der Männer) keinerlei Wahlmöglichkeit, was sie tun und ob und wie sie Geld verdienen wollten. Erst seit wenigen Jahrzehnten – und durch mutige Kämpfe einzelner Vorreiterinnen – ist es Frauen möglich, sich unabhängig von einem Partner oder der Herkunftsfamilie zu unterhalten. Wirtschaftliche Selbstständigkeit ist die wesentliche Grundlage für die Selbstbestimmtheit. Dass wir seither so gern unser Potenzial im Job ausloten, uns an unserem beruflichen Weg und an den Geldflüssen freuen, wenn sie uns gelingen, scheint mir ganz natürlich. Und auch, dass wir dabei Fehler machen und Lehrgeld zahlen.

Bestenfalls sind wir dabei, auch hier unseren eigenen Weg zu finden und nicht alles so zu machen, wie es die bestehenden Strukturen vorgeben. Immer mehr Frauen (und Männer) versuchen, sinnerfüllt zu arbeiten und darüber ihre Teilhabe an der Gesellschaft zu erfahren, die als Geben und Nehmen im Sinne der Nachhaltigkeit funktioniert. Im Bewusstsein bleibt dabei: Die Arbeit ist es, die uns Unabhängigkeit ermöglicht. Sie lässt uns – bei allem Stress, den sie auch oft mit sich bringt – die Wahl: Wie möchte ich leben? Wie stark möchte ich mich binden? Und möchte ich eine Berufung leben, die mit »Mann, Haus und Maus« gar nicht möglich wäre?

Es fruchtbar werden lassen

Von Goethe ist eine Haltung überliefert, die mich sehr beeindruckt. Sigrid Damm beschreibt in *Goethes letzte Reise*, wie einsam er sich in geistiger Hinsicht im hohen Alter gefühlt hatte. Fast alle Denker, mit denen er sich ein Leben lang ausgetauscht hatte, waren bereits tot, und mit den Ansichten der Jüngeren konnte er sich zum Teil überhaupt nicht anfreunden. Er hätte daraus schlussfolgern können, dass sich die Zeiten nun mal wandeln und man jetzt anders an das Leben herangeht. Das tat er aber nicht. Selbstbewusst und hundertprozentig zu seiner Weltanschauung, seinem Wissens- und Erfahrungsschatz stehend setzte er alles daran, seine Schriften noch bestmöglich zu sortieren und zu vollenden, damit seine Ideen der Nachwelt weiterhelfen konnten. Die innere Einsamkeit mobilisierte noch einmal alle Kräfte in dem mehr als Achtzigjährigen. Er überließ das Feld nicht einfach dem, was nun Mode wurde – im Sinne von: die Welt gehört halt den Jungen. Er lebte in der edlen Verantwortung des Alten, seine Weisheit weiterzugeben. Und wir profitieren bis heute davon.

Es muss keine Einsamkeit sein – ausreichend Zeit allein weckt in vielen die Lust, ganz in etwas einzutauchen, was für sie sinnhaft ist. Wer allein ist, fällt zu vielen Gelegenheiten aus dem Raster des Üblichen – im Urlaub, bei Einladungen, bei Wochenend- und Feierabendgestaltung, bei Familienthemen. Das kann wehtun. Und es kann den Blick eröffnen, etwas Neues zu wagen. Die Freizeiten völlig anders zu gestalten. Das Innenleben zu bereichern. Sich so tief in das Alleinsein und in die Stille fallen zu lassen, dass nie Gefühltes, nie Gedachtes, wirklich Inspiriertes auftauchen kann. Zurück in die Gemeinschaft gehen wir dann umso leichter, umso reicher. Dorthin bringen wir dann auch das Selbstverständnis mit, dass Alleinsein etwas Positives und Fruchtbares ist, etwas, das unserer hektischen Alltagssphäre guttun kann.

Es gibt so viel Sinnvolles zu tun in der Welt. Kraftvoll wird es, wenn es den Qualitäten entspricht, die in uns leben. Wenn unser Herz danach ruft. Für die einen ist das ein ehrenamtliches Engagement, für andere ein Weg als Künstler, wieder andere heilen alte Wunden in der Familie und den Ahnenlinien, um sich selbst und kommenden Generationen den Weg leichter zu machen. Alleinzeit kann immer auch sehr gut Reflexions- und Heilzeit sein – herausfordernd, aber unendlich schön und bereichernd, weil es alles Weitere leichter und gesünder macht, und das nicht nur für den Menschen, der es tut.

Eine Phase allein ist ideal dafür, das aus sich herauszulocken, was leben und entfaltet werden will. Vielleicht *muss* es auch entfaltet werden, wenn frau nach einer langen Zeit des finanziellen Versorgtwerdens durch einen Ehemann allein dasteht. Gerade viele Frauen der Generation 50+ beschreiben die selbst gewollte oder ihnen widerfahrene Trennung nach dem ersten Schmerz als bereichernd – endlich selbstständig und frei für etwas Neues, das bislang nie gelebt wurde.[33] Wer nicht mehr ständig um Beziehungsfragen kreist, kann sich aufschwingen zu größeren Themen, kann politisch, ökologisch, spirituell aktiv werden und seine Energie in etwas geben, das möglichst vielen nützt.

Als selbstbestimmt bezeichnet uns der Philosoph Peter Bieri, wenn zwischen unserem Selbstbild und der Realität keine Kluft ist. Wenn wir das leben, was zu uns passt. Das Bild der anderen kann dabei von unserer Realität abweichen, doch es geht um uns. Bieri rät daher, allen möglichen Äußerungen anderer – wozu auch die Medien gehören – immer wieder mit der Frage zu begegnen: Ist das die Art, wie *ich* denke? Passt das zur »Logik der eigenen Biografie«?[34] Im Alleinsein sind wir frei dafür, weitgehend nach dieser Logik zu leben.

Was macht es zuweilen so schwierig?

Wer die Einsamkeit kennt, kennt auch diese Tage, an denen er ewig um sich selbst kreist, sich in allen Details infrage stellt, sich zu alt, zu dick, zu dünn, zu lahm, zu aufgedreht, zu dies, zu das fühlt – und am liebsten aus der eigenen Haut heraus- und in ein neues, völlig anderes Leben hineinschlüpfen würde. Eines mit den richtigen Maßen, das nicht kneift, und vor allem eines, das voller liebevoller Beziehungen ist. Was ist so komisch an mir, dass ich hier allein vor mich hin leide – und das womöglich bei bestem Wetter und Sonntagsstimmung vor der Tür? Aber dorthin trau ich mich gar nicht – heute lieber nicht … Als Single oder Alleinerziehende fühlen sich Menschen oft ausgegrenzt. Sie können dann an genau dem, was sie gern machen wollen und wofür sie frei sind, doch nicht teilnehmen. Sie werden bei Einladungen übergangen, trauen sich nicht in die Einsamkeit des Waldes, aber auch nicht auf den sonntäglichen Jahrmarkt oder in den trubeligen Verein.

Nun, es hilft nichts. Wenn dir bestimmte Türen verschlossen bleiben, suche andere. Bleib nach außen und vor allem nach innen wach – auf der Suche nach dem, was dich erfüllen könnte, was dir Freude macht, was du teilen oder weitergeben möchtest. Von Erich Kästner gibt es dieses Gedicht: »Einsam bist du sehr alleine. / Aus der Wanduhr tropft die Zeit. / Stehst am Fenster. Starrst auf Steine. / Träumst von Liebe. Glaubst an keine. / Kennst das Leben. Weißt Bescheid. / Einsam bist du sehr alleine – / Und am schlimmsten ist die Einsamkeit zu zweit.« Was mir daran auffällt, ist diese erstaunliche Zeile: »Kennst das Leben. Weißt Bescheid.« Gut vorstellbar, dass genau das einsam macht. So ein Mensch hat die Neugierde verloren, er staunt nicht mehr und sucht auch nicht mehr nach dem Zauber, den das Leben in jedem Moment für den bereithält, der sich dafür öffnet.

Die Stimmung im Gedicht ist die eines passiv gewordenen Menschen. Und passives Alleinsein führt tatsächlich sehr wahrscheinlich zu Leiden. Wer sich die Zeit also mit Fernsehen, rein konsumierenden Internetaktivitäten, mit Essen, sich Betrinken, auf etwas Besseres Hoffen verbringt, leidet eher unter

Einsamkeit. Wer es hingegen aktiv angeht und sein Leben gestaltet, Hobbys nachgeht, die Natur genießt, musiziert, malt, schreibt oder was auch immer tut, der leidet allenfalls momentweise an Einsamkeit. Das heißt nicht, dass Alleinige in Aktionismus verfallen sollten. Auch in Ruhe und Muße kann man aktiv sein, selbst rein innerlich. Doch es braucht einen Fokus, der Lebenssinn vermittelt.

Werkzeuge und Wegweiser

Wofür möchtest du das Alleinsein nutzen, wenn es dir denn schon mal geschenkt wurde? Vielleicht willst du in einer ruhigen Minute darüber reflektieren. Wo liegt deine Leidenschaft? Was hast du als Kind schon gern getan? Was hättest du so gern getan, als du noch in einer Beziehung warst? Was hast du dir bisher immer verboten? Wofür brennst du? Oder auch: <u>Welches Unrecht schmerzt dich so sehr, dass du dich in dem Bereich engagieren möchtest?</u>

Wenn du mit reinem Nachdenken nicht weiterkommst, kannst du dir einen Stapel Zeitschriften nehmen und aus all den Bildern, die dich anspringen, eine Collage basteln. Überschrift: Dafür lebe ich. Oder: Das gibt meinem Leben Sinn. Oder: Dafür lohnt es sich!

um das/mein Alleinsein zu akzeptieren; Schwimmen töpfern, Malen, formen, bauen; Rausfahren irgendwo hin; passive Aggression rauslassen Gefühle zeigen; jeder ist wie er ist

⑤ Deine Zeit, dein Rhythmus

Allein ist alle Zeit dein

Oft merkt man es, wenn man auf Reisen ist und vor Ort niemanden kennt. Der Abend kann lang werden. Das Alleinsein verschafft uns viel Zeit, die sich mit einer Bezugsperson sofort wieder gefüllt hätte. Und wie oft tun Partner etwas nur dem anderen zuliebe? Natürlich gehört das dazu und es kann auch sehr schön sein. Aber auf Dauer geht es von der Lebenszeit ab, die demjenigen, der allein ist, ganz und gar gehört.

Ein Grund, das Alleinsein zu lieben

»Ein Meer an Zeit«, das ist eine meiner tiefsten Sehnsüchte. Endlos scheinend Zeit haben, nicht gefüllte Zeit, frei von anstehenden Aufgaben. Mußezeit, in der ich mich treiben lassen kann. Nichts und niemand will etwas von mir. Ich werde langsamer, alle Zellen entspannen, weiten sich, ich atme tiefer, atme Ruhe und Frieden. Höchste Lebendigkeit. Zeitlosigkeit.

Ich bin damit ganz sicher nicht allein. Es ist der tiefe Wunsch von immer mehr Menschen, einfach mal ihre Ruhe vor den Erwartungen anderer zu haben. Einfach mal nichts tun zu müssen. Einfach mal nur sein zu dürfen. Nur existieren.

In unserer zeitknappen Gesellschaft ist es eine simple Möglichkeit, sich ausreichend Zeit zu verschaffen, indem man allein lebt. Doch auch für alle anderen: Schon ein Abend kann sehr

lang sein, wenn man ihn allein und ohne die üblichen Ablenkungen wie Fernseher, Telefon und Internet verbringt. Herrlich
lang oder auch beängstigend lang, je nachdem. Auf jeden Fall ist
es eine Chance, um runterzukommen. Bereits Ende der 1970er-
Jahre gab es Studien, die zeigten, dass das Maß an Stress sinkt,
wenn die Menschen ausreichend Zeit für sich allein haben. Alle
wesentlichen Lebensbereiche profitieren davon, wenn wir regelmäßig für uns sein können.[35] Auch die Kontakte, die wir dann
wieder eingehen, sind entspannter und erfüllender.

In dieser überbevölkerten lauten Welt regelmäßig Stunden der
Stille und des Alleinseins erleben zu dürfen, macht mich sehr
dankbar. Gerade magische Momente brauchen Zeit und inneren
Raum, um wahrgenommen zu werden. Und im Für-sich-Sein
kann man sie direkt zu sich einladen.

Freiraum, ganz man selbst zu sein

Es gab eine Phase, in der ich die Frage, was ich grad so mache,
offen damit beantwortete, dass ich an einem Buch über das Alleinsein schreibe. Daraus entstanden viele interessante und berührende Gespräche. Ich war erstaunt – oder doch nicht? –, wie
viele Menschen in den unterschiedlichsten Lebensformen auf
irgendeine Weise mit dem Alleinsein ringen. Dass es frisch Ge-
trennten so geht, ist verständlich, und ich nahm mit großer
Dankbarkeit wahr, dass ich manchmal einfach durch meine
Freude am zumindest zeitweiligen Solo-Weg anderen Mut machen konnte.

Mehrfach gestanden mir junge Mütter, wie gern sie wieder
einmal Zeit für sich hätten. Bei aller Liebe zu ihren Kindern, bei
aller Fürsorge, die sie der Familie gern und von Herzen und vollkommen fraglos gaben – viele waren an einem Punkt, wo sie
realisierten: Es gibt niemanden, der für mich sorgt, denn ich
selbst bin nur noch für andere da. Und so brenne ich aus, werde

unzufrieden, kraftlos, müde. Dies schien sogar unabhängig davon zu sein, ob diese Frauen zusätzlich einer bezahlten Arbeit nachgingen oder in Vollzeit als Mutter und Hausfrau aktiv waren. Auch Frauen, die sich bewusst dafür entschieden hatten, beruflich zu pausieren, erlebten, wie die Kräfte sie verließen und sie einfach nicht mehr zu sich kamen.

Dass die Lösung darin liegen würde, mehr Zeit allein zu haben, war diesen Müttern (und ebenso betroffenen Vätern) klar. Doch sie ist nicht einfach herbeizuzaubern. Viel zu zeitaufwändig ist es, alle Anforderungen unter einen Hut zu bekommen. Und Mutter ist eine Frau mit Kind an jedem Tag vierundzwanzig Stunden lang. Auch am Sonntag, im Urlaub und selbst wenn andere für eine Zeit das Babysitten übernehmen – sie nährt und sorgt und organisiert und tut und macht.

Älteren Generationen mag es kleinlich erscheinen, darüber zu klagen. Da sind viele Mädchen, vor allem auf dem Land, mit zehn, zwölf oder fünfzehn Geschwistern aufgewachsen, für die sie selbstverständlich – je nach Alter – mit gesorgt haben. Als älteste Kinder haben sie die jüngsten Geschwister manchmal parallel zu den ersten eigenen Kindern mit aufgezogen. Denn die Mütter von so vielen Kindern konnten sich nicht in der gleichen Weise um alle kümmern. Es funktionierte und es brachte sicher viel frühe Selbstständigkeit und ein großes Gefühl der Selbstwirksamkeit mit sich – sehr anschaulich schildert die Südtirolerin Bernadette Schwienbacher dieses Leben in ihrem Buch *Wenn Körper und Seele zueinander finden*.

Doch das Rad der Zeit hat sich seither viele Runden weitergedreht. Unserem Gefühl nach dreht es sich immer schneller, einfach weil die Zahl der »legitimen Erwartungen«[36] an uns ständig wächst. Außerdem haben wir heute völlig andere Vorstellungen vom Leben, und die fordern auch ihren Preis. Momente des Rückzugs von allen anderen und allen elektronischen

Geräten scheinen zu den letzten Inseln mit Krafttankstelle zu gehören.

In diesem Zusammenhang scheint es mir auch begrüßenswert, dass wir heute offen über Themen sprechen können, die vor Kurzem noch totgeschwiegen wurden. Dass eine Mutter sagen darf: Ja, Kinder zu haben, ist auch anstrengend und tut mir nicht nur gut. Wir trauen uns, ein Tabu nach dem anderen aus dem Dunkel ins Licht zu heben, wissend, dass es in diesem Dunkel ohnehin gewirkt hat, ob wir es wahrnehmen wollten oder nicht. Dass solche Offenbarungen immer noch für Wirbel und hitzige Diskussionen sorgen, gehört dazu. Wie im Falle der als Buch veröffentlichten Studienergebnisse der israelischen Soziologin Orna Donath mit dem Titel: *Regretting Motherhood* – im Deutschen erschienen als: *Wenn Mütter bereuen*. Die darin interviewten Frauen verbindet, dass sie es bereuen, Mutter geworden zu sein – bei aller Liebe zu ihren Kindern und bei aller Fürsorge. Sie sind in dieser Haltung, die sie auszusprechen wagen, sicherlich extrem. Zugleich steht ihr Bedauern, nicht mehr für sich sein zu können, nicht mehr einfach nur Mensch sein zu können, nicht mehr ganz sich selbst gehören zu können, für eine Stimme, die leise oder lauter in vielen Müttern im Chor der inneren Regungen mitschwingen dürfte. Es kann nur gesund sein, sich diese Stimme bewusst zu machen und Wege zu finden, die den Gesamtklang harmonisch bleiben oder immer neu werden lassen.

So kreisen wir von unterschiedlichen Seiten um das Alleinsein. Die einen haben zu viel davon, die anderen zu wenig. Die einen beneiden die anderen, weil immer eines fehlt: mal die sichere Verbundenheit mit anderen Menschen, mal der Freiraum für das Ureigene und die Entspanntheit des puren Für-sich-Seins. Für jeden gilt es, die persönlich stimmige Balance zu finden. Mütter kann ich nur ermutigen, die winzigen möglichen Oasen des Alleinseins zu entdecken und zu nutzen. Und zu lernen, aus den inneren Kraftquellen zu schöpfen, die sich in diesen Momenten auftun, wenn sie ganz im Augenblick und bei sich sind. Vielleicht entwickelt sich in ihnen dann auch eine Wertschätzung für das Für-sich-Sein, die sie in späteren Lebensphasen beibehalten. Jede Angst vorm Alleinsein könnte dann für immer gebannt sein.

Im eigenen Rhythmus

Es kommt für das Wohlbefinden nicht nur darauf an, dass wir Zeit haben, sondern auch darauf, was wir wann tun. Auf den Lebensrhythmus. Ich gestehe, ich mach gern Winterschlaf. Zumindest nenne ich es so. Natürlich ziehe ich mich nicht monatelang von allem zurück und verlasse die Höhle nicht mehr. Das wäre nicht möglich und ich fände es auch nicht sinnvoll. Aber in Anlehnung an die natürlichen Rhythmen versuche ich, es im Winter ruhiger angehen zu lassen. Bei eigenen Ideen und bei Anfragen anderer sage ich daher im August eher Ja als im Februar. Im Winter versuche ich, bewusst Kraft aus der Ruhe zu tanken. Es geht dann einfach leichter als im Sommer. Es ist dunkler, die Pflanzenwelt lebt es ebenso und der menschliche Biorhythmus gibt es so ein ganz klein wenig auch noch vor. Es kann auf diese Weise neue Klarheit erwachsen, neue Lust auf ein aktives Jahr. Ich empfinde es als Geschenk des Alleinseins, das so handhaben zu können. Letztlich merkt es niemand, doch es ist eine innere Einstellung, die mich Mußemomente nutzen lässt, wann immer es möglich ist.

Von so vielem werden wir getrieben, bestimmt, geleitet. Sind wir allein, sind da immer noch alle möglichen inneren Antreiber und Wünsche-Einflüsterer. Doch die Chance, zu dem Rhythmus zu finden, der einem guttut, ist groß. So lange schlafen, wie man es gerade braucht (zumindest an freien Tagen). Dann essen, wenn es wirklich passt. Genauso viel Aktivität und Ruhe, wie es für den eigenen Organismus gut ist. Im eigenen Rhythmus zu bleiben oder ihn immer wieder zu finden, ist für Alleinlebende deutlich leichter als für Menschen, die als Paar oder in Familie leben. Fakt ist: Der Körper ist am entspanntesten und am gesündesten, wenn er so sein kann, wie die Natur ihn auf seine individuelle Weise geschaffen hat.

Fühlst du dich einsam, zieh dich zurück ...
... vom Eindruck, du müsstest tun und machen und erleben und leisten und schaffen. Genieß die ruhevolle Zeit allein, sobald du sie hast. Sie ist – weltweit gesehen – ein seltenes Gut.

Was macht es zuweilen so schwierig?

Für viele Singles ist die größere Menge an freier Zeit genau das Problem: Oje, das Wochenende steht an. Was soll ich tun? Alle sind paarweise unterwegs zu tollen Abenteuern – ich trau mich oftmals gar nicht aus dem Haus ... Sonn- und Feiertage können schmerzlich sein. Dann tigern wir herum, ohne eine erfüllende Aktivität zu finden. Oder wir langweilen uns.

Für mich funktioniert es am besten, dann ganz bewusst erst mal nichts zu tun und nur zu spüren, wer ich gerade bin und was ich wirklich will. Vor allem nach intensiven Arbeitsschichten oder wenn ich für ein paar Tage Besuch hatte oder auf Besuch war, fällt mir das schwer. Plötzlich ist da wieder dieses Alleinsein und es fühlt sich gar nicht mehr vertraut an. Und die freie Zeit – hm, was soll ich damit machen? Ich weiß es nicht mehr, auch wenn ich mich erinnere, sie mir gestern noch sehnlichst gewünscht zu haben, als so viel Arbeit fertig werden musste ... In solchen Momenten ist es für mich das Beste, mich aufs Sofa zu legen und so lange an die Decke zu starren (aber eigentlich nach innen zu schauen), bis ich wieder bei mir bin. Ich spüre die Leere, die Traurigkeit, das Unwohlsein. Wieder und wieder hole ich die Sinne und die Gedanken vom Außen zurück zu mir selbst. Und irgendwann spüre ich wieder einfach mich. Atem, Leben, Gefühle, Mitgefühl. Alles okay, ich bin bei mir. Irgendwann kommt dann ein Impuls: spazierengehen, Yoga, jemanden anrufen, lesen, ins Kino gehen, Bergtour, schlafen, etwas kochen. Sobald ich unter den aufkommenden Ideen die richtige erwischt habe, spüre ich Freude. So ein inneres jubelndes Ja. Und dann setze ich mich in Bewegung.

Langeweile? Okay, auch nur ein Phänomen des Lebens

Auch durch Langeweile lässt sich durchtauchen. Ganz bewusst und wach. Wir nehmen uns in diesem Zustand wahr. Wie fühlt sich das an? Was passiert da genau? Und wann kommt ein Handlungsimpuls und mit welchen Gefühlen? Wenn wir nicht wissen, was wir tun oder mit uns anfangen sollen, ist das eine Gelegenheit, in die Tiefe zu tauchen, uns selbst näherzukommen und irgendwann etwas wirklich Erfüllendes zu entdecken. Die oberflächliche Ablenkung für den Moment brauchen wir dann immer seltener. Zugleich lernen wir, dem Impuls zu widerstehen, jede Lücke sofort zu füllen. Dann entdecken wir: Vor allem in den ungefüllten Zeiten ist Erfüllung möglich. Da wird das Leben spürbar.

Du merkst schon, immer wieder ist es das gleiche Spiel: Sind wir stark außengeleitet, dann sind wir tendenziell einsam, egal, ob da Menschen in unserem Umfeld sind. Es fehlt uns der Zugang zu unserem eigenen Inneren, zum eigenen Sein. Wir sind abhängig von der Zuwendung und den Reizen von außen. Sobald sich diese Impulse entziehen oder anders sind, als wir das wollen, leiden wir.

Langeweile bedeutet, dass wir mit uns selbst, mit unserer Zeit nichts anzufangen wissen. Dabei ist Zeit das Einzige, was wir überhaupt haben. Und selbst das ist eine Illusion: Denn wir haben immer nur den jetzigen Moment, den wir wegwerfen oder den wir begrüßen und wirklich erfahren können. Egal, was er enthält. Unser Aktivsein oder unsere Langeweile. Es ist das Leben.[37]

Werkzeuge und Wegweiser

Freie Zeit allein will gestaltet sein. Vor allem, wenn du damit noch nicht so erfahren bist, ist es gut, dir gewisse Eckpunkte zu setzen. Ein freier Abend allein? Ein ganzer Sonntag? Was würde dir Freude machen? Was ist dir ein inneres Bedürfnis? Mal wieder richtig gut kochen? Die Gedanken in einem Tagebuch sortieren? Eine bestimmte Musik hören oder etwas lesen? Etwas Neues im Selbststudium beginnen – eine Sprache, eine Handarbeit oder eine Meditations- oder Heilmethode? Setz dir zwei, drei Eckpunkte – und dann lass es fließen.

Umso wichtiger sind solche Grobplanungen, wenn es um allein verbachte Zeiten geht, die emotional aufgeladen sind. Der Geburtstag zum Beispiel, den du feierlich für dich allein begehen willst, oder Silvester.

6. Dein Anker in der Reizflut

Allein kannst du die heutigen Informationsunmengen leichter verarbeiten

Heiko Ernst, bis 2014 Chefredakteur der »Psychologie heute«, schreibt: Alleinsein kann heute »ein Korrektiv zum Chaos und zur Kakophonie unserer Außenwelt sein. Wir müssen jedoch das antisoziale Image des Rückzugs in die Innenwelt abstreifen und seine heilsame Wirkung betonen«[38]. Genau darum geht es hier.

Ein Grund, das Alleinsein zu lieben

Die Rhythmusforschung kennt Isolationsexperimente, bei denen Freiwillige wochenlang abgeschirmt von Tageslicht und Außenkontakten lebten. Man wollte damit herausfinden, welcher natürliche Rhythmus sich bei ihnen einstellt. Nebenbei zeigte sich, wie sehr die meisten dieser Menschen es genossen, für eine Zeit ganz in Ruhe gelassen zu werden, nichts zu planen, nichts abzuarbeiten, nicht erreichbar zu sein. Die Zeit durfte fließen. Eine ungeheuer wohltuende Entschleunigung und Entstressung. Jürgen Zulley, der solche Experimente durchführte, schlussfolgerte, dass wir Menschen »Rhythmus-Pausen-Menschen« sind, die nach einer Zahl von Reizen eine Regenerationspause brauchen.[39] Selbst gewähltes zeitweiliges Alleinsein hat tatsächlich therapeutische Effekte, wie Peter Suedfeld nachweisen konnte.[40] Es gibt auch eine REST genannte Therapie für Stresspatienten, die über sensorische Deprivation – also den Entzug von Reizen – Entlastung schaffen soll: Restricted Environmental Stimulation Therapy. Zeitweiliges Alleinsein ist also eine optimale Bedingung für Psychohygiene. Es schenkt Zeit für die immer wieder nötige Selbstreflexion, dafür, anstehende Entscheidungen vorzubereiten, Geschehenes zu verarbeiten und Pläne zu machen, persönliche und philosophische oder spirituelle Fragen ohne den direkten Einfluss anderer zu klären und zu prüfen, was man eigentlich im Leben will. Es ist schlichtweg Zeit zum Regenerieren. All dies hängt damit zusammen, dass im wirklichen Für-sich-Sein die Zahl neuer Reize reduziert wird und so Raum entsteht, frühere Impulse zu verarbeiten und zu sortieren.

Surfen – oder lieber Tieftauchen?

Man könnte allerdings meinen, dass die Kunst des Für-sich-Seins ausstirbt, angesichts all der Facebook-Abhängigen und der Menschen, die beim Duschen ein Problem bekommen: Wohin derweil mit dem Smartphone? Doch genau in dieser Ära der Reizflutung unserer Gehirne und Seelen wächst die Zahl derer, die sich aktiv um eine Auszeit bemühen, in der sie einfach nur sie selbst sein können. Vielleicht halten sie es – wissentlich oder nicht – mit Leo Tolstoi, der schreibt: »Ein zeitweiliger Rückzug von allen Dingen des Lebens und Nachdenken über das Göttliche ist für deine Seele eine ebenso notwendige Nahrung, wie es die materielle Nahrung für deinen Körper ist.«[41] Oder mit Martin Hecht, der die Zeiten allein »Oasen in der Wüste der Dauerverbundenheit«[42] nennt.

Wir leben in einer Zeit, in der wir uns letztlich gegenseitig die Kraft rauben. Mit unserer Art der Kommunikation vor allem und dem Anspruch auf sofortige Antwort auf allen Kanälen. Allein zu sein kann da sehr entstressend wirken. Der Lust, sich zeitweise zurückzuziehen, steht allerdings oft die Angst entgegen, etwas zu verpassen. Wer es probiert hat, mal eine Zeit-lang offline zu sein, weiß: Es ist kalter Entzug. Sogar unter thera-peutischer Aufsicht gibt es ihn mittlerweile. Denn er lohnt.

Wer allein sein kann, läuft weniger Gefahr, süchtig nach virtu-ellen Kontakten und Dauerreichbarkeit zu werden. Denn er muss nicht vor sich selbst, der inneren Leere oder unangeneh-men Gefühlen davonlaufen. Wer gelernt hat, mit sich allein zu sein, kennt diese Gefühle natürlich auch. Er hat aber bereits Er-fahrungen damit gemacht, sich diesen Dingen zu stellen, sie aus-zuhalten und bestenfalls aufzulösen. Er kann die Netzangebote nutzen, aber es ist ihm leichter möglich, auf sie in eigener Ent-scheidung auch wieder zu verzichten.

Ähnlich mit den Medien. Vor dem Fernseher sitzend erleben wir uns als Teil einer Gemeinschaft – aber nur, solange wir schauen. Schalten wir aus, sind wir allein. Erschreckend allein. Also schnell wieder anmachen? Parasoziale Kontakte erleben, wie es heißt? Sehr leicht kann Einsamkeit entstehen, wenn wir das Gefühl bekommen, dass unser real erlebtes Sein nicht zu dem passt, was wir über TV, Twitter und soziale Netzwerke ver-mittelt bekommen. All die Stars und Sternchen, all die lustig-bunten Posts. Und bei uns? Nichts los! Passen wir überhaupt noch in die Welt?

Gerade wegen dieser Unsicherheit und der unguten Gefühle, die daraus entstehen, lassen wir uns meist weiter berieseln. In-tensiver Medienkonsum zerstreut und lenkt ab. Fernseher und Internet sind leicht zugängliche Fluchtfahrzeuge, die den Einsa-men vor sich selbst und dem zu retten scheinen, was aus seinen unbewussten oder halbbewussten Tiefen heraufzudämmern versucht. Es hilft aber nichts: Wird die Begegnung mit sich selbst verweigert, wird man immer auf der Flucht sein. Denn dieses Selbst wird uns immer begleiten, auch wenn wir es in irgendein dunkles inneres Kämmerlein sperren. Der Weg kann daher nur darin bestehen, sich der ungebetenen Besucherin Einsamkeit zuzuwenden, wie es Barbara Mettler-von Meibom ausdrückt, die sich in einer bemerkenswerten Arbeit mit dem Zusammenhang von Einsamkeit und Medienkonsum beschäftigt.

Dazu kommt: Erst im Abstand zu den Medien ist es möglich, die Welt überhaupt mal so wahrzunehmen, wie sie sich *uns selbst* zeigt, und nicht so, wie sie uns die Medienmacher auf der Basis ihrer Weltwahrnehmung und ihrer Weltanschauung zeigen.

Alleinsein heißt, nur noch mit den eigenen Gedanken und Empfindungen zu sein, statt sich weiter von den Impulsen und Ideen anderer beeinflussen zu lassen. Wir alle sind voll von Anregungen, die uns andere gaben. Von Zeit zu Zeit wollen sie verdaut und in etwas »Körpereigenes« transformiert werden, wenn wir uns nicht selbst verlieren wollen. Nur so können wir dann übrigens auch bewusst unseren persönlichen Beitrag zur Welt leisten – dafür muss es uns geben, als sich selbst reflektierende Wesen.

Das nährende Inselgefühl

Alleinsein kann zur Insel im hektischen Dauergequassel und -geposte werden. Einfach mal Luft holen. Einfach mal wieder spüren: Oh, ich bin. Raus aus all dem Künstlichen, Gemachten, Virtuellen, Unechten. Und auch aus all den Anforderungen, die unentwegt zu erfüllen sind. Einfach nur Lebendigkeit spüren … Für mich sind es wundervolle Zeiten – die, in denen kaum etwas zu geschehen scheint und ich so gut wie keinen Austausch habe. Außer vielleicht mit einem Autor, in dessen Buch ich lese, oder mit einem Baum draußen beim Herumwandern. Stille und viel, viel Zeit lassen mich tiefer atmen, sie lassen mich insgesamt langsamer sein, spüriger, zentrierter. Selbstvergessen.

Umso mehr freut es mich, zu wissen, dass es auch meinem Gehirn guttut, wenn ich die Seele baumeln lasse. Andrew Smart, der in seinem Buch *Öfter mal auf Autopilot* ein neurobiologisch begründetes Loblied auf das Nichtstun anstimmt, schreibt gleich zu Beginn: »Das Nichtstun gehört zu den wichtigsten Aktivitäten im Leben.«[43] Unser Gehirn liebt es, mal Ruhe zu haben. Die Hirnforschung weiß, dass es dann sogar noch aktiver ist als sonst: Es arbeitet nämlich nach, sortiert, kombiniert, seine einzelnen Areale vernetzen sich. Innere »Müllberge« werden abgetragen, neue Ideen bereiten sich vor, wirklich Kreatives wächst heran. Der Psychiater Manfred Stelzig erzählt in seinem Buch *Keine Angst vor dem Glück*, was er in vielen Befragungen bei Patienten und Seminarteilnehmern festgestellt hat: Bei Überbeanspruchung wünschen wir zunächst Rückzug und Ruhe. Erst wenn wieder etwas Energie da ist, ändern sich die Wünsche in Richtung Geselligkeit, Austausch und Intimität.

»Wir müssen erst erfahren, dass Ruhe in uns ein Ereignis sein kann«, sagt der Politikwissenschaftler und Yogalehrer Hans-Peter Hempel.[44] Denn es ist uns von klein auf beinahe verboten, nichts zu tun, einfach herumzusitzen, tagzuträumen, schlichtweg das Am-Leben-Sein zu spüren und zu genießen. Das ist auf den ersten Blick nicht produktiv und irgendwie anstößig, unberechenbar. Aber es ist wichtig, und wenn wir uns beobachten, merken wir, dass sich unser Körper-Geist-System Zeiten dafür stiehlt, wenn wir sie ihm nicht freiwillig zur Verfügung stellen. Wer überarbeitet ist, kommt morgens irgendwann nicht mehr aus dem Bett und wird am Schreibtisch immer langsamer und unproduktiver. Zeitweiliges bewusstes Für-sich-Sein kann hier zu einem Werkzeug der Resilienz werden. Der alte biblische Satz Salomons (Sirach 38,25) »Wer seine Tätigkeit einschränkt, erlangt Weisheit« beruht letztlich auf dieser Wahrheit.

Die Hochsensiblen und das Alleinsein

In den letzten Jahrzehnten begannen wir erfreulicherweise, immer mehr Menschengruppen in ihren Eigenheiten anzuerkennen, die nicht zu den bis dahin geltenden Normen passen. Mehr und mehr schätzen wir sie für die Gesellschaft und sehen sie als Facetten an, die das Ganze umso bunter machen. Man mag dabei an diejenigen denken, die ihre Liebe in gleichgeschlechtlichen Partnerschaften leben, oder an die immerhin 20 bis 25 Prozent Introvertierten, von denen bereits die Rede war.

Eine weitere Gruppe sind die Hochsensiblen, die schätzungsweise 10 Prozent der Bevölkerung ausmachen. Sie haben feinere Antennen als der Durchschnitt, nehmen über alle oder einzelne Sinnesorgane mehr Reize auf und müssen diese dann auch zusätzlich verarbeiten und in ihr ebenfalls überdurchschnittlich waches und reiches Innenleben integrieren. Dies alles kann zu einer Reizüberflutung führen, wenn es nicht Pausen zur Verarbeitung gibt: Zeiten allein. Wer hochsensibel ist, wird sich daher gern immer wieder zurückziehen, um seinem Gehirn ausreichend Gelegenheit zu geben, die Ereignisse und Inputs der letzten Zeit zu sortieren und Verwertbares von Müll zu trennen, der dann aus dem Tagesbewusstsein entsorgt werden kann. Wer unentwegt »zu viel von allem« in sich aufnimmt, ist geradezu gezwungen, sich regelmäßig von allen Reizen abzuschirmen. Da jeder andere Mensch – selbst wenn er nicht spricht, denn nicht zu kommunizieren geht nicht – eine Reizquelle darstellt, sind Zeiten des Alleinseins vor allem für Hochsensible nötig und sehr gesund. Sie schätzen das Für-sich-Sein daher meist mehr als andere und haben auch weniger Schwierigkeiten damit. Allerdings fühlen sie sich manchmal einsam in einer Gesellschaft, in der es laut zugeht und die Reize geradezu sintflutartig gesetzt werden. Haben sie gelernt, zu ihrer Eigenheit zu stehen und gut für sich zu sorgen, wollen sie sie jedoch nicht mehr eintauschen.

Ich selbst komme mir mit dieser Hochsensibilität manchmal vor wie ein Kind, das für jeden Weg – wenn man es lässt – viermal so lange braucht wie die Erwachsenen. Es riecht an jeder Blüte und plaudert mit jedem Sperling. Es sieht so vieles, fühlt so vieles, was anderen verborgen bleibt, weil sie sich nicht die Zeit dafür nehmen oder einfach keinen Sinn dafür haben. Dann aber sprechen die Dinge auch nicht zu ihnen.

Zeit für den Hausputz

Wie viele oder wenige Reize uns auch immer ins Bewusstsein kommen, ab und an müssen wir sortieren und ausmisten. So wie Schreibtisch, Küche, Wohnung, Keller immer wieder zu vermüllen drohen, unterliegt auch unser Inneres dem Hang zur Unordnung. All die unzähligen Einflüsse, denen wir tagtäglich ausgesetzt sind, lagern sich irgendwo in uns ab und bilden irgendwann eine Halde von zappelnden, nach Aufmerksamkeit schreienden Bildern, Gedanken, Geschichten und Emotionen. Manche sind frisch und neu, andere, nicht weniger laut und fordernd, Jahrzehnte alt oder sogar noch deutlich älter, weil wir sie von unseren Vorfahren übernommen haben.[45]

Genau deswegen empfinden so viele Menschen das Alleinsein als unerträglich: Sie wissen nicht, wie sie mit diesem inneren Unrat umgehen sollen. Statt ihn sich anzuschauen und Stück für Stück dorthin zu räumen, wo es hingehört, schauen sie besser nicht hin und geben sogar noch mehr Input obendrauf – indem sie fernsehen, im Netz surfen oder mit anderen plaudern. Das scheint entspannend zu sein, vermehrt aber die zu verarbeitenden Reize noch. Es vergrößert das Unbehagen, das beim zartesten Anflug von Stille entsteht. Das ist, als würdest du ein überfülltes Haus haben. Da es dir sehr unangenehm ist, all die angehäuften Dinge ansehen zu müssen, versuchst du, so wenig wie möglich daheim zu sein. Du nistest dich reihum bei Freunden ein, bleibst so lange wie möglich im Büro oder mietest dich sogar in ein Hotel ein. Ab und zu kommst du nach Hause und wirfst alles, was du unterwegs aufgesammelt hast, noch mit zu dem alten Unrat. Und je mehr Sachen sich anhäufen, umso schneller musst du fliehen. Dein Leben wird auf diese Weise sehr anstrengend. Du bist heimatlos, immer auf der Flucht.

Die Lösung ist simpel: Mit etwas Überwindung kannst du eines Tages endlich anfangen, auszumisten und aufzuräumen. Es kostet dich einige Mühe, bald aber hast du wieder ein Zuhause, eine Heimat, die dir Kraft gibt. Und wenn sich neu Dinge ansammeln, räumst du sie gleich auf, das geht jetzt ganz leicht.

Genauso wie mit diesem Haus ist es mit unserem Inneren. Es braucht eine Zeit, in der wir mit all dem umgehen lernen, was von dort aufsteigt, sobald wir allein sind und uns nicht von uns selbst ablenken. Geschichten, die nicht abgeschlossen wurden, ungefühlte Emotionen, heruntergeschluckte Tränen, niemals geäußerte Wut, lebendig begrabene Träume – in uns kann eine Menge darauf warten, endlich wahrgenommen zu werden.

Leider bietet uns die Gesellschaft innerhalb einer ganz normalen Biografie keine Methoden an, wie wir mit diesem inneren Angestauten umgehen könnten. Für den Umgang damit verweist sie auf Therapeuten, sofern jemand unter dieser inneren Last schon zusammenzubrechen droht. Doch es gibt zahlreiche wirksame Methoden, die bereits früher wirken, und auch Laien können sie für sich selbst anwenden. Ich möchte einige nennen, die mir lieb geworden sind: Meditation, The Work von Byron Katie (hier werden die Gedanken hinterfragt und wir gelangen vom Kopf ins Fühlen und letztlich in die Liebe), das »Gefühle sind wie Gäste«-Ritual von Lucia Scholz, bei dem wir alle Gefühle und Empfindungen in uns begrüßen, willkommen heißen und uns bei ihnen bedanken – wie gute Gastgeber. Gehen werden diese Gäste dann von selbst. Es funktionieren aber auch so simple Dinge wie das Schwingen mit den Augen von rechts nach links und zurück, immer in der oberen Hälfte des Augapfels.[46] Oder ein Spaziergang in der Natur, bei dem wir bewusst in Kontakt mit der Erde und den Bäumen gehen. Und natürlich, einer meiner Favoriten: an einem Wasser sitzen, still werden, schauen, lauschen.

Sortieren und verarbeiten werden wir in unseren Innenwelten lebenslang. Je nach Qualität der Erfahrungen in der Kindheit und dem bisherigen Erwachsenenleben kann es anfangs mühsamer sein und intensivere Prozesse erfordern, die eventuell sogar von einem Profi in Sachen Innenwelten begleitet werden können. Irgendwann aber ist so weit aufgeräumt, dass tatsächlich Kraftorte in uns entstehen. Wir können positive Erinnerungswelten auf der psychischen Ebene entfalten, um die wir uns aktiv kümmern, damit sie – und somit unser Leben – umso schöner erblühen.[47]

Fühlst du dich einsam, zieh dich zurück …
… von Smartphone, Tablet, PC und Konsorten.
Komm ganz zu dir, zu deinem Atem, deinem Empfinden und
in die gesunde, tief im Inneren liegende Ordnung.

Einen faszinierenden Aspekt fand ich bei Byron Katie, die in einigen ihrer Workshops, die man auf DVD oder Youtube anschauen kann, fragt, warum die Leute nicht gern allein sind. Dann antwortet sie selbst, indem sie auf ihren Kopf zeigt und sagt: »Schaut euch doch mal an, womit sie allein sind!« Ja, wir sind allein mit unseren Gedanken. Wenn wir die zu bändigen und letztlich – wie es Katie vorlebt – zu lieben lernen, sind wir frei. Dann werden wir auch das Alleinsein lieben.

Der Verstand macht einen guten Job. Ihn genauer zu beobachten, verdeutlicht, dass er unentwegt »für seinen Menschen« arbeitet. Er ringt unermüdlich um dessen Sicherheit, um dessen Würde, um die Gesundheit, um die Akzeptanz im sozialen Umfeld. Genau über diese Dinge denken wir nach, auch wenn es uns zeitweise noch so nervig, unsinnig und auch schlafraubend vorkommen mag. Der Verstand tut seine Arbeit nach genau den Grundsätzen, die wir in ihn eingespeist haben. So, wie er programmiert ist, so arbeitet er. Bis wir uns genauer anschauen, was da passiert, und es wo nötig updaten. Das funktioniert für viele mit Byrons Katies Work auf fast schon magische Weise, aber zum Beispiel auch mit der Achtsamkeitsmeditation, in der wir lernen, dass wir nicht unser Denken sind. Wir erschließen uns Räume jenseits davon, die uns mit etwas Tieferem und Größerem verbinden, als wir selbst es sind.

Was macht es zuweilen so schwierig?

Alleinlebende sollten eigentlich mehr Gelegenheit haben, mal zur Ruhe zu kommen. Tatsächlich aber geschieht oft das Gegenteil: Da sie in dem Gefühl leben, es fehle noch etwas Wesentliches – nämlich ein Partner oder »mehr Freunde« –, bleiben ihre Antennen unentwegt auf Empfang und scannen das Umfeld, ob real oder virtuell oder sehr subtil nur in Gedanken.

Den meisten heute mangelt es dabei gar nicht an Kontakten. Sie chatten und mailen, whatsappen und daten, posten, liken und kommentieren von morgens bis abends. Oft sind sie mit viel zu vielen Kommunikationspartnern zugange, als dass der Austausch Bedeutsamkeit erhalten und echte Verbundenheit dabei entstehen könnte. In dieser Menge an Datenaustausch, oftmals völlig unreflektiert in die Welt entlassen und eine Stunde später schon nicht mehr wichtig, geht eine Basis für echten wesentlichen Austausch verloren: die Verbindung zu sich selbst und die wirkliche Wahrnehmung des anderen.

Es ist eine Art Teufelskreis entstanden, der letztlich auch die Isolation fördert: Wir können uns nicht mehr konzentrieren, weil wir dauernd abgelenkt werden. Konzentration ist aber eine Grundvoraussetzung sowohl für ein als angenehm empfundenes Alleinsein als auch für die Liebe. Wie Erich Fromm bereits schrieb, muss man sich, um lieben zu können, auf etwas oder jemanden (oder sich selbst) einstimmen können, was eine gewisse Zeit der fokussierten Aufmerksamkeit nötig macht. Fehlt Liebe, fühlen wir uns einsam. Wir suchen vermehrt im Außen nach Ablenkung – und kommen so noch weniger zu uns selbst. Meditativer Entzug, so könnte der Ausweg heißen: Lernen, sich ohne äußere Impulse zu fokussieren.

Werkzeuge und Wegweiser

Willst du es mit so einem »meditativen Entzug« versuchen? Es ist auch ein Weg, das Für-sich-Sein zu erleben und den Genuss daran zu entdecken. Dazu braucht es zunächst ein Zeitfenster, in dem du nicht mit anderen kommunizieren musst, wenn du es nicht willst. Ein Abend wäre schön, ein ganzer Tag sehr gut, für Mutige kann es auch einem typischen Seminarwochenende gleichen: Freitagabend bis Sonntagmittag. Diese Zeit gehört ganz dir allein. Keine Störungen durch Geräte. Handy aus, Fernseher aus, Radio aus, kein Computer. Du willst ja zu dir kommen.

Du tust nun in dieser Zeit alles, was du ohnehin tun musst oder willst oder schon lange mal tun wolltest – außer gezielte Kontakte mit anderen pflegen, weder persönlich noch am Telefon, und keinerlei Medienkonsum oder Elektroniknutzung.

Wenn du beim Wandern oder Spazieren mit jemandem ins Gespräch kommst, kannst du das erleben und dann wieder ziehen lassen.

Lass während dieser Experimentierzeit eine grundlegende Frage in dir sein: Was nehme ich wahr? Um mich her, vor allem aber in mir? Werde zur Forscherin, die erkundet, was der »Entzug« mit ihr macht. Welche Gefühle steigen auf? Welche Stimmungen? Welche Gedanken? Beobachte es und finde Wege, gut für dich zu sorgen. Wenn die Reize aus den sonst so omnipräsenten Medien wegfallen, ist es umso schöner, sich auf das Sinnliche zu verlegen: spüren, fühlen, ertasten, schmecken – und die Ruhe genießen. Du kannst barfuß über eine Wiese laufen oder durch einen kühlen Bach waten. Du kannst etwas kochen und jede Zutat bewusst in den Fingern spüren und aktiv schmecken. Vielleicht willst du deine Gedanken auch mit der Hand in ein schönes Notizheft schreiben.

7. Musen küssen keine Massen

Alleinsein beflügelt die Kreativität

Künstler, Schriftsteller, Wissenschaftler und Erfinder, sie alle brauchen den Rückzug ins stille Kämmerlein oder in die Natur. Kreativität, in welchem Lebensbereich auch immer, benötigt das Für-sich-Sein, in dem nachgedacht, geträumt, ausprobiert, gespielt und kreiert werden kann. Viele finden erst im Alleinsein zu ihrer künstlerischen oder anders gelebten kreativen Ader.

Außerdem kann eine Phase des Alleinlebens selbst die Kreativität herausfordern: Wie geht man damit um, plötzlich so für sich zu sein? Was macht man daraus? Wie lässt man das eigene Leben mit all seinen Gegebenheiten zu einem Kunstwerk werden?

Ein Grund, das Alleinsein zu lieben

»Ich muss viel allein sein. Was ich geleistet habe, ist nur ein Erfolg des Alleinseins.« Dies schrieb Franz Kafka im Sommer 1913 in sein Tagebuch. Viele Philosophen und Künstler der vergangenen Jahrhunderte sangen Loblieder auf das Alleinsein, einige litten an der Einsamkeit. Viele zogen sich für ihr Schaffen bewusst von den Wirbeln der Welt zurück. Petrarca und Rousseau, Michelangelo und Leonardo, Schopenhauer und Nietzsche hatten mit der Einsamkeit zu ringen, die sie zugleich brauchten und suchten, um ungestört vom Lärm der Menschenwelt ihren Gedanken in bislang nicht gekannte Tiefen zu folgen oder ihre Kunstwerke zu schaffen.

Auch heute und im Bereich der technologischen Entwicklung gibt es solche Menschen. Als Stephen Wozniak in den 1970er-Jahren den ersten PC entwickelte, tat er dies allein. Seit seiner Kindheit war er entflammt von der Idee, einen Computer zu bauen, den sich jeder leisten konnte, klein, benutzerfreundlich, mit Bildschirm und Tastatur. Später fand er Gleichgesinnte und traf sich auch ab und an zu einem Austauschabend, bei dem der scheue, introvertierte Wozniak anfangs nicht sehr auffiel. Doch Tag und Nacht verfolgte er seine Idee. Ganz bewusst allein. Bis er den ersten PC geschaffen hatte. In seiner Autobiografie gibt er einen Rat an Ingenieure weiter, die »Erfinder und zugleich Künstler« sind: »Arbeite allein. Du wirst am besten imstande sein, revolutionäre Produkte und Anwendungen zu entwerfen, wenn du selbstständig arbeitest. Nicht in einem Gremium. Nicht in einem Team.«[48]

Was macht es aus, dass wir allein so kreativ sein können? Vor allem können wir uns ganz dem hingeben, woran wir arbeiten. Es wird zu unserem Du, dem all unsere Aufmerksamkeit gilt. Wir bleiben ganz im Gespräch mit ihm. Das Für-sich-Sein erlaubt es unserer inneren Stimme, sich Gehör zu verschaffen – oder den Musen, uns endlich mit ihrem Kuss zu erwischen. Während wir plaudern und reagieren, planen und tun, tippen und telefonieren und unseren To-dos nachjagen, ist das nicht möglich. Für etwas Kreatives, Innovatives, überraschend Gutes braucht es das Für-sich-Sein.

Damit Schaffensphasen kreativ werden, muss man zeitweise ganz in der Energie des Projektes oder Werkes drinbleiben. Es sind freie Zeiträume nötig, man muss jedem Impuls nachgehen, die halbe Nacht mit einer Idee durch die Wohnung tigern können und seinen Rhythmus ganz dem unterordnen, was in die Welt gebracht werden will.

Wesentlich ist außerdem, dass wir im kreativen Rückzug niemanden »reinreden« lassen. Kreativ sind Ideen oder Werke, die neuartig sind, eine Weiterentwicklung, etwas Besonderes. Damit entsprechen sie nicht dem Althergebrachten und müssen zunächst gegen die »allgemeine Meinung« verteidigt werden. Oft passiert dieser Schritt bereits im Kopf des Kreativen. Um etwas leisten zu können, was über Routinen hinausgeht, braucht es die Abgeschiedenheit vom Herkömmlichen.

Wie sehr wir von der Meinung anderer abhängig sind, zeigen Experimente, bei denen Menschen einfache Aufgaben lösen müssen und eingeschleuste Schauspieler absichtlich falsche Antworten geben. Ein erschreckend hoher Prozentsatz der Probanden lässt sich von diesen fehlerhaften Aussagen dazu hinreißen, selbst falsch zu antworten. Und dies nicht nur aus Angst vor der Ablehnung als »Andersdenkender«. Werden diese Untersuchungen nämlich mit einem Hirnscan verbunden, zeigt sich, dass sich tatsächlich die Wahrnehmung verändert: Die Befragten sehen die zu beurteilenden geometrischen Figuren dann plötzlich anders. Man könnte daraus schlussfolgern, dass es für kreative Leistungen auch deshalb wichtig ist, sie in ausreichend Zeit allein zu erbringen, weil andere Menschen und Gruppen wie »bewusstseinsverändernde Substanzen«[49] wirken. Das Neue hätte dann kaum eine Chance.

Frei von allzu Alltäglichem

Wer kreativ sein will, muss phasenweise allein sein, das heißt, er muss es können, aushalten, nutzen, sogar suchen. So zeigen beispielsweise Untersuchungen an Jugendlichen, dass diejenigen ihre Talente deutlich weniger zur Entfaltung bringen, die das Für-sich-Sein nicht ertragen. Dann aber können sie ihre mathematischen, musikalischen oder anderen Fähigkeiten nicht ausbauen, weil dies den zeitweiligen Rückzug von anderen erfordert.[50]

Haben wir diese Möglichkeit heute überhaupt noch ausreichend? Die Zerstreuung, die in der Welt herrscht, hat in den letzten Jahren extrem zugenommen und die Möglichkeiten, sich zurückzuziehen, sind rar geworden. Außerdem wird oft übersehen, dass die großen Geister vergangener Zeiten während ihres Lobes der Einsamkeit meist Bedienstete hatten, die ihnen die alltäglichen Pflichten abnahmen. Männer haben für diese Zwecke bis heute gern eine Frau, die »ihnen den Rücken freihält«.

Mihaly Csikszentmihalyis Buch *Flow und Kreativität* basiert auf Befragungen führender kreativer Menschen. Sie betonten, dass man schwerlich kreativ sein kann, wenn man ständig herausgerissen wird oder einen Alltagssorgen plagen. »Viele der von uns Befragten waren ihren Partnern sehr dankbar, weil sie wie ein Puffer gegen genau diese Art von Ablenkung wirkten. Das galt vor allem für die Männer. Die Frauen wiesen zum Teil nachdrücklich darauf hin, dass sie sich auch mitunter eine Ehefrau wünschten, die sie vor solchen störenden Ablenkungen abgeschirmt hätte.«[51]

Interessant, oder? Sie wünschten sich eine »Ehefrau«. Einem Mann trauten sie diese Funktion offenbar nicht zu. Das mag auch an der Generation liegen: Der Jüngste dieser befragten herausragenden Künstler, Führungskräfte, Erfinder und Wissenschaftler war Jahrgang 1941. Sie hatten damit bei aller Kreativität und Eigenwilligkeit wohl eher noch ein traditionelles Rollenverständnis, das auch wenig hinterfragt wurde. Weniger zumindest, als das nachfolgende Generationen vor allem auf der Seite der Frauen seither tun.

Fast alle lebten in langjährigen Ehen und betonten deren Bedeutung für ihre Kreativität, da sie die »beste Gewähr für die innere Ruhe ist, die sie brauchen, um sich auf ihre kreative Arbeit zu konzentrieren«[52]. Nachfolgende Generationen erleben Beziehungen und auch Ehen allerdings längst nicht mehr als so stabil. So befruchtend sich neue Partner auf die kreative Arbeit auswirken können – der Muse-Faktor –, so ablenkend sind

Verlieben und Entlieben auch. Es wäre interessant, eine ähnliche Befragung mit jüngeren Kreativen durchzuführen, wenn die irgendwann auf ihr Leben zurückblicken. Vielleicht wird es dann mehr geben, die ihr Leben allein bestritten, um sich so besser fokussieren zu können? Vor allem unter den Frauen? Die Entscheidung einer Frau für das Singlesein kann tatsächlich eine für die Kreativität sein, die sonst nicht ausreichend gelebt werden könnte. Zumindest zeitweise. Ich dachte während der Arbeit an diesem Buch manchmal schmunzelnd: Hoffentlich kommt mir kein Mann dazwischen!

Die Zenmeisterin und Führungskräftetrainerin Anna Gamma hebt die Bedeutung des kreativen Ausdrucks speziell für Frauen hervor. Viele gaben in der Vergangenheit ihre ganze Kraft, ihre Ideen und ihren inneren Reichtum in das Werk ihres Mannes mit hinein – sie wurden zu Musen, was schön klingt, aber auf Dauer nicht befriedigt, weil es einseitig ist. So litten viele von ihnen enorm oder wurden sogar psychisch krank, weil – wie es Anna Gamma begründet – ihr kreatives Wirken nie öffentlich gewürdigt wurde und damit Teile ihres Wesens nicht gespiegelt wurden. Es konnte sich kein gesundes Selbstbewusstsein aufbauen oder erhalten.[53]

Dass sich das althergebrachte Modell zumindest kurzzeitig auch umkehren und abwandeln lässt, bemerkte ich eher zufällig: Einmal im Jahr nämlich gönne ich mir eine »Lesewoche«. Ich nehme Urlaub, fahre nach Leipzig, ziehe in ein Hotel und verschanze mich sechs Tage lang von morgens bis spätabends in der Nationalbibliothek, um all das an Sach- und Fachliteratur zu lesen, was mir Freude macht, was mich interessiert, was ich das Jahr über nicht geschafft habe. Na gut, einen Teil davon. Ich lasse meinen Gedanken zu Themen, an denen ich gerade dran bin, freien Lauf und freue mich daran, wie sich fruchtbare neue Verknüpfungen im Kopf bilden. Diese Woche gehört zu den glücklichsten und entspanntesten für mich – und das obwohl ich täglich zehn bis zwölf Stunden arbeite. Wie kommt das?

Nun, ich gehe einer meiner großen Freuden nach. Ein anderer Grund dürfte sein: Ich lebe in diesen Wochen wie ein Mann im staubig-traditionellen Familienmodell. Ich stehe morgens auf und setze mich nach der Morgentoilette an den reich gedeckten Frühstückstisch. Dabei schau ich mal in die Zeitung. Dann breche ich auf zur Bibliothek, also zu meiner Arbeit, die meinen Geist auf Hochtouren bringt und meine Lebensfreude beflügelt. Mir werden alle Bücher und Unterlagen bereitgestellt, die ich brauche. Mittags esse ich in der Kantine. Nach einem Spaziergang, bei dem meine Gedanken weiter dem Gelesenen nachhängen können, folgt die nächste Arbeitsschicht. Nach einem Nachmittagskaffee in der Kantine die dritte. Spätabends kehre ich heim, wo derweil alles bestens aufgeräumt und gereinigt wurde. Ich notiere mir noch ein paar wichtig scheinende Gedanken, lass den Tag ausklingen und geh ins Bett.

Ich muss mich um nichts anderes kümmern als um meine Arbeit und mein Forschen, die meine Leidenschaft und ein Zentrum meines Lebens sind. Und genau das macht mich glücklich. Nur, alltagstauglich ist das Modell leider nicht. Und das ist es auch für Männer heute nicht mehr. Selbst wer fürs Forschen (und Lehren) bezahlt wird und zu Hause jemand »treu Sorgendes« hat, findet sich in zeitraubenden Zwängen der Bürokratie wieder.

Ich will damit auch keinesfalls sagen, dass ich mich zu den großen Geistern zählen könnte, wenn man mir nur endlich den Abwasch abnehmen würde. Aber ich finde es erwähnenswert, dass ausreichend Alleinsein mit dem, was uns beschäftigt, uns sehr viel näher an unser wahres Potenzial heranbringen kann als der Alltag mit seinen tausend Ablenkungen.

Was also bleibt? Wenn wir kreativ sein wollen, sollten wir den Rückzug wählen, wo immer es möglich ist. Wir können alle

Impulse des Alltags bewusst als Antworten auf die im kreativen Prozess gestellten Fragen nutzen. Und vielleicht das Bügeln als Chance für Stille im Geist, aus der heraus sich Neues zeigen kann.

Mit-Schöpfer sein

Es ist Abend. Ich sitze mit ein paar Kerzen im Raum. Stille. Endlich auch in meinem Kopf. Der Tag war voller Aktivitäten, Gedanken, kleinen Begegnungen, Arbeit. Doch der innere Lärm verebbt allmählich und ich fahre den kleinen Schreibcomputer hoch. Werde ruhig, spüre meinen Atem. Hier bin ich. Hallo, Inspiration, hallo, Intuition, ich bin erreichbar. Bereit, mich finden zu lassen von den Worten, die das zu sagen vermögen, was ich tief in mir ahne oder schon weiß. So sitze ich hier, lasse mich auf die Stille ein, werde leer, weit, offen. Wachsam und freundlich.

Die Zeit dehnt sich, wird aufgehoben zugunsten eines auf süße Weise schwangeren Jetzt. Alles ist möglich. Alles. Liebe wird spürbar, Freude, Dankbarkeit. Vielleicht wird mich heute ein Kreativitätsschub erreichen. Aus der Ruhe heraus plötzlich eine Idee, ein Zusammenhang, der mir bisher entgangen war, eine Formulierung, die mich innerlich hüpfen lässt. Der ganze Körper kribbelt. Mit jedem Einatmen scheine ich die ganze Welt in mich aufzunehmen. Und mit jedem Ausatmen gebäre ich eine neue. Alle Zellen vor Erwartung geweitet, unendlich aufgeladen mit Energie. Eine beinahe erotische Spannung.

Gelingt es, sie auszuhalten, ergießt sie sich in Worten über meine Finger in die Tastatur. Euphorisches Glück und zaghaft-unruhiges Ringen. Wird sich das, was plötzlich so klar spürbar ist, formulieren lassen? Wird meine Kraft reichen? Mein Hörvermögen für diese inneren Kräfte, deren Sprache so ganz anders ist?

Plötzlich weiß ich, sehe, spüre ich, was zu tun ist. Schöpfung geschieht und ich bin ihre Hand, ihr Auge, ihr Zeuge. Die Worte fließen … Was würde es besser machen, wenn jetzt jemand mit einem fröhlichen »Hallo, Schatz, wie war dein Tag?« zur Tür hereinkäme?

Kreativ allein sein

Lebenskünstler sind wir alle. Letztlich ist das ganze Dasein des Solisten ein kreativer Akt. Wochenenden, Feiertage, Urlaube, Wohnungseinrichtung, Haushaltsführung, alles will neu bedacht und gestaltet sein. Es gibt kaum Vorbilder. Automatisch geht nichts, so wie zu Hause gelernt meist auch nicht. Selbst Einrichtungshäuser gehen fast immer von einer Großpackung Menschen aus. So wird gesucht, probiert, improvisiert und abgewandelt. Auch diese ewige Ambivalenz – ist es nun toll oder traurig, dass ich allein lebe? – fordert das ganze Wesen heraus, stimmige Antworten zu finden. Unser Gehirn erhält mit jedem Stimmungstief neu den Antrieb, die Lebensform zu finden, die uns bestmöglich klarkommen lässt. Und es ist sehr gut darin, wenn wir es lassen und seine Ideen – unsere »verrückten Ideen« – nicht gleich verwerfen.

Aus Sicht vieler Psychologen mag das, was Singles leben, nicht perfekt sein. Einige Vertreter dieses Berufszweigs scheinen erst Ruhe zu geben, wenn alle glücklich liiert und sicher gebunden sind. Doch bei genauerem Hinsehen entsteht in vielen Singleleben – richtiger sind es ja meist Singlephasen – etwas, was in idealer Weise zu dem jeweiligen Menschen passt und sich in anderer Weise nicht hätte ausleben können.

Wie beim Ausbrüten künstlerisch oder wissenschaftlich relevanter Neuerungen braucht es auch bei der Entwicklung neuer sozialer und psychischer Lebensweisen das Alleinsein. Das wirklich Neue braucht ungestörte Seelenzeit, um aus der Tiefe ins Bewusstsein dringen zu können. Nur so kann es auch mit den inneren Zielen eines Menschen übereinstimmen und ihm tatsächlich und längerfristig entsprechen.

Fühlst du dich einsam, zieh dich zurück ...
... von der Vorstellung, du seist halt kein Künstler.
Es gibt unendlich viel zu entdecken, zu kreieren, wenn du
der Intuition und deiner natürlichen Schaffensfreude Raum gibst.
Dieser Fokus ist sehr erfüllend.

Es ist wie bei einer Wanderung. Geht man in der Gruppe, mag es einen Führenden geben oder es wechseln sich ein paar wenige Personen in dieser Funktion ab. Die meisten laufen einfach den anderen nach. Geht man allein, muss man sich in der Umgebung orientieren, sich immer wieder über das Ziel im Verhältnis zum momentanen Standpunkt bewusst werden, man muss schauen, entscheiden, probieren, die vollständige Verantwortung tragen und immer wieder Wege zum Ziel finden. Zudem muss man auf eine tiefere Weise als die Gruppenwanderer in Kontakt zur Umwelt gehen. Während die sich in Gespräche vertiefen können, schaut der Alleingehende auf den Weg, orientiert sich an Schildern, an der Sonne, an markanten Teilen der Landschaft, fragt vielleicht andere Leute nach dem Weg. Seine Sinne sind offen und geschärft.

Fraglos kommt es im Alleinsein – auch schon kurzzeitig – zu einem, wie es bei Dan Killey heißt, »dramatischen Anstieg innerer Stimulation«. Alles, was innerlich noch nicht bearbeitet und integriert wurde, kommt ins Bewusstsein und will Beachtung finden. Aber: »Das Alleinsein führt nicht zu Problemen, die Sie nicht ohnehin schon haben. Sie können Ihre Schwierigkeiten jedoch klarer erkennen und daher leichter eine Lösung finden.«[54] Dass sich die Schranke zwischen Bewusstsein und Unbewusstem hebt, lässt Ideen zu, die im Alltagsbewusstsein nicht möglich wären. Das macht inspirierte Künstler so außergewöhnlich. Und Alleinige kreativ in ihrem Alltag.

Auch das Leiden an der Einsamkeit kann sich als fruchtbar erweisen. In schmerzhaften Phasen können nicht nur für den Betreffenden ganz persönlich und »therapeutisch« wichtige Bilder oder Texte entstehen, sondern auch großartige Werke, die vielen anderen später noch Mut und Zuversicht geben. Dietrich Bonhoeffers 1944 in der Gestapo-Haft entstandenes Gedicht »Von guten Mächten treu und still umgeben« ist ein Beispiel dafür. Oder Hilde Domin, die wunderbare Lyrikerin, die ihr erstes Gedicht völlig unbeabsichtigt schrieb, als sie vom Schmerz über den Tod ihrer Mutter überwältigt wurde. Ihr Mann hatte sie bis dahin vor allem Unbill beschützt, in dieser Trauer aber fühlte sie sich so allein, dass sie »in die Sprache flüchtete«[55].

Was macht es zuweilen so schwierig?

Es ist soweit: Ich führe Selbstgespräche. Laut. Über Banalitäten des Alltags. Ich frage mich etwas und antworte mir. Zumindest spreche ich mich dabei nicht mit Namen an. Noch nicht?

Glücklicherweise lese ich kurz darauf, dass Selbstgespräche gesund sind. Eine meist unbewusst ausgelöste Methode, sich Klarheit über anstehende Fragen zu verschaffen. Letztlich ist ein Tagebuch nichts anderes, man kommuniziert mit sich selbst. Das zu Sagende ist dem, der es hören wird, bereits bekannt. Aber es erfährt im Aussprechen oder Aufschreiben eine neue Tiefe. Neue Klarheit entsteht. Es verwandelt den Kommunizierenden. Reinhold Messner spricht davon, dass man sich bei langen

Alleingängen im Gebirge spaltet und ein Teil mit dem anderen redet. So kann man auch allein alles von zwei Seiten beleuchten, umsichtig abwägen – und heil durchkommen.[56]

Mein Körper-Geist-Seele-System schert sich also nicht darum, was als »normal« oder »verrückt« angesehen wird, sondern findet eigene Wege, aus allem das Beste zu machen. Ist niemand zum Reden da, teilt es mich manchmal in zwei und erzeugt so die zur Klärung nötigen Gesprächspartner. Sehr kreativ!

Diese Klugheit zu unterbinden, ich denke, das ist es, was uns am meisten im Weg stehen kann. Es geht ja nicht nur um Selbstgespräche, sondern darum, in genau dem, was das Leben uns gibt, der eigenen Lösungsorientiertheit zu vertrauen. Es wird mal mehr und mal weniger gelingen. Doch wir sind auf dem Weg und bleiben in Bewegung, wir schwingen mit dem, was gerade da ist. Das Leben beschert uns Einsamkeit? Dann haben wir offenbar noch nicht den besten Weg gefunden, unser Alleinsein oder die uns geschenkten Beziehungen zu leben. Werden wir also kreativ. Direkt im lebenspraktischen Umgang mit diesem Gefühl. Oder über eine künstlerische Ader, die in uns freigelegt werden will.

Werkzeuge und Wegweiser

Wenn dir ausreichend – deinem Gefühl nach vielleicht sogar zu viel – Zeit allein geschenkt wurde, nutze sie kreativ. Reservier dir zum Beispiel täglich eine Zeit dafür, sie kann kurz sein, aber regelmäßig. In dieser Zeit schreibe oder male oder knete oder schnitze oder was auch immer dein Ausdrucksmittel ist. Oder du setzt dich einfach still hin und lauschst, spürst nach innen: Was will aus mir heraus? Was will durch mich in die Welt?

Genieße das Alleinsein dabei, die Freiheit, dir selbst Ausdruck zu geben. Es ist die Voraussetzung für den schöpferischen

Prozess, der wirklich tief gehen soll und die ganze Person, das ganze eigene Wesen betreffen und weiterbringen kann. Vertrau darauf, dass eine Menge kreatives Potenzial da ist – auch in dir.

8. Einer geht immer

Allein bist du flexibler,
dein Leben fährt sich weniger leicht fest

Schnell noch eine Theaterkarte im beinahe ausverkauften Haus? Für eine Person kein Problem. Noch mit auf die schon volle Urlauberfähre? Allein? Na, los! Ein Einzelmensch braucht wenig Platz und wird oft vorgelassen. Und er ist insgesamt wendiger. Schließlich kann er seinen Neigungen folgen, muss Vorhaben nicht unbedingt mit anderen absprechen und nicht auf deren Wünsche Rücksicht nehmen. Er kann sich auch mal treiben lassen, von reiner Lust oder Intuition.

Bei vielen Alleinlebenden bleibt sogar das Leben als Ganzes flexibler. Die wenigsten sehen es nämlich als Endzustand an, irgendein Teil von ihnen erwartet noch etwas anderes – und lässt daher immer ein bisschen Raum für Neues. Die Gleise des Lebens werden nie zu starr gelegt.

In diesem Kapitel wird es auch um das Reisen allein gehen und um die nicht immer leichte Suche nach der passenden Urlaubsform.

Ein Grund, das Alleinsein zu lieben

Die größere Flexibilität des Alleinigen zeigt sich zunächst in Kleinigkeiten, die einen einsamen Menschen nicht unbedingt zum freudigen Solisten machen, aber durchaus für eine Zeit die Stimmung heben können. Wenn man zum Beispiel unverhofft irgendwo vorgelassen wird, weil man ja »nur allein« ist. Ich habe da sogar mal einen »Hurra! Ein Katzentisch«-Moment erlebt: In Wien wollte ich nämlich gern ins berühmte Café Central, vor dem sich aber eine lange Schlange an Wartenden gebildet hatte. Ich ging an den Leuten vorbei, um wenigstens mal ins Innere zu schauen. Da rief gerade eine Angestellte, die den Gästen zu neu freigewordenen Plätzen verhalf, in die Runde: »Es wird noch ein wenig dauern, Geduld, bitte. Für eine Person ist etwas frei.« Keine Reaktion. Da meldete ich mich und saß eine Minute später an einem winzigen, hübschen Tischchen direkt an der Kuchentheke mitten im Raum. Dort kam ich obendrein ganz nett mit der Dame ins Gespräch, die für die Kellner die bestellten Törtchen auf Teller platzierte, und hatte eine gute Zeit.

Beweglich im Kleinen

Flexibilität zeigt sich in jedem Moment, in dem man allein ist. Das gilt für Menschen in Partnerschaft natürlich ganz genauso. Oft sind sie es ja, die davon schwärmen, wie schön es war, als sie mal einen Sonntag lang allein waren, weil der Partner mit den Kindern etwas ohne sie unternommen hat. Einfach mal ausschließlich tun, was man selbst will, wann man es will, wo und wie. Das kann gerade bei Frauen zu einem Tag auf dem Sofa führen, da sie oft nicht so unternehmungswütig sind wie ihre Männer. Ihr Energiehaushalt tickt einfach anders, viele Frauen entspannen eher beim Ruhen als beim Austoben[57], nur hören sie oft nicht auf die entsprechenden Impulse, wenn sie in Partnerschaft leben.

Allein kann man auf alles recht flink reagieren – aufs Wetter, einen Stimmungsumschwung, eine neue Idee, einen unerwarteten Anruf. In Sekundenschnelle plant man um und macht es »passend«. Als Selbstständiger, der allein arbeitet, kann man auf Unpässlichkeiten so schnell eingehen, dass man nicht so leicht krank wird: Morgens geht es mir nicht gut? Dann schlafe ich noch zwei, drei Stunden, und schon ist es durchgestanden.

Singles und Alleinige kennen bis heute kaum Vorbilder und keine erprobten Regeln, wie das Leben zu gestalten ist. Sie sind angehalten, ihren Lebensstil ständig neu auszurichten: Was ist sinnvoll? Was tut gut? Was hält lebendig und in Freude? Flexibilität ist letztlich ein Lauschen auf die Gegebenheiten, an die man sich dann auf eine möglichst stimmige Weise anpasst, sofern man sie nicht noch stimmiger verändern kann. Es ist die Freiheit der Lebensgestaltung, bei der wir mit der Zeit sehen und fühlen können, wie sich die Seele entfaltet.

Ob beim Tagesrhythmus, in Fragen der Einrichtung oder in Haushaltsdingen, allein hat man den Freiraum und oft sogar den Zwang zur Flexibilität. Viele Singles haben beispielsweise keinen Esstisch und auch das Zwölferservice sucht man in ihrer Küche vergebens. Das kann den traurigen Grund haben, dass viele nicht gern allein essen und deshalb keinerlei Aufwand damit treiben. Oder es ist eher pragmatisch: Wozu eine größere Wohnung bezahlen, um Dinge zu haben, die man nur an besonderen Tagen für Gäste braucht? Essen lässt sich wunderbar im Schneidersitz auf dem Sessel mit einem Betttisch oder einem Kissentablett. Das muss gar nichts mit Schlingen vor dem Fernseher zu tun haben, es geht auch festlich, mit Kerzenlicht und gedämpfter Musik. Achtsam und genussvoll.

Wendig im Größeren

Ein Kajak steuert sich leichter als eine vierstöckige Luxusjacht. Man muss nur einsteigen, ablegen, sich aufs Wasser hinaus trauen – und die Wendigkeit des Fahrzeugs auskosten. Ein beruflicher Wechsel, die Lust, in die Lieblingsstadt oder in ein anderes Land umzuziehen? Allein gut machbar. Mit Anhang deutlich schwieriger. Eine Veränderung der Ausrichtung im Leben – gesundheitlich, ethisch, spirituell? Mit Partner deutlich schwieriger als allein, es sei denn, beide wollen diesen Wandel, dann können sie sich darin bestärken.

Als ich den Bestseller von Meike Winnemuth *Das große Los* gelesen hatte, begriff ich, dass ich in einem ähnlich wendigen Boot sitze wie sie – und dass ich das besser nutzen sollte. Sie beschreibt ihre Weltreise, die sie zwölf Monate lang in zwölf Weltstädte geführt hatte. Ein herrliches Abenteuer, zu dem ihr ein hoher Gewinn bei Günther Jauch den Anstoß gegeben hatte. Da sie als Journalistin auch von unterwegs arbeiten konnte, hätte sie – so das erstaunliche Resümee am Ende – den Gewinn gar nicht unbedingt gebraucht. Ich verstand dies als Appell: Nutze die Möglichkeiten, trau dich, warte nicht auf Wunder, dann geschehen sie. Mein Entschluss war: Jedes Jahr für einen Monat in einer anderen Stadt leben. Das ist möglich. Das freut mich. Das mache ich! Ich hatte schon mal einen Monat lang in Valletta gelebt und das in bester Erinnerung behalten. Eine Liste möglicher Städte war schnell erstellt, Webadressen mit Ferien- oder Kurzzeitwohnungen gab es zahlreich. Und seit ich das so lebe, fühle ich mich das ganze Jahr hindurch bereichert und dankbar für meine Flexibilität, die ich dem Alleinleben und Alleinarbeiten verdanke. Es ist ein bisschen, als könne ich mehrere Leben in einem haben – Großstadt und Landleben beispielsweise, Kultur und Natur.

Diese Art, die Flexibilität zu nutzen, ist nur ein Beispiel von vielen. Für jeden Menschen kann sie anders aussehen. Nicht nur meine Erfahrung ist: Je tiefer wir eintauchen in das Für-sich-Sein, je mehr wir freudig und kreativ damit anstellen, umso erfüllender wird es, aber umso schneller stellt uns das Leben auch wieder Begleiter an die Seite. Freude will geteilt werden. Und durchlebte Erfahrungen machen neuen Herausforderungen Platz. Erfülltes Sein bleibt nie beim Alten.

Genau das wissen Singles und Alleinlebende meist auch. Also legen sie sich nicht so fest, sie bleiben auch im Lebensentwurf gern flexibler. Denn so sehr sie ihr Für-sich-Sein auch genießen mögen, da bleibt fast immer noch diese Lücke für den ganz besonderen Menschen, der möglicherweise doch noch irgendwann auftauchen wird. Ob auf einem weißen Pferd oder ganz bescheiden zu Fuß. Derweil aber wird all das genossen, was das Leben in seiner unendlichen Fülle bereithält.

Fühlst du dich einsam, zieh dich zurück ...
... von den eingefahrenen Gleisen, auf denen du nur
unterwegs bist, weil du andere Wege nicht versucht hast.
Entdecke die Welten, die dich rufen.

Flexibilität ist eines der großen Schlagworte unserer Zeit. Vor allem ergeht es als Forderung an alle, die auf dem Arbeitsmarkt bestehen müssen. Speziell in jungen Jahren mag es spannend sein, von einer Firma zum nächsten Arbeitgeber zu wechseln, sich von einer Metropole in die andere versetzen zu lassen, immer auf dem Sprung ins neue Abenteuer. Unsere Arbeitsbiografien sind deutlich abwechslungsreicher geworden – und die Privatbiografien mit ihnen. Die Psychologin Eva Jaeggi sieht in der von den heutigen Firmen geforderten Überall-und-immer-Einsatzbereitschaft einen der wesentlichen Gründe für das Anwachsen der Singlezahlen in der Gesellschaft – im Zusammenspiel mit der größeren Selbstbestimmtheit von Frauen. Solange diese in traditionellen Familienstrukturen bereit waren, als Hausfrau und Mutter jeden beruflichen Ortswechsel des Mannes mitzutragen und ihm »den Rücken freizuhalten«, funktionierte alles gut. Auf Kosten der Selbstentfaltung der Frauen allerdings. Seit Partnerschaften und Familien zwei Arbeitsbiografien unter einen Hut bringen müssen, ist die Trennungsrate höher. Und die Zahl derer, die gleich allein bleiben.

Doch es ist nicht nur die berufliche Seite. Da sind auch die deutlich vielfältigeren Möglichkeiten des heutigen Lebens und unser – wie ich finde gerechtfertigter – Anspruch, Erfüllung zu finden. Langjährige Ehen werden häufig als festgefahren erlebt. Meist sind es dann die Frauen, die sich fragen: Was steckt eigentlich noch in mir? Doch im Trott des lange Eingewöhnten finden sie es nicht heraus. Wer im Leben etwas verändern möchte, bekommt es immer mit inneren und äußeren Widerständen zu tun. Das kann sich in einer Partnerschaft oder Familie potenzieren – viele Frauen, die aus alten Mustern auszusteigen begannen, können ein Lied davon singen, welche Barrieren das plötzlich in ihrer Beziehung aufbaute. Alltagsroutinen und alten Trott zu stoppen, können zwei, die sich einig sind, wunderbar schaffen. Sind sie es aber nicht, ist es für den Veränderungswilligen umso schwerer. Ist das Schiff größer, hängen einfach mehr Passagiere davon ab, wohin gesteuert wird und wie man sich im Sturm verhält.

Volker Elis Pilgrim ging schon in den 1990er-Jahren so weit zu sagen, dass unsere Gesellschaft Singles braucht, nämlich als Menschen, die Bewusstsein und Handeln schnell verändern und anpassen können.[58] Sie sind gezwungen, sich auf sich selbst zu beziehen, zu reflektieren, zu wählen, zu entscheiden, beweglich zu bleiben. Und oft sind sie auch wendiger für außergewöhnliche Projekte und die Mitarbeit in Initiativen.

Was macht es zuweilen so schwierig?

Im besten Falle hält es innerlich jung, in der Bereitschaft zu leben, auch alles wieder ganz anders zu machen, wenn sich geeignete Gelegenheiten ergeben. Im ungünstigsten Falle lebt man allerdings in einer Warteschleife. Dass das Alleinsein dabei nicht als positiv und fruchtbar erlebt wird, versteht sich von selbst. Dass man in dieser Passivität für das, was man erhofft, nicht attraktiver wird, ebenfalls. Auch hier bleibt letztlich nur eine Schlussfolgerung: aktiv das annehmen und weitergestalten, was das eigene Dasein derzeit ausmacht. Allein oder mit anderen.

Flexibilität und Freiheit werden nicht genutzt, wenn der Blick starr auf das gerichtet ist, was dem eigenen Empfinden nach fehlt: ein Partner, eine Familie, ein großer, fröhlicher Freundeskreis. Die aber lädt man umso leichter zu sich ein, wenn man sich gut fühlt und seinen Lebensgenuss teilen will. Wenn man Neues probiert, an unbekannte Orte geht, Routinen durchbricht. Die Möglichkeiten dafür sind immer gegeben, nur muss der Impuls, sich eine zu schnappen und auszuprobieren, aus dem eigenen Inneren kommen. Es lässt sich ganz simpel und vorsichtig beginnen, mit einer Wochenendreise, einem Seminarbesuch oder dem Ruck, den man sich gibt, um endlich etwas zu beginnen, was man eigentlich schon immer mal machen wollte.

Bei aller Offenheit: sich selbst treu bleiben

Die potenziellen Angebote des Lebens sind unendlich, wir werden sie niemals ausschöpfen können. Allein schon was die Geschichte der Menschheit bislang an Lebensarten hervorgebracht hat! Oder was an einem Tag in Dokumentationen auf den Fernsehkanälen gezeigt wird! Alles ist möglich auf dieser Erde.

In diesem unerschöpflichen Pool des Lebens gibt es auch die Chance auf einen neuen Partner. Jederzeit kann das ins Leben treten, was sich ein Großteil der Singles wünscht. Flexibilität heißt dann für viele, alles wegzuwerfen, was für sie bisher bedeutsam war, und sich ganz auf diesen neuen Menschen auszurichten. Vor allem Frauen neigen dazu und erleben dann, dass sie diese neue Beziehung auf Dauer auch nicht erfüllt. Sich auf jemand anders einzulassen, ist zweifellos eine gesunde Art der

Flexibilität. Bleibt das Interesse aber zugleich bei der eigenen Person, wird die Erfüllung wahrscheinlicher.

Andere haben sich im Alleinleben soweit eingerichtet, dass sie nicht daran leiden – aber sie fragen sich schon lange nicht mehr, wie sie eigentlich leben möchten, was sie aufblühen lässt. Da sind die immer gleichen Routinen, die Sicherheit versprechen und das Ganze leidlich angenehm und unauffällig, vielleicht aber auch etwas langweilig machen.

Flexibilität mit Erdung

Wieder einmal scheint es einen Weg der Mitte zu brauchen, weder festgefahren noch zu flatterhaft. In der Lebensmitte begann ich mich daran zu freuen, dass ich durchaus auch Routinen entwickelt hatte. Es gibt Orte, die ich möglichst einmal im Jahr für ein paar Tage besuche, um dort eine bestimmte Daseinsart zu genießen – eine Seele-baumeln-lassen-Auszeit auf einer kleinen Seeinsel zum Beispiel. Oder ein bestimmtes Essen, das ich koche, wenn ich mich trostbedürftig fühle. Einen Silvesterbrief, den ich mir jedes Jahr am 31. Dezember selbst schreibe und für das folgende Jahr aufhebe, wo ich ihn lesen werde. Wie Familien ihre Traditionen entwickeln, tun das auch Menschen, die über längere Zeit allein leben. Sie müssen sich nur selbst daran erinnern, dass es diese Tradition gibt und wie viel Kraft oder Zuversicht darin liegt.

Ich begrüße Flexibilität sehr, nicht zuletzt, weil wir uns als Gesellschaft und als Menschheit in so manche Sackgasse begeben haben, aus der wir im üblichen Immer-so-Weiter nicht mehr herausfinden werden. Veränderungen sind nötig. Ein großer Wandel steht an. Ein riesiges Maß an Flexibilität. Das macht auch Angst, so wie es im persönlichen Leben Angst macht, wenn der Boden unter den Füßen zu schwanken beginnt und nichts mehr so ist, wie es einmal war.

Ich nenne das, was (nicht nur) im Alleinleben guttut, »geerdete Flexibilität«. Wir brauchen nicht nur Boden, wir brauchen sogar Wurzeln, um uns nicht zu verlieren oder abzuheben und wegzuschweben, irgendwohin, wo wir für andere nicht mehr erreichbar sind, aber auch nicht mehr wirklich für uns selbst. In lieb gewordenen Ritualen beispielsweise, in der beständigen Pflege von Freundschaften, im Sich-Einlassen auf Natur und Erde kann sie mit Leben gefüllt werden.

Werkzeuge und Wegweiser

Flexibel kann man in den banalsten (»Nimm mal einen anderen Weg zur Arbeit«, »Putz dir mit links die Zähne«) und den größten Dingen (»Warum gehst du nicht mal für ein Jahr nach Neuseeland?«) sein. Um dabei geerdet zu bleiben und den Sinn nicht aus den Augen zu verlieren, kann die Klärung einer ganz anderen Frage hilfreich sein, nämlich die nach der Grundausrichtung des eigenen Lebens. Wofür lebst du? Was ist dir im großen Bogen deines Daseins wichtig? Worum geht es? Um Spaß und Genuss? Um Weiterentwicklung deiner Talente? Um echte Liebesfähigkeit? Um das Ziel, die Erde zu einem besseren Ort zu machen? Es gibt unendlich viele Möglichkeiten – welche willst du leben? Welche steht für dich über dem Alltäglichen? Ist diese Ausrichtung klar, bildet sie die Basis für viel Flexibilität.

Special: Allein reisen, allein ins Restaurant

Die größere Wendigkeit von Menschen allein zeigt sich sehr gut beim Reisen. Nur eine Person muss einen Zeitpunkt, einen Zielort, eine bevorzugte Reiseart, die Transport- und die Übernachtungsmöglichkeiten auswählen – nicht zwei oder drei oder viele. Dennoch ist Alleinreisen nicht allzu beliebt und der bevorstehende Urlaub verursacht vielen Singles eher Bauchschmerzen als ein hüpfendes Herz. Es ist und bleibt eine Tatsache: Die Freude an den typischen Höhepunkten im Jahr müssen sich Singles regelrecht erarbeiten. Da es keine Vorbilder und etablierten Formen für ihre Lebensart gibt, braucht es ihren kreativen Einsatz für die Gestaltung von Weihnachten, Silvester und auch für den Urlaub.

Viele Singlefrauen verreisen mit Freundin. Das kann wunderbar sein, wenn man sich gut versteht und ähnliche Interessen hat. Auch Gruppen- oder speziell Singlereisen können für einige das Passende sein. Mir persönlich macht das nicht so viel Freude, für mich sind Urlaubsreisen Zeiten, die ich genau deswegen so sehr liebe, weil ich da ganz für mich bin und auch endlich mal viel Zeit habe, das zu genießen. Ich lasse mich treiben, lasse mich von den Orten, die ich besuche, inspirieren, lasse andere oder die Reste alter Kulturen tief auf mich wirken, lerne Menschen kennen, genieße das zeitweilige Zusammensein – und lasse all das im Weitergehen wieder los. In all dem bin ich ganz bei mir, spüre mich und spüre das Leben in seiner großartigen Vielfalt. Es ist die Art von Lebendigsein, die der Alltag nicht so oft zulässt. So ein wundervolles Ich-und-die-Welt-Gefühl.

Unterwegs in der weiten Welt

Allein zu reisen ist ein lohnend schönes, aber nicht unbedingt simples Unterfangen, zumal als Frau – wie es für Männer ist, kann ich nicht einschätzen. Falls du es noch nie probiert hast, kann ich dir nur empfehlen, es zu wagen, wenn du auch nur ein bisschen Lust darauf hast. Es schenkt viel Unabhängigkeit; dass ab und an etwas schiefgeht, gehört dazu, und du lernst nicht nur Land und Leute, sondern auch dich selbst besser kennen.

Und der Stolz darauf, es gewagt und dir selbst allein eine gute Reise und wertvolle Erfahrungen beschert zu haben, ist unbezahlbar.

Was es schwierig macht, sind zwei Komponenten: Nicht zu wissen, was allein Freude machen könnte. Und Angst davor, so ungeschützt allein in der Welt unterwegs zu sein. Beide Sorgen sind berechtigt und sollten ernst genommen werden. Denn, ja, es kann auch schiefgehen. Ein verpatzter Urlaub kostet Nerven und Kraft, Leichtfertigkeit im Umgang mit realen Gefahren kann teuer werden. Mit ein wenig Umsicht aber kann der Urlaub allein tatsächlich zur schönsten Zeit des Jahres werden.

Schauen wir zunächst auf den ersten Punkt: Welche Reiseformen könnten allein Spaß machen? So viel ist klar: Das meiste Typische fällt weg. Schließlich kann frau nicht einfach den Trauminsel-Trip all inclusive buchen. Es wäre die Hölle zwischen all den Paaren und Familien, die ihr bei jedem Essen, an jedem Strand, an jeder Bar das Gefühl geben, nicht dazuzugehören, Außenseiterin zu sein und irgendwas grundsätzlich falsch gemacht zu haben. Auch wenn sie sich – je nach Alter und Auftreten – der begehrlichen Blicke zahlloser Familienväter und Langzeit-Ehemänner sicher sein könnte.

Als ich allein in Indien unterwegs war, wurde mir bewusst, wie fremd den Einheimischen das war. Ständig meinte jemand, mich unterhalten zu müssen (und das waren nicht nur Männer), weil ein Mensch allein in seinen Augen einfach unglücklich sein musste. In unseren Breiten ist das Bild letztlich ähnlich, nur wird es nicht so ausagiert, man lässt die Alleinreisende für sich und beäugt sie mehr oder weniger misstrauisch. Doch eines gilt auch hierbei: Je klarer das eigene Auftreten ist, umso positiver reagiert das Umfeld. Wer schon mehr Erfahrung mit dem Alleinreisen hat, kann dann gar nicht mehr unterscheiden: Habe ich mich so stark verändert oder hat sich die Welt weiterbewegt? Denn ich stoße nicht mehr auf Ablehnung und Unverständnis, sondern auf Interesse und liebevolle Freundlichkeit.

Sicher ist es eine Mischung aus eigenem Weiterentwickeln und dem »der anderen«. Man wählt Reiseziele und Reiseart klüger aus, macht dadurch mit der Zeit immer häufiger gute Erfahrungen und strahlt dann aus, dass es wunderbar ist, allein zu reisen. Darauf scheinen zumindest große Teile der Welt zu reagieren und es nach und nach als normal und gut anzusehen, dass Frauen allein reisen.

Außerdem hat man beim Alleinreisen sehr viel Zeit, das Erlebte zu reflektieren, und man ist stärker als Paare oder Gruppen darauf angewiesen, dass die Menschen in der Fremde nett und hilfsbereit sind. Früher oder später hat man dann begriffen, dass es überall freundliche Leute gibt – und dass noch mehr Menschen freundlich werden, wenn man es selbst ganz aktiv ist. Dann kann man sich auch »irgendwo« ganz leicht zu Hause fühlen. Einzelgänger sind darin ohnehin talentiert, da sie nicht so vordergründig an den Menschen in ihrem Umfeld und dem alltäglichen Austausch hängen.

Es braucht einiges Nachdenken, Recherchieren und Ausprobieren, bis sich das herauskristallisiert, was der persönliche Ideal-Urlaub werden kann. Die eigenen Empfindungen sind dabei letztlich der einzig sinnvolle Maßstab. Bei mir hat es einige Jahre und einige schmerzliche Fehlversuche gebraucht, bis ich meine Reiseformen gefunden hatte. Heute bin ich damit sehr zufrieden, und wenn ich Neues ausprobieren möchte, weiß ich zumindest, was ich nicht mehr versuchen muss.

Was sich sehr leicht allein bereisen lässt, sind Städte. Hier herrscht Anonymität, man kann untertauchen in der Menge aus Einwohnern und Besuchern und all die Angebote genießen. Man wohnt im Hotel oder mietet kurzzeitig ein Appartement. Dort ist man frei, alle Mahlzeiten selbst zuzubereiten, man muss nicht ständig essen gehen – für viele Frauen nach wie vor eine Hürde. Aber auch im Hotel lässt sich hervorragend picknicken, was man zuvor im Supermarkt oder auf dem Markt gekauft hat.

Ich würde Alleinreisenden unbedingt empfehlen, sich ein schönes Zimmer zu nehmen. Je nach Temperament verbringt man dort einfach mehr Zeit, als wenn man mit anderen zusammen reist, und in einem typischen Einzelzimmer ist die Depression vorprogrammiert. Ein schmales Bettchen, bei dem man Angst haben muss, rauszufallen, alles klein und eng – in manchen Hotels scheint wirklich die Abstellkammer schnell noch umfunktioniert zu werden, sobald sich ein Alleinreisender ankündigt. Wenn das Geld nicht allzu knapp ist, empfiehlt sich unbedingt ein Doppelzimmer zur Einzelnutzung. Man kann sich sicher sein, dass man immer noch die kleinen Doppelzimmer bekommt, aber in denen kann man wenigstens atmen. Manchmal bietet es sich an, ein bisschen umzuräumen, mit Tüchern den überpräsenten Fernseher abzudecken oder sogar einen Blumenstrauß aufzustellen. Ich würde nicht unterschätzen, wie wichtig es gerade für jemanden, der allein reist, ist, sich in dem Zimmer vor Ort wohlzufühlen. Dazu gehört auch die Lage des Hotels. Beim Buchen sollte sich angesichts der Bilder auf den Websites nicht das Gefühl einstellen: »Na ja, wird schon irgendwie gut gehen«. Stattdessen sollte das Herz vor lauter Vorfreude weit werden.

Das hat nicht unbedingt etwas mit höheren Preisen zu tun. Manchmal allerdings schon und zur Not sollte man vor Ort noch mal umziehen. Ich erinnere mich da an ein Jahr, in dem ich so mutig war, die Silvesternacht allein in einem abgelegenen Hotel in einer schönen österreichischen Seenlandschaft zu verbringen. Ich kam von einer beruflichen Reise zurück und hatte mich unterwegs für zwei Nächte in diesem Hotel eingemietet. Einzelzimmer. Sprich: Abstellkammer. Winzig, eng, vollgestellt, trostlos. Eine Nacht ging gerade so, zumal ich spätabends erst angekommen war. Aber die Silvesternacht würde ich da auf keinen Fall schadlos überstehen, so stabil schien mir meine Stimmung nicht. Am Morgen des 31. Dezember fragte ich also nach einem anderen Zimmer. Frei war jedoch nur noch die edelste Suite des Hauses, die ich mir aber zumindest mal ansehen wollte. In nichts war hier zu erkennen, dass es dasselbe Hotel war wie das, zu dem meine kleine Kammer gehörte. Geschmackvolle Möbel, moderne Raumaccessoires, alles geräumig und einfach schön. Der Blick über den winterlichen See tat sein Übriges. Obwohl ich mir das Zimmer eigentlich nicht leisten konnte, sagte ich sofort zu – und erlebte eine schöne, stille Nacht als Start in ein kraftvolles Jahr. Ich kaufte im Ort alles ein, was mir für ein Hotelpicknick gefiel, nahm abends in meiner Suite bei Kerzenlicht ein Bad und genoss es einfach, hier zu sein. Ich reflektierte, wo ich gerade im Leben stand und was ich mir für das kommende Jahr wünschte – von mir selbst vor allem. So unspektakulär dieser Abend war, so schön war er für mich. Vor allem auch, weil ich mir dieses angenehm großzügige Ambiente gegönnt hatte. Weil ich es mir wert war. Als ich um Mitternacht auf dem Balkon stand, spiegelte sich der Mond im See, am anderen Ufer gab es ein herrliches Feuerwerk – und ich war voller stiller Freude und Liebe. Derweil mochten die Mobilfunknetze überlastet sein, weil jeder jedem alles Gute wünschte. Ich wünschte es mir selbst und diesem Wunder um mich her, dieser Natur, dieser Lebendigkeit. Ich spürte den Moment. Die Tür des alten Jahres, die sich schloss, und die des neuen, die sich öffnete. Den Raum der Möglichkeiten.

Am kommenden Morgen fuhr ich dann recht früh heim und hatte, da alle ausschliefen, die ganze Welt inklusive der Autobahnen für mich. Ja, in gewisser Weise lebt man als Alleiniger unsichtbar, fernab von »den anderen«. So ein bisschen am Rande.

Man hat gerade keine Gesellschaft und leistet auch niemandem welche. Man passt nicht dazu – nicht zu Massenphänomenen, nicht zum ewigen Paarlaufen, nicht zum Dauerkommunizieren und ständigen Updaten anderer über die eigenen Aktivitäten und Gedanken. Was der Fun-Gesellschaft Spaß macht, geht Menschen, die das Alleinsein lieben gelernt haben, nicht mehr viel an. Sicher kennst du das Jesus-Wort »in dieser Welt, aber nicht von dieser Welt sein«. Gerade wenn ich reise, fühle ich mich daran erinnert. Nicht allzu sehr in dem zu Hause, was die menschliche Gesellschaft heute so alles treibt, aber doch ganz auf der Erde, ganz im eigenen Sein, in der Natur, in bestehenden Verbundenheiten mit anderen.

Es kann schmerzhaft sein, zu realisieren, dass man nicht so richtig dazugehört, aber es kann auch als befreiend erlebt werden. Mit wachsendem Selbstbewusstsein und zunehmender Klarheit bemerkt man dann auch, dass es eine Illusion ist, nicht dazuzugehören: Gerade in einer pluralistischen Gesellschaft gibt es nicht das, was »man« lebt. Es gibt viele »Ränder der Gesellschaft«, an denen sich Leute bewegen. Viele Facetten, die das Ganze ausmachen. All das gehört zum Ganzen, nichts davon *ist* das Ganze. Nur glaubt oft derjenige, der allein ist, dass seine Nische nur er allein besetzt. Und dann kommt sie ihm winzig und eng vor.

Wer allein ist, kann sich aber auch als Tupfer in einer schönen Lieblingsfarbe sehen, die mitten in den größeren Feldern anderer Farben auftaucht. Und von diesen Tupfern gibt es, wenn man genau hinsieht, sehr viele – verstreut und einzeln unauffällig, im Ganzen aber nicht zu übersehen. Und immer wirken sie auch auf das Ganze ein, es gibt einen feinen Austausch.

Doch zurück zum Reisen: Das Hotelzimmer kann für Alleinreisende tatsächlich zur Klause werden, zum Rückzugsort vor allem in einer bunten Urlaubswelt, in der man sich zeitweise einfach zu fremd fühlt. Dort kann man lesen, schlafen, pickni-cken, idealerweise den Ausblick aufs Meer oder die Stadt genie-ßen, zu sich kommen. Es kann Meditations- und Yogaplatz sein, Ort der Stille und des Spürens: Ja, ich bin in der Welt, in der Fremde und doch im Bei-mir-Sein zu Hause. Über mir strahlt der allerorts gleiche Mond, ich erkenne einige Sterne wieder und spüre das Wunder des Lebens.

Genießen – oder Erzählstoff sammeln?

Welche Art Reise soll es sein? Das Wichtigste ist, wirklich den eigenen Bedürfnissen auf die Spur zu kommen und nicht zu ma-chen, was alle machen oder womit man nachher im Büro gut dasteht. Hier einige Anregungen:

Städte: Wie gesagt ideal zum Einstieg. Auch als Rundreise von Stadt zu Stadt. Man kann sich im Strom anderer Menschen frei bewegen und es gibt genügend Anregungen von außen. Ist man eine Zeitlang sehr für sich in einer Stadt, kann es gelingen, den *genius loci*, den Geist der Stadt oder eines Stadtteils zu erspüren, also wirklich das, was die Gebäude, die Plätze erzählen. Eine sehr schöne, feine Erfahrung.

Naturdenkmäler: Sie bieten meist die gute Mischung, dass man in der Ruhe der Natur ist, sich zugleich aber durch den »offiziel-len« Charakter des Zieles nicht auf Abwegen fühlt. Ist man einmal da, kann man um den besonders alten Baum, die bizarre Felsfor-mation oder den Kraftort herum weitere Ausflüge machen.

Wandern: Fernwanderwege sind hervorragend geeignet, um zu sich zu kommen. Jeden Tag setzt man morgens den Rucksack auf und läuft los. Abends isst man in einer Hütte oder Pension, schläft – und es geht weiter. Wenn man dabei nicht viel redet, wird der Kopf mit der Zeit angenehm leer – und füllt sich dann neu mit wirklich kreativen Ideen und mit frischer Zuversicht. Auch sternförmig von einem festen Ort aus wandert es sich gut. Dann können einem die Wirtsleute, bei denen man wohnt, ein wenig Sicherheit vermitteln. Man kennt jemanden vor Ort.

Stille und Einkehr: Hierfür bieten sich Klöster, Yogazentren, Schweigehäuser und Ähnliches an, die es an vielen Orten gibt.

Besuchsreisen: Von Ort zu Ort pilgern, um alte Bekannte oder Verwandte zu besuchen. Eine gute Mischung aus Für-sich-Sein und Anschluss-Haben.

Themenreisen: Wer auf den Spuren eines Lieblingsdichters oder Komponisten dessen Wirkungsstätten bereist, hat ein imaginäres Du dabei.

Mit einem inneren Anliegen oder einem Projekt reisen: Gerade für längere Aufenthalte kann es schön sein, ein Projekt dabei zu haben – ein Buch, an dem man schreibt; eine Erfahrung, die man noch mal durchgehen möchte, um sie dann abzuschließen; ein Vorhaben, das ins Leben kommen und dafür vorbereitet werden will.

Bekannte Orte wieder besuchen: Das kann die Hürden für diejenigen, die ins Alleinreisen einsteigen, deutlich senken.

Exotische Länder – individuell dosiert: Wen es in die wirklich ferne Ferne zieht, der kann sich die Reise so gestalten, dass er sich nicht überfordert. Vielleicht ein Ashram und zwei mit dem Taxi zu erreichende Städte in Indien? Ein Selbsthilfeprojekt in Afrika, das Unterstützer sucht? Ein privater Fahrer in Mexiko?

Außerhalb der Saison: Wenn es unbedingt die Ferieninsel sein muss, kann das fernab der Ferienzeiten auch sehr schön sein.

Es muss überhaupt nicht darum gehen, so viel wie möglich zu erleben und zu sehen. Gerade das verhindert nämlich häufig die Erholung, ja sogar das wirkliche Erleben des Reiseziels. Still und reflexiv, unauffällig und ohne Rekorde, tief erholsam und innerlich ordnend, auch das kann Urlaub sein. Vielleicht sieht man dann nicht jede Kirche vor Ort, nicht jedes Museum, man verpasst die Animationshighlights und so manche Party – aber gewinnt an Tiefe und Lebensnähe. Nach einer solchen Reise kann man vielleicht nicht viel erzählen, wenn man ins Büro zurückkommt oder wenn die Nachbarn fragen. Aber man kann echte Erholtheit ausstrahlen. Das Wegfahren kann auch wichtig sein, wenn man vor Ort nicht »alles mitnimmt«. Der Luftwechsel ist inspirierend und lässt uns verändert zurückkommen. Außerdem scheint es mir gerade für Menschen, die sich mit dem Alleinsein noch nicht so recht anfreunden konnten, wichtig, dass sie für ein »buntes« Leben sorgen. Was auch immer das für sie heißt, sie sollten raus aus jeglichem Gefühl des Grau, des »lahm und langweilig«. Reisen kann dafür eine gute Möglichkeit sein.

Ich bin auf Reisen so, wie ich mich am liebsten erlebe: sehr entspannt, mit dem mitfließend, was ist. Die Welt zieht an mir vorbei, ist jeden Tag eine andere, neu, frisch, interessant. Ich lasse alles auf mich zukommen, ich bin einfach und wirke, ohne etwas dafür zu tun. Niemand nennt mich beim Namen, niemand spricht mich auf meinen Alltag, meinen Beruf oder meine Biografie an. Niemand berührt mich und macht mir damit meine Grenzen bewusst. Ich vergesse mich selbst in der Betrachtung der sich wandelnden Bilder um mich her. Ich bin das Zentrum, von dem aus alles erlebt wird, während es um mich selbst gar nicht geht.

Wenn ich heute überfüllte Badeorte sehe oder die aggressiv-lärmigen Raststätten an der Autobahn, weil alle zur gleichen Zeit in die gleiche Richtung fahren, wenn mir der Massentourismus in stereotyp gelenkten Bahnen begegnet, dann bin ich nur froh, dass mich das Alleinreisen zwingt, abseitigere Pfade zu wählen. So kann ich das Reisen als Auszeit und zum wirklichen Auftanken genießen. Ich fahre antizyklisch und teile mir dann sogar die Raststätten nur mit ein paar Truckern und Geschäftsreisenden.

Alleinreisen wird häufig ganz von selbst zu einer Reise nach innen – und genau dort liegen ja die Ressourcen, die uns neu zu Kräften kommen lassen und uns mit frischen Ideen beschenken. Die Tatsache, dass man niemanden kennt und sich kaum austauscht, führt dazu, dass man sehr eng mit sich selbst im Gespräch ist. Zugleich bleibt man wach in der Betrachtung der Welt – und plötzlich werden die Stadt oder Landschaft, in der man sich befindet, zum Du, zum Gesprächspartner, zum fühlbaren Gegenüber.

Da das heute eine Erwähnung mit Ausrufezeichen wert ist: Ja, bei mir bleibt das Handy auch gern mal für mehrere Tage am Stück im Flugmodus und wird derweil zum bloßen Wecker degradiert. So gern ich in Kontakt mit den mir lieben Menschen bin – ich liebe und brauche dieses Gefühl, ganz für mich in der Welt zu sein. Es ist ein sehr besonderes Bei-mir-Sein, das ich umso mehr schätze und verteidige, je seltener es von der Spezies Mensch gelebt wird. Gerade für Reisen allein kann ich das sehr empfehlen. Es reicht ja, wenn ein, zwei Freunde ungefähr wissen, wo man ist. Warum muss man die anderen jeden Abend updaten, was geschehen ist? Es ist eine sehr reiche und oft auch fruchtbare Erfahrung, die Erlebnisse des Tages, der Woche, der Reise ganz mit sich selbst auszumachen und mit denen, die man unterwegs trifft. Erzählen kann man dann zu Hause immer noch, wenn man das möchte.

Die Angst beim Alleinreisen

Aber, natürlich, es hat auch Nachteile. Und das führt zum zweiten Punkt: den Ängsten. Genau deswegen reisen viele gar nicht allein. Und bestimmte Unternehmungen werden auch die, die sich auf den Weg machen, unterlassen, obwohl sie ihnen Freude machen würden: Nachtleben vielleicht oder abgelegene Orte in der Wildnis. Die Gefahren scheinen ihnen zu groß – oder das Verhältnis von innerer Unruhe und Angst zum Erholungswert oder Spaßfaktor stimmt einfach nicht. So herrlich es war, wie ich als junge Frau jeden Sommer wochenlang mit meinem damaligen Partner mit dem Rucksack durch Asien oder Afrika getravelt bin, allein wäre es mir persönlich zu anstrengend und zu gefährlich. Immer mehr Frauen tun es – und sind damit wunderbare Vorbilder für die anderen. Doch jede muss selbst ehrlich einschätzen, wie weit sie gehen will.

Ganz schnell kommt die Frage auf, inwieweit man als Frau allein unterwegs sicher sein kann. Nun, man kann es nicht. Man kann nicht sicher sein vor mehr oder weniger plumper Anmache und auch nicht vor tatsächlichen Übergriffen. Auch wenn nichts Schlimmes passiert, das ständige Prüfen, ob frau noch sicher ist, ist lästig. Und selbst wenn die Avancen, die einem Männer machen, nett gemeint sind, wenn sich – je nach Region – der halbe Tag damit füllt, hört irgendwann der Spaß auf.

Es ist schon seltsam – und für die meisten Männer gar nicht nachvollziehbar: Aber auch im 21. Jahrhundert kann sich eine Frau nicht einfach selbstverständlich über die Erde bewegen, denn es kann ihr letztlich überall passieren, Opfer eines sexuellen Übergriffs oder auch nur einer unangenehmen oder sie ängstigenden Anmache zu werden. Das verstärkt sich bei Alleinreisenden, die ganz offensichtlich ohne Schutz unterwegs sind. Frauen müssen diesbezüglich gar nichts selbst erlebt haben, sie wissen ganz instinktiv um diese dauernde Gefahr. Wir alle kennen die entsprechenden Blicke und Stimmungen – und lange, bevor es wirklich brenzlig wird, sind sie ekelhaft, nervig und, ja, auch beängstigend, je nachdem, wie resolut frau damit umzugehen gelernt hat. Auch »sittsame« Kleidung, ein Alibi-Ehering und kühles, dezentes Verhalten helfen oftmals nicht. Wie oft hat mich das alles wütend gemacht! Wie lange habe ich an einem Schock gearbeitet, nachdem ich einmal auf einer herrlichen, einsamen Steilküste einer Mittelmeerinsel nur knapp und mit viel Glück einem Überfall entkommen war! Und wie oft habe ich mich damit getröstet, dass das Älterwerden hier sicher einen Vorteil bringen wird – frau ist für die meisten Männer nicht mehr so interessant.

Doch diese Angst sitzt enorm tief. Und beim Alleinreisen rückt sie ins Bewusstsein. Egal wie alt frau ist, es müssen noch nicht einmal Menschen in der Nähe sein – an manchen Tagen, in manchen Gegenden scheint hinter jedem Baum jemand Böses zu lauern. Ein Feld der Angst entspinnt sich. Selbst wer darin geübt ist, mit seinen Gefühlen umzugehen, sie zu prüfen, zu durchleben, stößt hierbei an Grenzen. Denn es ist in dem Moment nicht möglich, zu unterscheiden, ob da eine reale Gefahr erspürt wird oder ob es nur eine alte Angst aus dem eigenen Erfahrungsschatz ist, die sich bemerkbar macht. Das kann eine Angst sein, die auf ein früheres reales persönliches Erlebnis zurückgeht oder auf die kollektive Erfahrung von Frauen, allein in der Natur Opfer von bestimmten Männertypen zu werden. Es ist sogar möglich, dass die unheilvollen Empfindungen daher rühren, dass an diesem Ort einmal ein Unglück oder ein Überfall passiert ist, der sich in das Feld dieser Gegend eingeschrieben hat. Wer besonders feinsinnig ist und alle seine Sinne beim alleinigen Gehen durch die Natur wachhält, kann solche Dinge wahrnehmen – aber deswegen nicht unbedingt richtig einordnen. Sich in der Situation erlebter Angst auf diese Gefühle einzulassen, um sie quasi therapeutisch zu durchleben, ist meist nicht möglich und nicht unbedingt sinnvoll. Denn die Angst könnte ja auch auf einer realen Gefahr beruhen.

Es gibt hier keine einfache Lösung. Frau kann nur jedes Mal neu entscheiden, was sie sich trauen und zutrauen will. Und sie kann nach einer unguten Situation oder Stimmung in sich zu heilen versuchen, was am Umgang zwischen Männern und Frauen kollektiv im Argen liegt. Es gibt immer mehr Frauen und Männer, die sich dieser Themen ernsthaft annehmen und spirituelle Heilwege auch dafür entwickeln.[59]

Absturz am Katzentisch?

Auch sehr selbstbewusst und stark, ja, autonom wirkende Frauen gestehen manchmal, dass sie es nicht mögen, allein essen zu gehen. Nicht weil ihnen dabei die Gesellschaft fehlen oder sie sich langweilen würden, nein, es ist ihnen peinlich. Wer allein in einem Restaurant sitzt, vor allem abends, der kommt sich komisch vor und hat den Eindruck, dass alle ihn beobachten und beurteilen würden. Schlecht beurteilen natürlich: »Oje, hat die keinen abgekriegt?«, »Die Arme, die hat wohl keine Freunde und keine Familie!«, »So schlecht sieht die gar nicht aus, ob die eine solche Zicke ist, dass keiner mit ihr ausgehen will?«

Fakt ist: Diese Sorgen sind hausgemacht. Denn es interessiert niemanden, ob und mit wem oder ohne wen du im Restaurant sitzt. Und wenn jemand etwas Blödes denkt oder der Kellner einen unpassenden Spruch machen sollte, gilt sofort die alte Weisheit: »Was Peter über Paul sagt, sagt mehr über Peter als über Paul.« Das sind keine frommen Wünsche, die ich mir nach vielen traurigen Restaurantabenden (ja, die gab es und gibt es ab und zu immer noch) zurechtgezimmert habe. Es gibt wissenschaftliche Untersuchungen dazu, man spricht vom »spotlight effect«: Wer allein ein Restaurant betritt, glaubt, dass alle nur auf ihn schauen und sich dann abfällige Gedanken machen, aber das ist nicht die äußere Realität. Bella DePaulo von der University of California beispielsweise ließ Fotos anfertigen, die jüngere und mittelalte Menschen beim Essen im Restaurant zeigen. Gesichtsausdruck möglichst neutral, was sich unterschied, war die Zusammensetzung: Mal aßen sie allein, mal als Hetero-Paare, mal als Homo-Paare, mal als Vierergruppe. Dann fragten die Forscher hunderte von zufällig ausgewählten Erwachsenen, warum diese Menschen auf den Bildern ihrer Meinung nach an diesem Abend zum Essen gegangen seien. Die Antworten waren vielfältig – mal positiv, mal abwertend, mal neutral. Das Wesentliche aber war: Es zeigte sich keinerlei Unterschied in der Bewertung, ob die Menschen allein, zu zweit, mit einem gleich- oder einem gegengeschlechtlichen Partner oder als Gruppe da saßen. So wie beispielsweise über ein Paar gesagt wurde: »Die wollen mal ernsthaft über ihre Beziehung reden« oder »Sie ist genervt«, aber auch »Sie genießen die Zeit zusammen« oder »Sie führen ein liebevolles Gespräch«, konnte es bei denen, die allein am Tisch saßen, heißen: »Sie hat wohl nicht viele Freunde« oder »Er sieht einsam aus«, aber auch »Sie genießt es, für sich zu sein«, »Sie wollte einfach mal allein essen gehen« oder »Er ist wohl auf Reisen«.[60]

Am Ende bestätigt sich hier, was man selbst auch erleben kann, wenn man die Projektionen auf die Umgebung loslässt und objektiv auf das Geschehen schaut: Jeder sieht nur, was der momentane Filter zulässt. Das geht den anderen im Restaurant genauso. Ist man selbst gut drauf, sind die anderen offen, nett und freundlich. Man kommt ins Plaudern mit Fremden. Ist man schlecht drauf, im Selbstbewusstsein angekratzt, sind die Leute ringsherum verschlossen und vielleicht sogar unfreundlich.

Schaut man neutral und ohne die eigene Geschichte im Kopf in die Runde, was sieht man da in jedem Fall? Menschen, die ein

Restaurant besuchen und sich allenfalls am Rande dafür interessieren, was an den anderen Tischen passiert. Und wer die Leute ringsherum tatsächlich beobachtet, der macht sich seinen Reim darauf – aber dies kann er nur auf der Basis seiner eigenen Erfahrungen und Weltvorstellungen tun. Und wer weiß, vielleicht denkt eine Frau am Nebentisch, die dort mit einem Mann sitzt und etwas mürrisch zu dir rüberschaut: »So mutig wie diese Frau wäre ich auch gern. Dann würde ich mich trauen, mehr nach meinen eigenen Vorstellungen zu leben und wäre nicht so abhängig von meinem Mann.«

Sicher haben viele Frauen, die sich allein in Restaurants wagen, schlechte Erfahrungen gemacht. Sie wurden direkt vor die Toilettentür gesetzt oder noch einmal von ihrem Tisch weggescheucht, weil der für ein Paar oder eine Familie gebraucht wurde. Womöglich wurden sie lange nicht bedient, selbst neue Gäste – in der Mehrzahl – bekamen ihr Essen schneller. Fakt ist: Das tut weh. Fakt ist auch: Es hilft, es als Zeichen dafür zu nehmen, wie man selbst gerade drauf ist und auftritt. Wer sich – an guten Tagen – ein paar Mal getraut hat, um einen besseren Tisch zu bitten oder den Kellner freundlich immer wieder auf sich aufmerksam zu machen, der wird irgendwann merken, dass er gar nicht mehr mies bedient wird. Die Ausstrahlung verändert sich mit dem wachsenden Selbstverständnis, allein essen zu gehen. Und wem das abends einfach wirklich keine Freude macht, der lässt es. Auch auf Reisen kann man mittags essen gehen und abends irgendwo draußen oder auf dem Hotelbalkon picknicken.

Fakt ist drittens auch: Je öfter sich Frauen, die das wollen, auch trauen, allein essen zu gehen, umso normaler wird es für die Restaurantbetreiber und die anderen Frauen. Eine gewisse Solidarisierung kann hier schön sein. Ich saß einmal in etwas gedrückter Stimmung in einem Hotelrestaurant in Südtirol, bis ich merkte, dass an zwei Nachbartischen für jeweils eine Person ein-gedeckt war. Da fand ich mich plötzlich wieder ganz normal. Ich musste meine Trübheit als eigene Angst und Selbstabwertung erkennen, was mir aber zumindest half, sie loszulassen und das wirklich gute Essen zu genießen. Als die zwei Frauen dann nach-einander kamen, wurden sie freundlich und zuvorkommend be-grüßt und bedient. Die eine beschäftigte sich die ganze Zeit über mit ihrem Handy, ohne einmal aufzusehen. Die andere wirkte wie zuvor wohl ich selbst: etwas verloren, schüchtern, so als wollte sie lieber nicht hier sein. Vielleicht gelang es mir, sie mit einem Lächeln und meiner mittlerweile wieder guten und ent-spannten Stimmung etwas anzustecken. Das ist es ja auch, was wir füreinander tun können, wenn wir uns als Alleinige in der weiten Welt mal etwas einsam fühlen.

Eine Warnung noch am Schluss: Wer frisch getrennt ist oder sich allzu sehr nach Begleitung durch einen liebenden Partner verzehrt, sollte Restaurants mit typischer Unterhaltungsmusik meiden. All diese Lieder von »Nur du allein« sind – ob man sie je privat gehört hat oder nicht – unglaublich tief in uns verankert. Beim ersten Takt bereits öffnet sich innerlich das Scheunentor, hinter dem all die ungelebten Sehnsüchte, all die melancholischen Wünsche und romantischen Vorstellungen von Für-immer-glücklich-mit-dem-Richtigen lauern. Das kann allzu leicht tränenreich enden, selbst wenn man sich kurz zuvor noch als recht stabil eingeschätzt hätte. Immerhin gingen in den letzten Jahren die Texte in der Musikbranche deutlich weg von »Keinen Schritt mehr ohne dich«.

9. Leben heißt Lernen

Alleinsein fördert Eigenständigkeit und persönliche Weiterentwicklung

Zwei grundlegende Bedürfnisse hat der Mensch über die körperlichen hinaus: Wachstum und Verbundenheit. Ist man auf sich gestellt, hat man unendlich viele Gelegenheiten zu wachsen. Ja, man ist gezwungen, zu lernen und schlichtweg mit allem klarzukommen. Gerade für Frauen unschätzbar wertvoll – wenn auch nicht immer leicht. Die letzten Jahrhunderte haben ihnen wenig Raum gegeben und teilweise sehr subtile Spuren der »erlernten Hilflosigkeit« hinterlassen. Verbundenheit war zumindest äußerlich erfüllt, Wachstum wurde vernachlässigt. Heute ist das anders und die Gelegenheit, über sich hinauszuwachsen, ist selten so günstig wie in den Phasen, in denen das Leben uns von den anderen und den gewohnten Lebensentwürfen fernhält und uns auf uns selbst zurückwirft.

Ein Grund, das Alleinsein zu lieben

Mit einem dicken Augenzwinker-Smiley hatten Freunde – ein langjährig recht harmonisches Pärchen – den Satz versehen: »Das könnte für dein Buch interessant sein!« Im Briefumschlag lag ein Zeitschriftenartikel – über Meerschweinchen. Forscher hatten diese Tierchen in Singles und Paare unterteilt und nach ein paar Wochen des Zusammen- beziehungsweise Alleinlebens täglich in ein Labyrinth geschickt. Das Ergebnis: Die verpaarten

Tiere lernten nichts dazu und wurden einfach nicht besser darin, den verschlungenen Weg zum Futter zu finden. Anders die Alleinigen: Sie wurden von Tag zu Tag besser. Der Verhaltensforscher Ivo Machatschke aus Wien erklärt: »Sowohl die Fehlerzahl als auch die Zeit, die die Tiere brauchten, um zum Futter zu kommen, verringerte sich.«[61] In der Lernfähigkeit sind Singles paarig Lebenden also überlegen. Zumindest bei Meerschweinchen. Begründet wird das Ergebnis übrigens mit Beziehungsstress, der über bestimmte Hormone die Orientierungszentren im Gehirn beeinträchtigt.

Und wie ist das bei uns Menschen? Nun, ganz sicher differenzierter, haben wir doch viel Entscheidungsspielraum, wie wir mit den Gegebenheiten umgehen wollen. Zum Weiterlernen aber wird derjenige, der allein ist, regelrecht gezwungen. Er kann sich nur auf sich selbst verlassen, also muss er schleunigst an allen Herausforderungen wachsen.

Ein Lob auf die Selbstwirksamkeit

»Ich möchte Ihre Aufmerksamkeit auf eines der wichtigsten Zeichen der Reife der emotionellen Entwicklung lenken, auf die Fähigkeit, allein zu sein.« So begann Donald W. Winnicott seinen berühmten Vortrag, eben »Über die Fähigkeit, allein zu sein«, den er 1957 vor der Britischen Gesellschaft für Psychoanalyse hielt.[62] Er bezog sich dabei auf die frühkindliche Entwicklung: Das Kind lernt, in Anwesenheit der Mutter für sich zu sein – die Basis für sein zunehmendes Vermögen, in der Welt zu bestehen. Lernen und Wachsen geschieht natürlich ein Leben lang. Es hängt eng damit zusammen, sich als selbstwirksam zu erleben.

Zu erfahren, wie sehr man sich selbst helfen kann, ist enorm bereichernd und einfach schön. Geübte Singles wissen, dass sie klarkommen müssen. Also jammern sie nicht lange herum, sondern tun, was nötig ist – auf die Weise, die für sie funktioniert.

Wer zudem nicht permanent über alles redet und unentwegt interagiert, verbessert naturgemäß seine Selbstregulationsfähigkeit. Er kann durch Schwieriges selbstständig hindurchgehen, sei es innerlicher oder äußerer Art. Wobei »selbstständig« hier auch heißt, dass man weiß, wann man wen um Hilfe bitten sollte.

Die Einflüsse, die wir alltäglich aufeinander ausüben, sind stark. In jedem Gespräch, bei jedem Austausch werden wir in unserem Denken und Empfinden, unserer Meinung, unserem So-Sein, unserer Weltwahrnehmung beeinflusst und verändert. Das kann schön und fruchtbar sein, aber auch verwirrend und sogar bremsend. Wenn wir das gleiche Problem drei Menschen erzählen, bekommen wir meist drei völlig unterschiedliche Antworten zu hören. Jeder legt den Schwerpunkt auf ein anderes Detail, hört eine andere Nuance aus dem von uns Gesagten heraus und reagiert aufgrund seiner aktuellen persönlichen Auffassung vom Leben auf unser Thema. Fühlen wir uns gerade etwas hilflos, weil wir in einer Phase der Unsicherheit noch nicht erkennen können, wo es für uns langgeht, dann saugen wir alle möglichen Aussagen anderer auf. Wir hoffen, dass sie für uns ebenso wahr sind. Und oft verhindern wir genau damit, unseren eigenen Weg zu finden.

Natürlich ist es schön, hilfreich und wichtig, sich mit Freunden oder der Familie über Schwierigkeiten auszutauschen und das Gefühl vermittelt zu bekommen: Du bist okay, das ist normal, das wird schon wieder, probier es doch mal so oder so … Wer jedoch für sich allein hindurchgeht, hat meist eine größere Chance, etwas Neues und Individuelles aus der Situation entstehen zu lassen. Andernfalls bringt er sich im Gespräch einfach nur mit den Ansichten der anderen in Übereinstimmung. Ich empfinde es als wahren Wachstumskatalysator, Krisen so gut wie möglich (nicht zwanghaft und nicht immer) mit mir selbst auszumachen: innehalten, nachspüren, es durchfühlen, vielleicht beten, unbedingt in die Natur gehen. Warten. Wissen, dass es sich in mir bearbeitet. Jede meiner Zellen will, dass es eine gute Lösung gibt. Alle gehen sie auf Empfang. Nach innen zur Intuition. Nach außen zu einer Inspiration. Da hierbei Quellen erschlossen werden, auf die wir Fast-nur-Denker sonst nicht zurückgreifen, kann wirklich Neues, bislang nie Gedachtes entstehen. Und wann immer es funktioniert, wachsen auch das Vertrauen und die Kraft.

Manchmal sind wir sogar gezwungen, andere als die üblichen Wege des Gesprächs und des Austauschs zu gehen. Barbara Pachl-Eberhart beschreibt in ihrem Trauerratgeber *Warum gerade du?*, was geschehen kann, wenn man sich in einem Tief an Freunde wendet: Sie wollen helfen, ermuntern zu reden, man redet sich in einen Strudel an Schlimmem und Schrecklichem hinein, bis beide Seiten völlig am Boden und ratlos sind. Und dann hat man ein schlechtes Gewissen. Reden ist eben nicht immer die Lösung. »Gerade da, wo wir versuchen, die fragile Balance zwischen guten und schlechten Gefühlen zu halten, kann es sogar zu Problemen führen.«[63] Die Weise, wie sie nach dem Verlust ihres Mannes und ihrer beiden Kinder ihre Trauer durchlebte, ist eine, die ihr niemand hätte vorher sagen oder raten können. Sie musste sie Schritt für Schritt mit allem Schmerz selbst durchleben. Dankbar für die Hilfe anderer und doch immer wieder im Für-sich-Sein.

Mut für so einen Weg braucht es natürlich. Wie Heiko Ernst schreibt, haben Philosophie und Psychologie ein Dogma des Austauschs erhoben, Beziehungen und ihre aktive Pflege sind zum Allheilmittel erklärt worden. Wer ein Problem mit sich selbst ausmachen will, müsse daher Hilfe regelrecht abwehren.[64] Ich würde noch weitergehen: Diese Haltung ist uns so stark verinnerlicht, dass wir uns kaum trauen, selbstständig etwas durchzustehen. Selbst wenn wir dies wollen und uns zutrauen, fragen wir zögernd: Darf ich ohne professionelle Hilfe diese Schwierigkeit annehmen – oder ist das unverantwortlich? Bei allen unbestreitbaren Segnungen therapeutischer Unterstützung: Es kann auch eine gewisse Entmündigung darin liegen, die uns abhängig macht und uns von den in uns liegenden Stärken abschneidet.

Paul Ferrini beschreibt innere Erfüllung als »natürliches Ergebnis des Individuationsprozesses, der es dir ermöglicht, ein Original mit einzigartigen Gaben und Talenten zu sein«[65]. Zu diesem Original zu werden, ist eine der wesentlichen Aufgaben für uns.

Individuation: »Ich bin okay«

Der beste Lehrer ist und bleibt dabei wohl das Leben selbst. Mit allem, was uns begegnet, zeigt es uns, wer wir sind und wo wir stehen. Es streichelt uns zuweilen und oftmals stachelt es uns an, die nächsten Schritte zu tun. Wie andere mein Alleinsein reflektieren beispielsweise wurde für mich zu einem Spiegel dessen, wie ich selbst damit umging. Diese anfangs schmerzhafte Einsicht kam mir durch einen Nachbarn, mit dem mich heute eine freundschaftliche Wertschätzung verbindet. Doch anfangs schien er von mir nur eine einzige Sache wahrzunehmen: die Lücke an meiner Seite, das Fehlen »meines« Mannes. In wirklich jedem Gespräch fragte er, warum ich denn allein sei, was mit mir nicht stimme, ob ich endlich jemanden kennengelernt habe. Ständig ärgerte er mich, zog mich auf und machte seine Scherze. Es war, als könne sich ein verheirateter Mann einfach nicht vorstellen, wie eine Frau ohne Mann auskommen könne. Anfangs traf er mich oft schmerzlich. Er machte mich wütend, traurig. Doch ich begriff, dass das nur möglich war, weil ich selbst nicht dazu stand und ihm innerlich irgendwie recht gab. Zumindest zweifelte ich. Stimmte wirklich etwas Grundlegendes nicht an mir? Würde ich es irgendwann bereuen, dass ich nicht aktiv nach einem neuen Partner suche? Dass ich nicht kompromissbereiter bin?

Als ich mehr in mir zu forschen und bei anderen nachzulesen begann, änderte sich auch meine Sicht. Wie oft saß ich mit wild pochendem Herzen über einem Text, der mir sagte: »He, du bist in Ordnung! Was du wahrnimmst, das teile ich (Soziologin, Psychologe, Weisheitslehrerin, Historiker) auch und ich kann es als etwas Logisches und Sinnhaftes erklären.« Das verstärkte den leise wachsenden Mut in mir, mir selbst mehr zu vertrauen: Ich kann nicht so falsch sein! Ich höre auf mein Herz! Und ich lebe doch gut! Ich wachse, ich entwickle mich, bin Teil des Ganzen!

Und mein Nachbar? Irgendwann war es soweit und ich konnte zurückwitzeln. Bald ließen die Sticheleien nach und ich merkte, dass ich meine Hausaufgaben gemacht hatte. Dann kamen von ihm sogar Sätze wie: »Ach, du machst das doch super. Du hast deine Freiheit.« Wir waren einer Meinung. Doch es war ein Weg dorthin.

Als Frau sich selbst zur Welt bringen

Ich weiß noch, wie ich nach der Trennung von meinem Mann mit der Schlagbohrmaschine auf der Küchenanrichte in meinem neuen Mini-Appartement stand, um Löcher für ein Regal zu bohren. Ich musste mir beweisen, dass ich ohne Mann klarkam. Und ich kam es. Auch wenn es mich sehr viel Mut kostete, mit dem Ding loszulegen. Und auch wenn ich nachher zum Schlüsseldienstbetreiber des Viertels gehen musste, um ihn zu bitten, den Bohrer wieder aus der Maschine zu schrauben. Der hatte sich dort derart verhakt! Es war wohl doch etwas viel Wut in meiner Aktion mit drin. Die verleiht ja bekanntlich unerwartet große Kräfte. Ich bekam diese Wut auch oft, wenn ich mit

Marmeladengläsern kämpfte, die ich einfach nicht aufbekam. *It's a Man's World.* Ein späterer Nachbar, der mir hier manchmal weiterhalf, verriet mir dann, dass es ebenso unscheinbare wie hilfreiche Geräte für so etwas gab. Und so lernte ich dazu und musste immer seltener bei ihm klingeln.

Mittlerweile habe ich längst nicht mehr das Gefühl, mir etwas beweisen zu müssen. Zur Not kann ich mehr als gedacht. Und ohne Not gibt es Freunde, Nachbarn oder Dienstleister für so vieles. In schwachen Momenten denke ich allerdings immer noch, die Industrie verschließt alle möglichen Produkte so unsinnig fest, damit ja keine Frau auf die Idee kommt, freiwillig allein zu leben. Wofür ich heute aber sehr dankbar bin, ist das Gefühl, mir selbst vertrauen zu können. Nicht unbedingt im physischen Sinne. Da sind meine Kräfte einfach begrenzt. Das sehe ich längst ein. Aber in der Grundhaltung des Für-mich-da-Seins.

Vor allem ältere Frauen, die nach einer Scheidung oder dem Tod ihres Mannes allein sind, müssen manchmal sehr viel lernen: die Selbstständigkeit, den Umgang mit Geld, sie müssen lernen, Konflikte zu lösen, »ihren Mann zu stehen« und für sich einzustehen. Das kann enorm fordernd sein – bringt aber auch zunehmend Erfolgserlebnisse. Es ist tief erfüllend, allmählich zu wissen, dass man immer für sich da ist, solange es möglich ist. Irgendwann wird es vielleicht nicht mehr gehen – doch man hat sein Bestes getan.

Zum vollständigen Menschen gehören ja ohnehin auch die weichen Seiten, die Bedürftigkeit, die Sehnsucht. Sich selbst Schwäche zuzugestehen, wenn die Kräfte nachlassen, wenn die Sehnsüchte das Herz zuschnüren, das fällt uns schwer – und doch ist es heilsam. Es geht darum, »die eigene Verletzlichkeit zu umarmen«, wie es meine liebe Freundin Vera Griebert-Schröder (in Bezug auf das Älterwerden) einmal formuliert hat.

Was frau im Alleinsein entwickeln kann, ist eine unmittelbare Beziehung zu sich selbst und zum Leben. Sie ist direkt, da gibt es kein Zuerst-mal-schauen-was-der-Partner-meint. Das längere Zusammenleben aktiviert oft auf intensivste Weise das Alltags-Ich in beiden Beteiligten. Was da noch alles war – »Höheres«, das Leben als Abenteuer, große Ziele, Kreativität, Mystisches – scheint verschwunden. Bloße Erinnerung. Als wäre die Suche beendet, wenn »er« oder »sie« gefunden wurde. Eva Jaeggi konstatiert Menschen in Partnerschaft daher auch die Tendenz zu einer gewissen »seelischen Faulheit«[66]. Und Bonnie Kreps spricht von einem »umgekehrten Dornröschen«[67]: Denn wie oft sind wir eingeschlafen, als der Prinz uns küsste? Wir vergaßen alles, was uns zuvor noch enorm wichtig war, und wunderten uns später, dass wir unzufrieden und zickig waren.

Sich aneinander anzulehnen kann wunderbar sein. Frauen, die längere Zeit allein leben, verlieren aber häufig das Bedürfnis nach der sprichwörtlichen starken Schulter. Es ist einfach nicht die Aufgabe eines Mannes, uns zu stützen, und genau deshalb ist er damit auch oftmals überfordert. Sich selbst zur Stütze zu werden, könnte das größere und lohnendere Abenteuer sein.

Eine Suche nach Liebe

Wem eine Partnerschaft zutiefst fehlt und wem sie sehr wichtig ist, der kann schauen, warum es nicht klappt. Auch mithilfe von Therapeuten, die in jedem Menschen Schwachpunkte finden, an denen sich ansetzen lässt. Das kann ein guter Entwicklungsweg sein. So jemand könnte allerdings auch versuchen, in das einzutauchen, was statt des Erwünschten momentan sein Leben ausmacht. Ich dachte manchmal, dass ich mich ernsthaft darum kümmern müsste, wieder eine dauerhafte Partnerbeziehung zu haben – doch andererseits: Was würde ich da alles verpassen? Die Freiheit als Frau, das Einssein mit mir selbst, das

eigenständige Ringen in Schwierigkeiten, die wachsende Selbstliebe. Natürlich lässt sich vieles davon auch in einer Beziehung
leben. Doch das Erforschen dessen, was als Frau allein möglich
ist, das ist noch so jung in der Menschheitsgeschichte! Will da
vielleicht etwas ganz Neues geboren werden, das das Miteinander dann wieder umso reicher machen könnte?

Auch über so manche Psychologen- und Therapeutenmeinung
muss frau sich hinausentwickeln, wenn sie nicht leiden oder in
eine ihr gar nicht entsprechende Richtung getrieben werden
will. Britta Zangen spricht aus, was ich oft selbst auch empfand,
wenn ich Bücher oder Artikel von manchen Therapeuten las: Sie
können sich eine Frau nicht ohne Mann glücklich vorstellen, als
würde es sie persönlich kränken.[68]

Beziehungsunfähig! Nicht bereit, sich einzulassen! Viel zu an-
spruchsvoll! Angst vor Nähe! So lauten die Urteile. Sie haben
ihren Platz, ihre Wahrheit. Und sie sind nicht alles. Es gibt
zudem die gesellschaftliche Ebene, die zeigt: Es ist nicht das
Versagen Einzelner, wenn man bereits von einer »Generation
beziehungsunfähig« spricht. Michael Nast hat ja gerade deshalb
mit seinem gleichnamigen Buch und seinen Vorträgen so großen
Erfolg, weil er so viele anspricht.

Eines scheint mir auf dem Weg der überwiegend vergnügten
Solistin wichtig: die Weigerung, sich pathologisieren zu lassen.
Wie schrieb Peter Schellenbaum bereits 1991 so schön: »Doch es
ist wichtig, darin (im Singleleben) nicht nur eine Mode zu sehen,
sondern den tiefen Ernst, mit dem Menschen sich hier der Frage
nach Liebe in ihrem Leben stellen.«[69] Singles haben meist ge-
scheiterte Beziehungen hinter sich und sie spüren, wie es
schmerzt, sich nicht geliebt zu fühlen. Sie suchen nach Wegen
für eine lebbare Liebe, auch und gerade im Alleinsein.

Schellenbaums Worte sind eine schöne Würdigung der Menschen, die alte Pfade verlassen – nicht unbedingt aus glasklarer

Bewusstheit heraus, sondern oftmals einfach weil das Leben es so wollte. Und so ringen sie sich hindurch, im Herzen immer weiter die Sehnsucht nach erfüllter Liebe. Und selbst wenn einige tatsächlich unfähig sind, eine Beziehung zu leben: Wenn dahinter das Bestreben steht, sie selbst zu sein, es überhaupt erst mal zu werden, nachdem sie immer nur Rollen spielten, die sie nicht einmal selbst gewählte hatten – wunderbar!

Die größere Ebene

Es ist nicht lustig, aber sicher wichtig, sich bewusst zu machen, warum »Liebe« heute so schwierig ist und warum sie in den Worten von Eva Illouz nicht nur Einzelnen, sondern fast allen immer auch »wehtut«.

Wenn Frauen heute bewusst eine Zeitlang allein bleiben, nennen sie als Grund mit erschreckender Häufigkeit, dass sie Männer als unselbstständig und einengend erleben. So beschreiben es auch die meisten der Singlefrauen, die die Zeitschrift »Brigitte« im Sommer 2016 in ihrem Dossier mit dem Titel »Glücklich ohne Mann. Warum immer mehr Frauen lieber allein leben« interviewte. Was aber steckt dahinter? Sind Frauen so toll und Männer unreif? Auf der psychologischen Ebene mag das in manchen Fällen stimmen, so wie es in anderen Fällen umgekehrt stimmen kann. Doch es gibt eben auch die soziologische Ebene, auf der sich Strömungen in der Gesellschaft zeigen, die sich über Jahrhunderte herausgebildet und verfestigt haben. Auf dieser Ebene ist es tief in uns eingepflanzt, dass sich die Männer in der großen weiten Welt bewegen und sich behaupten, während die Frauen Heim und Kinder hüten und dem Mann den Rücken freihalten. Er schaut in die Welt hinaus, sie schaut auf ihn. Und genau das sind beide gewohnt. Das ist ihre Welt, die sie sehr subtil beeinflusst, wenn sie nicht bewusst an sich arbeiten. Und wer arbeitet mehr an sich? Der Teil, dem das alte Muster weniger guttut: die Frauen.

Fühlst du dich einsam, zieh dich zurück ...

... von den alten Mustern, die dir sagen, wie man oder besser:
wie frau zu leben habe. Mach dich auf zu den neuen
Ufern der Freiheit und der wahren Kraft.

In unserer Zeit der großen Umbrüche und stetigen Wandlungen werden alte Muster infrage gestellt, aufgelockert, zertrümmert. Das geht langsam und braucht die dauernde Bereitschaft, genau hinzusehen und Gewohntes neu auszutarieren. »Frauen sind in unserer Kultur auf Bezogenheit zu anderen Menschen hin erzogen worden. (...) Für das weibliche Geschlecht bedeutet Weiterentwicklung ihrer Persönlichkeit daher, zu lernen, alleine und aus eigener Kraft mit den Schwierigkeiten, die das Leben bereithält, zurechtzukommen«, schreibt Maja Storch.[70]

So sehr Singlefrauen oftmals auch leiden und ihren Status verwünschen, der Soziologe Jean-Claude Kaufmann erkannte in ihnen Pionierinnen der neuen Selbstständigkeit der Frauen. Trotz all der Vereinzelungsgefühle sind sie mitgerissen in einem kollektiven Sog hin zur Individualisierung. Und trotz aller persönlichen Rückschläge: Im Ganzen macht dieser Prozess nicht halt. Zu wissen, was da passiert, kann zumindest dafür sorgen, dass man es leichter trägt.

Beim Lesen von Kaufmanns wegweisendem, etwas platt betiteltem Buch *Singlefrau und Märchenprinz* wurde mir zum ersten Mal bewusst, dass wir als Individuen auch im Singlesein Teil der größeren Wirkmächte des Lebens sind. Die Menschheit durchlebt einen kollektiven Prozess der Weiterentwicklung. Aber durchringen müssen ihn Einzelne: in Partnerschaften, in denen man sich reibt; in Singlewohnungen, die an manchen Tagen trostlos wirken und in denen frau oder man sich zuweilen nach der kuschligen Idylle der Kleinfamilie sehnt. Vielleicht sogar wissend, dass die nirgends so existiert wie im eigenen Kopf. Petra Mikutta nennt die Region des Gehirns, die gern die uralten Prinzfantasien abspult, die »Rama-Ecke«.[71]

Im Einzelleben wie im großen Ganzen: Es geht immer nur vorwärts. Frauen brachen schon lange wann immer möglich aus dem engen traditionellen Modell aus. Bereits im 19. Jahrhundert konnten sie zunehmend berufstätig werden und gaben sich in der Folge nicht mehr jedem Rohling auf dem Heiratsmarkt her, so Kaufmann. Heute zeigt es sich weltweit ähnlich, wie zum Beispiel Hanna Rosin in ihrem Buch *Das Ende der Männer* aufzeigt. Viele wählen das Alleinsein, um frei sein zu können.

Es kann tatsächlich berauschend sein, dieses Glück der Freiheit, der ganz eigenen Lebensgestaltung und -entfaltung. Vor allem in den Momenten, in denen es als gelungen erlebt wird – gelungen nach den eigenen Maßstäben. Die Freude am Teilen und am Weitergeben des Guten an andere kommt dann von allein. Wie viele Frauen haben sich im Gegenwind der Gesellschaft zu ihrer wahren Größe entwickelt und es damit allen nach ihnen leichter gemacht! Wie viele haben Selbstbewusstsein entwickelt, als sie auf sich gestellt waren, und andere damit angesteckt!

Diese innere Befreiungsarbeit zu tun, ist eine so kostbare Sache. Wir haben die Möglichkeit dazu – viele, viele andere haben sie auch heute nicht. Manchmal, in den süßesten Momenten des Alleinseins, so ganz mit mir und dem Leben verbunden, habe ich das Gefühl, ich müsste zweitausend und mehr Jahre nachholen, in denen frau nicht das tun und erleben und durchleben konnte, was die Seele so gern wollte. Was sind da die paar Momente der Einsamkeit zwischendrin?

Was macht es zuweilen so schwierig?

Weiterentwicklung ist kein Automatismus wie beispielsweise das Altwerden. Das passiert uns. Aber Selbstwirksamkeit, Reife, Klarheit, vielleicht sogar Weisheit wollen errungen sein. Die Gefahr, »seltsam« zu werden, besteht beim Alleinlebenden auf jeden Fall (und natürlich nicht nur bei ihm). Denn es ist kein allgegenwärtiges Korrektiv da, das ihn darauf hinweist, wenn er laut vor sich hin brabbelt oder im Smalltalk mit Bäckersfrau oder Supermarktkassiererin zu nerven beginnt.

So ein Korrektiv, das ist eigentlich ein Abgleich mit einer Norm: Passt man noch hinein oder nicht mehr? Tut das wirklich niemand anderes, ist eine achtsame Selbstbeobachtung gefragt, bei der auch Tagebücher unterstützen können. Sie zu schreiben, schafft Bewusstheit. In ihnen ab und an zu lesen, kann helfen, die eigene Spur zu erkennen: Wie war ich, was wollte ich letztes Jahr, was heute? Stimmt es noch? Bin ich ungefähr die, die ich sein will? So wird gesundes Wachsen leichter möglich.

Die Angst vor der eigenen Größe

Sich in seiner ganzen Schönheit und Stärke zu zeigen, das ist ein unweigerliches Ergebnis des persönlichen Wachsens. Es entspricht unserer Natur, danach zu streben, so wie die Rose nicht aufhört, sich zu entfalten, bevor sie ihre Blütenblätter ganz ausgebreitet hat. Aber: Uns macht es auch Angst. Große Angst. Sich zu zeigen, kann schließlich Neid und Bosheit in anderen hervorrufen. Die Furcht vor der eigenen Größe hat zudem historische Wurzeln. Besonders sensible Frauen kommen auf ihrem Weg an die existenzielle Angst davor, in ihrem Starksein, in ihrem Anderssein entdeckt und dafür bestraft zu werden. Christiane Northrup beispielsweise erzählt in einer erweiterten Auflage ihres ungewöhnlich tief gehenden Buches zu Frauengesundheit und weiblicher Weisheit, dass sie kurz nach Erscheinen der ersten Auflage von Alpträumen heimgesucht wurde: Mehrmals träumte sie nachts, dass sie umgebracht würde. Da gab es diesen Teil in ihr, der sich zutiefst davor fürchtete, für diese Veröffentlichung bestraft zu werden. Dafür, dass sie sagte, was sie wirklich dachte und was der vorherrschenden Meinung, vor allem unter ihren Medizinerkollegen, zuwiderlief. Sich dem zu stellen war ein Prozess, durch den sie zweierlei lernte: Viele ihrer Kollegen im Krankenhaus und auf Kongressen hatten ihr Buch gar nicht wahrgenommen. Es schauten einfach viel weniger Menschen auf sie, als sie dachte. Ja, wir sind nicht der Mittelpunkt der Welt. Zweitens, und das ist fast noch wichtiger: Sie erntete für ihr Buch sehr viel herzlichen Zuspruch und dankbare Reaktionen, da sie etwas ausgesprochen hatte, was nicht nur in ihr, sondern in vielen anderen ebenfalls lebte. Der ängstliche Teil, der sie lieber klein gehalten hätte, war keine böse Vorahnung, sondern ein Relikt der Vergangenheit.[72]

Seit den 1990ern, in die das Erleben von Christiane Northrup gehört, ist viel passiert. Dieses alte Muster aber lebt in vielen von uns noch immer. Anna Gamma beschreibt in ihrem 2015 erschienen Buch *Schön, wild und weise*, wie oft Frauen, die sie begleitet, an einem bestimmten Punkt zögern: Wenn ich mich wirklich so zeige, mit all meiner Kraft, werde ich dafür büßen – das scheinen sie zu denken. Im Tiefergehen werden oft Bilder und Erinnerungen an Verrat, Folter und Feuertod erlebbar, die sich tief in den »kollektiven weiblichen Schmerzkörper« (ein Begriff von Eckhart Tolle) eingebrannt haben. Genau dort müssen und wollen sie erlöst werden. Es ist, als würden sie dann neu erlebt – diesmal aber mit der Bewusstheit des Heilweges, in liebevoller Fürsorge für Körper und Seele. Eckhart Tolle spricht in *Jetzt. Die Kraft der Gegenwart* von der Präsenz, mit der wir den Schmerzkörper als Energiefeld in uns wahrnehmen können. Er ist auf der Suche nach neuer Nahrung, die er bekommt, wenn wir weiter leiden und anderen die Schuld zuweisen. In der bloßen Gegenwärtigkeit hingegen, dem völligen Wahrnehmen und Annehmen dessen, was jetzt da ist, löst er sich nach und nach auf. Er gibt uns dabei sogar Brennstoff für noch mehr Bewusstheit. Auch Anna Gamma beschreibt diesen Weg durch den Schmerz hindurch als große Befreiung: von den alten Schmerzen und zugleich von der Feindschaft mit den Männern, die der Schmerz in uns lebendig hält.

Es ist bis heute so: Eine autonome Frau stellt alles infrage, was gesellschaftlich bisher galt. Männer und Männliches sind bei ihr plötzlich nicht mehr auf Platz eins. Die Einsamkeit scheint dann manchmal wie eine Strafe dafür, ausgeschert zu sein, wie es auch Carmen Alborch sehr eindrücklich beschreibt. Letztlich aber liegt genau darin die Entwicklungschance: Als Frau heute allein zu leben heißt immer, sich damit auseinanderzusetzen, dass das Weibliche jahrtausendelang unterdrückt wurde und teilweise bis heute unterdrückt wird. Damit ist keine Schuldzuweisung an die Männer verbunden, es ist vielmehr die objektive Feststellung, dass beide Seiten, Männer wie Frauen, sehr häufig noch immer in alten überlieferten und über Generationen hinweg festgeschriebenen Mustern empfinden, denken und handeln. Es ist ein Geschenk, dass wir heute an diesem großen Thema arbeiten können – und in dieser Hinsicht sind die Frauen, die eine Zeit lang bewusst allein leben, echte Vorreiterinnen. Das heißt nicht, dass irgendwann alle Frauen allein leben würden oder sollten. Doch die, die es tun, bahnen maßgeblich den Weg zu mehr Freiheit und zu wahrer Begegnung auf Augenhöhe. Dabei müssen sie durch einiges durch, denn in ihrem Erleben zeigen sich oft besonders deutlich all die Ängste und Zweifel, all die Hemmnisse und Blockaden, all der alte, im Kollektiv angestaute Schmerz, der nun zur Heilung drängt.

Auch immer mehr Männer haben sich auf den Weg gemacht, von ihrer Seite aus zur Heilung vorzudringen – bis sich beide irgendwann tatsächlich in Liebe in der Mitte begegnen. Einer Liebe, die der ganzen Menschheit und der Erde nur guttun wird. Männer leiden schließlich genauso an der Situation, in der das Weibliche unterdrückt wird. Sie müssen damit nämlich auch das Weibliche in sich verleugnen und bekämpfen und können so niemals ganz sein. So gehört es zum Weg der Autonomie für Männer, sich von dem Bild des »richtigen« Mannes freizumachen, solange es auf der Unterlegenheit des Weiblichen basiert.[73]

Werkzeuge und Wegweiser

Zwei Grundbedürfnisse haben wir auf psychologischer Ebene: Wachstum und Verbundenheit. Gerald Hüther erklärt, dass wir beides bereits im Mutterleib erlebten: Wir durften wachsen und uns verbunden fühlen. Wenn wir dann auf der Welt sind, gehen wir davon aus, dass wir beides auch weiterhin können.[74] Doch diese beiden Bedürfnisse sind nicht so leicht gleichzeitig zu befriedigen. Wachsen heißt oftmals auch, das gewohnte Umfeld zu verlassen, wenn es nicht mehr passend erscheint. Wir ziehen aus der Heimat weg, lösen uns aus Freundschaften und Paarbeziehungen – und verlieren damit immer auch Zugehörigkeit, die woanders neu aufgebaut werden muss.

Seinen Weg zu gehen, kann einsam machen. Zumindest zeitweise. Die Erfahrung zeigt, dass neue Menschen ins Leben treten, die für die neue Phase besser passen. Aber erst mal kann da eine Lücke sein. Freunde konnten nicht mehr mitgehen. Partner ebenso wenig. Das tut weh. Wachsen ist eben nur die eine Seite. Verbundenheit die andere. Wir Frauen haben kollektiv

Nachholbedarf im Wachsen, doch ohne Verbundenheit funktioniert es nicht. Dann wird es kalt und einsam.

Eine gewisse Spannung zwischen beidem wird es in jeder Lebensweise ab und an geben. Die kann wohl nur ausgehalten werden, bis ein neues Gleichgewicht gefunden ist. Wie aber steht es grundsätzlich bei dir um beide Seiten? Was durfte bei dir bislang vorrangig leben: Wachstum? Verbundenheit? Fühltest du dich immer geborgen im Schoße einer Familie, einer Partnerschaft oder eines Freundeskreises? Oder gab es weniger Nestwärme, dafür aber reichlich Raum zur Entfaltung und vielleicht sogar das Zutrauen deiner Umgebung, dass du es schon schaffen wirst? Ist eine Seite stark überbetont worden und du hast das Gefühl, dass es einen Ausgleich braucht? Oder findest du, dass genau diese eine Seite deinem Wesen so stark entspricht, dass es okay ist, von der anderen weniger zu haben? Wie sieht es bei dir aus?

Darüber zu reflektieren und die Antworten wirken zu lassen, kann der Anfang einer Neuausrichtung sein, die wirklich von innen kommt. Oder es schenkt dir das bestärkende Gefühl, dass es stimmig ist, so wie es ist.

10. Beim nächsten Mal kann's wirklich besser werden

Gut genutzt ist das Alleinsein eine Lernphase für neue Beziehungen

Eine Atempause nach einer Trennung oder in einer Beziehungsauszeit kann klärend wirken. Sie bietet den nötigen Freiraum, um Wunden heilen zu lassen, die dann nicht ins Neue hineingetragen werden. Wünsche können hinterfragt, Muster bemerkt und neu bewertet, die eigene Bedürftigkeit kann wahrgenommen werden. Während man vielleicht sogar eine leise Dankbarkeit dafür entwickelt, dass das Leben die eigene Beziehungssucht grad einfach nicht erfüllt, kann man eine wirklich ehrliche Lust auf eine neue Begegnung wachsen lassen.

Ein Grund, das Alleinsein zu lieben

Mich hat es sehr erstaunt, dass ich mit meinem Mann nicht alt, sondern gerade mal gut dreißig geworden bin. Erst viele Jahre und ein paar kürzere Beziehungen später wurde mir so langsam klar, was für ein Wagnis es doch ist, davon auszugehen, dass man mit einem Menschen jahrzehntelang glücklich oder wenigstens zufrieden sein kann. Menschen verändern sich. Ich bin heute eine völlig andere als damals, sodass ich manchmal sogar denke: Schade, dass er mich gar nicht kennengelernt hat. Aber das konnte er nicht, denn zu mir kam ich vor allem dadurch, dass ich nach der Trennung zum ersten Mal in meinem Leben auf mich gestellt war.

Den Strudel der Emotionen und Gedanken, das Durcheinander aus Schock, Trauer, Wut und auch Erleichterung, aus Scham vielleicht und Schuldgefühlen muss man in einer Trennungsphase aushalten. Es ist Chaos. Und es braucht Zeit, sich wieder zu ordnen. Nach und nach zeigt sich eine neue Perspektive und es schält sich ein frisches, bestenfalls stärkeres Ich hervor. Mit etwas Erfahrung darin kennt man die Abläufe schon. Auch wenn es jedes Mal anders ist, weiß man doch, dass der Schmerz vorbeigeht. Idealerweise ist man voller Mitgefühl bei sich und sorgt in dieser Zeit gut für sich. Vielleicht gibt es sogar Momente, in denen man es liebt: als eine Facette des Lebens. Als eine Talstation im ewigen Auf und Ab.

So sehr es manchmal auch wehtut: Wir müssen weitergehen. Manchmal sehnen wir uns zurück, wollen wieder an eine uns bekannte starke Schulter, in ein kuschliges Nest, das aber längst ausgekühlt oder in alle Winde zerstreut ist. Ich merkte nach meiner Ehe häufig: Oh, ich hab wieder den Rückwärtsgang drin. Es hilft nichts: Wir müssen nach vorn.

Das Alleinsein bietet nach einer Trennung den schützenden Raum, in dem wir wieder zu uns kommen. Natürlich sind Freundinnen wichtig, Familie, verlässliche Ansprechpartner. Ganz für uns aber können wir wieder ganz wir selbst werden. Die Antennen ziehen sich vom anderen zurück, die feinen Stränge, über die Aufmerksamkeit und Energie zum anderen hinflossen und über die wir selbst beliefert wurden, bilden sich zurück. Wir kommen wieder bei uns selbst an, mit aller Verantwortung für uns.

Für Frauen, die in der Beziehung Gewalt erfahren haben, ob sexuell, körperlich oder psychisch, ist es umso wichtiger, sich eine Verarbeitungszeit zu gönnen und sich dabei auch Hilfe zu holen. So steigt die Chance, nicht wieder in eine solche Falle zu geraten. Je größer die nötige oder gewünschte Korrektur im Beziehungsmuster ist, desto wertvoller ist eine Phase des Alleinseins. Sie kann innere Klärung und Neuausrichtung bringen.

In einer Beziehungspause lässt sich gut beleuchten, mit welchen Männern frau in Resonanz geht. Diejenigen, in die sie sich verliebt, zeigen viel von dem, was in ihr leben möchte. Oft verstecken sich hinter den bewunderten Qualitäten des anderen Schritte, die sie selbst gehen möchte. Im Rückblick auf frühere Beziehungen lässt sich gut erkennen, welche Schritte das waren. Konntest du sie gehen? Leichtigkeit entdecken mit einem fröhlichen Luftikus? Tiefgang mit einem melancholischen Philosophen? Sinnlichkeit in jeder Körperzelle mit einem Künstler? So gesehen ist eine Trennung immer noch schwer genug, aber nicht mehr ganz so dramatisch. Sie macht den Weg frei für die Entdeckung weiterer Facetten des eigenen Seins.

Die Beziehungsmuster unserer Zeit

Wo man gerade nicht drinsteckt, das kann man gut von außen betrachten, um sich Klarheit zu verschaffen. Was unsere heutigen Beziehungsweisen und die bisherigen eigenen Neigungen dabei betrifft, hat man eine Weile zu schauen und zu forschen, es ist nämlich verwirrend: Männer gelten eher als bindungsscheu – profitieren aber zugleich mehr von der Ehe, wie einige Psychologen und Soziologen betonen. Frauen hingegen wollen sich binden und die Sicherheit eines Mannes an ihrer Seite haben – schränken sich in der Ehe zugleich aber stärker ein, reichen häufiger die Scheidung ein und sind zunehmend allein glücklich. Wenn man davon ausgeht, dass sich diese und weitere widersprüchliche Tendenzen auch in jedem von uns individuell austoben, wundert es nicht mehr, warum die Beziehungsfrage so kompliziert geworden ist.

Michael Nast stellt fest, dass wir genau dann beziehungsunfähig sind, wenn wir so sind, wie die Gesellschaft uns haben will:
höchst flexible, eifrige Konsumenten. Dann wenden wir »be-
triebswirtschaftliche Prinzipien auf unser Privatleben an«[75], was
diesem nicht allzu guttut. Natürlich ist eine Kosten-Nutzen-
Rechnung nicht verkehrt: Wenn es mir mit jemand anderem
nicht besser geht, bleibe ich allein. Logisch. Nur gibt es dennoch
einen Unterschied zum Konsumieren von anderen, und der
könnte gerade durch eine Phase allein an Kraft gewinnen: Aus
einer solchen Auszeit kommend kann es leichter sein, ein neues
Gegenüber wirklich wahrzunehmen – in diesem faszinierenden
Changieren zwischen fremd und vertraut. Im Alleinsein kann
auch etwas wachsen, was zuvor oft nur aus Gewohnheit da war.
Jetzt aber wird es echt, wahr, tief, seelenvoll: die Lust auf eine
Begegnung, die Neugier, die Freude daran, einen anderen zu erkunden und sich von ihm erkunden zu lassen.

Mit dieser Achtsamkeit greift dann bestenfalls auch nicht
so leicht dieses Grundmuster, das der bekannte Paartherapeut
Michael Mary beschreibt: Für Männer heißt die Liebe einer Frau
Fürsorge und Kontrolle – so erlebten sie es bei ihrer Mutter. Für
die Frau heißt die Liebe eines Mannes Sehnsucht nach dem
meist abwesenden und vielleicht auch noch kritischen und emotional wenig zugänglichen Vater. Was wird daraus beim Paar? Sie
sucht Nähe, er flieht vor der befürchteten Kontrolle. Sie rückt
ihm in ihrer Sehnsucht nach, er rückt weiter ab.[76]

Wo man auch hinschaut oder nachliest, es sieht nicht so gut
aus mit dem, was für die meisten das Wichtigste im Leben ist:
eine harmonische, erfüllte Beziehung. Rebecca Niazi-Shahabi
beschreibt humorvoll-bissig, dass die Frauen in unserer Gesellschaft von Heerscharen von Therapeuten dazu angehalten werden, an sich zu arbeiten, damit sie beziehungs- und liebesfähig
würden und nicht mehr an die Falschen gerieten. Anders als die

meisten Männer nähmen sie diese Ratschläge auch gern an. Wenn die Selbstverbesserung aber gelänge: Wo kämen denn dann plötzlich all die »richtigen« Männer her, mit denen eine gute Beziehung möglich ist? »Wie tarnen sie sich, solange wir Frauen noch ›neurotisch‹ sind? Mit wem sind sie zusammen, während circa 80 Prozent aller Frauen an sich arbeiten, um ihrer würdig zu sein?«[77] Berechtigte Fragen.

Ihre Schlussfolgerung allerdings, dass man wohl einfach einsehen müsse, dass die meisten Männer wie Frauen »schwierig und lieblos« seien und man deswegen eben immer wieder an die Falschen gerät, teile ich nicht. Und auch nicht die, dass es wohl noch einsamer machen würde, sich von alten Mustern zu befreien und dann unter lauter Unfreien zu leben. Man wird auf diesem Weg ganz sicher andere »Befreite« treffen. Man hat dann vielleicht nicht mehr so viele Kontakte, aber tiefere. Und man fühlt sich selbst wohler in seiner Haut. Zeitweiliges Alleinsein kann helfen, sich ungünstige Muster bewusst zu machen und innerlich ein wenig zu lockern. Dabei kann man sich selbst »beeltern«, wie es immer so schön heißt, um weniger bedürftig zu sein. Erst 2016 schrieb die Psychologin Julia Peirano, dass tatsächlich diejenigen die größeren Chancen auf eine gelungene Beziehung haben, die nicht so dringend eine wollen und auch prima allein klarkommen.[78] Das Alleinsein lieben zu lernen, ist also auch hierbei nicht verkehrt.

Wünsche und Sehnsüchte

Oft verbringen wir eine Beziehungspause damit, uns den vermeintlichen Erwartungen, die »der Nächste« haben könnte, anzupassen. Das aber sind letztlich nur unsere Fantasien über Männerfantasien. Bestenfalls angeln wir uns damit jemanden – aber können wir ihm glauben, dass er an uns interessiert ist? An unserem Wesen, unserem wirklichen Sein?

Maja Storch spricht von einer »magischen Taste«, die ein Mann drücken kann – und schon ist eine selbstbewusste, starke Frau verloren: dann nämlich, wenn er sie als Frau in ihrer Weiblichkeit *und* für ihren Verstand schätzt.[79] Wie sehr sehnen wir uns danach, in beidem anerkannt und für beides geliebt zu werden!

Frauen zahlen einen hohen Preis, wenn sie sich den Klischees unterordnen und damit heute einen extremen Aufwand für die Anpassung an genormte Schönheitsideale und Sexyness betreiben. Es kann einsam machen, wenn man gesellschaftliche Trends nicht mitmacht. Es kann aber genauso einsam machen, wenn man sie mitmacht und unter seiner hübschen Maske merken muss, dass die Anerkennung anderer gar nicht einem selbst, sondern nur der Fassade gilt. Zeigt sich eine Frau immer nur schön, kann der Mann sie nie ganz kennen – und sie selbst kann seinen Liebesbekundungen nicht trauen. Denn wer oder was ist es, das er da liebt?

Was könnte gehen in Sachen Liebe?

Viele haben das Gefühl, dass sie einen Partner ersehnen – aber, so seltsam die Frage klingt: Warum? Ich meine das nicht manipulativ, in dem Sinne, dass ich jemandem diesen Wunsch ausreden möchte. Ich meine es ganz konkret: Warum wünschst du dir einen Partner (wenn du es tust)? Was versprichst du dir davon? Was wäre dann besser?

Es lohnt sich, einer Sehnsucht genauer nachzuspüren. Ganz platt gefragt – was willst du: Sex oder Heiraten? Willst du einen Gesprächspartner, eine Partybegleitung, die dich bei deinen verheirateten Kolleginnen gut aussehen lässt, eine starke Schulter, einen Reisepartner, einen Kuschelbären, eine Möglichkeit, männliche Energie zu erleben, ein lebendiges Altersvorsorgemodell? Wir leben auf so vielen Feldern in ständigen Umbrüchen. Deshalb müssen wir uns immer wieder bewusst machen, dass es auch mehr Beziehungsmöglichkeiten gibt, als wir kennen. Wir können anhand unserer Wünsche selbst mit erforschen und entwickeln, wie sich Menschen begegnen und verbinden.

Viele Frauen erleben so eine Ambivalenz: Will ich wieder? Oder doch nicht? Was zieht mich in eine Beziehung, wonach sehne ich mich? Die Sorge, dass keiner mehr wollen könnte, wechselt ab mit der vagen Einsicht, dass auch keiner mehr passen könnte. Im gelingenden Alleinsein wächst das Gefühl für den eigenen Wert. Und damit auch die Ansprüche an einen möglichen Partner. Nur noch ein starker Mann kommt infrage. Der wird aber auch eine Menge Raum beanspruchen. Kann frau den wieder freimachen?

Die bange Frage ab vierzig lautet für viele auch: Geht da überhaupt noch was? Der Markt ist unüberschaubar und Männer haben dort die besseren Karten, wie beispielsweise die Soziologin Eva Illouz ausführt. Der Pool an Männern, aus denen gebildete, eigenständige, nicht mehr blutjunge Frauen wählen können, ist relativ klein. Männer haben in den letzten Jahren im Vergleich zu den Frauen an Bildung und Einkommen verloren, orientieren sich aber weiterhin eher »nach unten«, bevorzugen also nicht nur jüngere Frauen, sondern auch solche, die weniger gebildet und weniger erfolgreich sind als sie selbst.[80] So bleiben gewissermaßen »unten« Männer übrig und »oben« Frauen. Die aber passen eher nicht zusammen.

Fühlst du dich einsam, zieh dich zurück ...

... von der Idee, dass dich nie wieder jemand lieben wird. Alles ist möglich, und es beginnt in dir selbst.

Und wenn es dann doch passiert? Plötzlich ein Mann! Freude, Schmetterlinge … und ein Schreck! Ist es so schnell vorbei mit dem Alleinsein, das gerade erst begann, uns seine Süße zu offenbaren? Plötzlich erkennen wir all seine Schätze viel deutlicher. Es ist eine berechtigte Angst vieler Frauen, sich wieder zu verlieren. Zu oft haben wir erlebt, dass wir alles, was uns zuvor wichtig war, fallenließen, wenn »er« die Bühne betrat. Zu oft haben wir gespürt, dass er unruhig wurde, wenn unsere Aufmerksamkeit mit Begeisterung auf etwas anderes als ihn gerichtet war: auf ein Projekt, unser Kind oder in einer Meditation auf das Transzendente. Können wir beim nächsten Mal besser damit umgehen? Klarer? Liebevoll? Ist es möglich, ganz mit einem anderen zu sein und dabei man selbst zu bleiben?

Wer das Alleinsein schätzen gelernt hat, wird es auch in einer Partnerschaft leben wollen. Dabei geht es gar nicht um ein Nein zur Liebe, sondern um »Das Nein in der Liebe«, wie auch ein Buch von Peter Schellenbaum heißt. Nur mit diesem Nein können die beiden Verbundenen zugleich Einzelgeschöpfe bleiben, Individuen. Und auch an dieser Stelle schließt sich der Kreis: Die positive Selbstbezogenheit, die dafür nötig ist, lässt sich sehr gut im Alleinsein entwickeln, wenn dabei alte Muster der ständigen Verfügbarkeit für andere durchbrochen werden.

Sind wir im Für-sich-Sein zu Hause, können wir uns auf eine neue mögliche Beziehung sehr achtsam, spürig, vertrauensvoll einlassen – und nicht, wie früher vielleicht, mit einem großen Hurra und Schwüren von immer und ewig. Es gibt diesen Sog, der sagt, wir müssen uns beeilen, den anderen festhalten, froh sein, dass wir ab einem bestimmten Alter überhaupt noch jemanden gefunden haben, der uns eines zweiten Blickes würdigt, und so weiter. Es ist schwer, dem zu widerstehen – und doch vielleicht die einzige Chance. Es sich entwickeln lassen und derweil bei sich bleiben. Weder den anderen drängen noch sich selbst.

Was macht es zuweilen so schwierig?

In Zeiten, in denen Shopping bereits bei Jugendlichen ein Hobby ist und wir dauerhaft berieselt werden und uns selbst berieseln, ist auch das Daten für viele eine bloße Ablenkung und eine Art Konsum geworden. Die Aufmerksamkeitsspanne wird immer kürzer. Nicht nur beim Speed-Dating reicht die Zeit einfach nicht aus, jemandem nahezukommen, ihn wirklich an sich herankommen und als Mensch spürbar werden zu lassen. Man war vielleicht miteinander im Bett, hat sich aber nicht wirklich bemerkt.

Das Internet mit seinen vielen Foren, Börsen und Networks gibt uns das Gefühl, dass die Menge an theoretisch verfügbaren neuen Partnern endlos ist. Nun weiß man aber aus psychologischen Experimenten, dass wir uns umso schwerer für etwas entscheiden, je mehr Optionen wir haben. Wir legen uns also nicht fest auf einen anderen, wir schauen mal lieber noch ein bisschen weiter, warten noch ab, probieren noch aus – und so vergeht das Leben.

Unverbindlichkeit macht einsam. Und das zeigt sich dann auch in dem Frust, der sich in manchen Foren auf Singlebörsen Luft macht. Dort zu viel herumzulesen, kann einem wirklich jede Hoffnung rauben, seine Partnersehnsüchte noch erfüllt zu sehen. Und doch gibt es auch die Gegenbeispiele. Und die Möglichkeit, sich selbst zu testen, wenn man wieder soweit ist. In diesen Netzangeboten, in ernst gemeintem Daten, aber ebenso in Affären und Abenteuern lässt sich herausfinden: Was will ich wirklich? Und was nicht mehr? Denn innere Klarheit erspart schmerzliche Umwege und verleiht die passende Ausstrahlung.

Werkzeuge und Wegweiser

Warum die Sehnsucht nach einem Liebes- und Lebenspartner so stark ist, hat vielfältige Gründe. Man kann es psychologisch erklären, soziologisch, biologisch, historisch … und mit einem Blick auf die Persönlichkeitsanteile, die in uns leben. Dort nämlich gibt es eine extrem bindungswillige Frauengestalt: Eva könnten wir sie nennen. Die Mutter der Menschheit, die Frau Adams. Sie ist es, die sich nach einem Mann sehnt, egal, wie gut und gern wir allein sein mögen. Sie liebt es, im gemütlichen Zuhause für die Familie da zu sein und mit ihrer weiblichen Sanftheit einen Mann zu umsorgen.

In manchen lebt sie stärker als in anderen. Doch in allen Frauen dürfte sie da sein. Und egal, wie es auf der partnerschaftlichen Ebene aussieht, es ist heilsam, sich mit dieser inneren Eva in Verbindung zu setzen, sie zu bemerken, sie schätzen und lieben zu lernen. Dafür gibt es therapeutische Ansätze der Anteilarbeit, die mit allen möglichen inneren Gestalten und Kräften unternommen werden können. Wenn du sie für Eva nutzen willst, könnte das so aussehen:

Du nimmst dir etwas Zeit und sorgst dafür, ungestört zu sein. Setz dich bequem hin, vielleicht auf dem Bett oder dem Sofa, wo du noch ein Kissen neben dich legst. Du entspannst dich ein wenig und kommst zur Ruhe. Nun lauschst du in dich hinein, ob du dort eine innere Eva findest, eine anschmiegsame Frau, die sich nach einem Partner sehnt. Sprich sie an und bitte sie, sich neben dich auf das Kissen zu setzen, damit ihr euch besser kennenlernen könnt. Schau dann – vielleicht mit geschlossenen Augen – zu diesem Kissen. Kannst du deine Eva wahrnehmen? Sie sehen, spüren, als Wesen erfassen? Lass dir Zeit, sie zu erfahren. Du kannst sie auch befragen – wie es ihr geht, was ihr an deinem Leben gefällt und was nicht, was sie sich wünscht.

Wenn es sich gut anfühlt, kannst du nun auf das andere Kissen wechseln, um selbst zu Eva zu werden. Wie fühlt es sich an, deine innere Eva zu sein? Was fehlt ihr vielleicht, was könnte ihr guttun, wonach sehnt sie sich?

Wechsle dann zurück auf deinen Platz und erlebe dich wieder ganz als dich selbst. Wenn es für diesmal gut ist, verabschiede dich mit einem Dank von Eva, die nun wieder ganz in dir sein wird. Wenn du Hinweise für deine Lebensgestaltung erhalten hast, wirst du nun sicher Wege finden wollen, sie umzusetzen. Vielleicht kannst du deiner Eva den einen oder anderen Wunsch erfüllen.

(11) Wer bist du noch – außer (mögliche) Partnerin?

Allein findest du am besten zu dir selbst

Wer bist du? Kannst du dich auch mal ganz ohne andere Leute oder einen Lebenspartner denken? Wer ist dieser Mensch, mit dem du auf jeden Fall dein ganzes Leben zusammen sein wirst? Wie ist dieses Wesen ohne den unmittelbaren Einfluss anderer? Was will es? Wovon träumt es? Was bringt es mit in diese Welt? Was will es hier leben? Im Alleinsein ist ausreichend Raum, die eventuelle Fixierung auf einen Partner zu lockern, solche Fragen zu klären, sich selbst kennenzulernen und ganz zu sich zu finden.

Ein Grund, das Alleinsein zu lieben

Wie viel Zeit verbringt die Frau von heute damit, ihren Fokus auf Männer zu richten? Hat sie einen Partner, ist der ihr wesentlicher Blickpunkt. Ist sie allein, hat sie damit zu tun, auf »den Richtigen« zu hoffen, »Falsche« zu küssen und mit ihnen zu ringen, derweil mit Freundinnen Beziehungsfragen zu bereden und zu beweinen, sich Sorgen und Hoffnungen zu machen – und sich in der Auslaufphase einer Männergeschichte zu fragen: Okay, es war eine Erfahrung, aber hätte ich mir das auch sparen können? Wie viel Zeit verbringt sie im Hoffen auf das »richtige Leben«, das aber letztlich vielleicht nur eine Vorstellung ist, zusammengesetzt aus Kindheitsträumen, Hollywoodfantasien und Hochglanzbildern?

Es ist schlauchend, immer auf den Prinzen zu warten, irgend-wie so latent, so untergründig, so fast unbemerkt, während man sich den Alltag nett macht. Es ist wie ein Energieleck, durch das ständig Kraft ausströmt und unnütz verpufft. Kraft, die frau für sich nutzen könnte, vielleicht für ein Projekt, das ihr am Herzen liegt, oder einfach für die Freude am Leben. Dieses Loch zu schließen heißt auch, in der Realität der Gegenwart anzukom-men und nicht zu glauben, dass das eigentliche Leben anders sein müsste und – hoffentlich – irgendwann noch anfängt. Es bedeutet, das eigene Leben, dieses eine kostbare Leben, nicht mehr wartend zu verbringen, sondern die eigene Ausdrucks-form lebendig werden zu lassen.

Beziehungsratgeber füllen heute viele Regalmeter und enthal-ten zweifellos wertvolle Erklärungen und Tipps für eine erfüllte Partnerschaft. Dabei brauchen sie niemanden erst zu ermutigen, sich ernsthaft für die Beziehung einzusetzen – diese Motivation bringen die Leser (oder besser: Leserinnen, die es ja in den meis-ten Fällen sind) ausreichend mit. Also steigen die Autoren übli-cherweise gleich damit ein, die vielen Problemfelder aufzuzeigen und dann Lösungen anzubieten. So richtig und wichtig diese Bücher sein mögen, unweigerlich kann man sich dabei an Hape Kerkeling als Evje van Dampen erinnern fühlen und seine/ihre Worte wie eine Drohung hören: »Liebe ist Arbeit, Arbeit, Ar-beit.« Da kann einem die Lust vergehen. (Aber, nun ja, gelingen-des Alleinsein ist auch nicht umsonst zu haben.)

Was diese vielen Bücher, Beratungs- und Kursangebote zum Thema zeigen, ist nicht zuletzt ein Bild der gegenwärtigen Ge-sellschaft, in der die alten Paar- und Familienmodelle nicht mehr funktionieren, die neuen noch nicht ausgereift und viele Men-schen ratlos und frustriert sind. Es ist kein Wunder, dass einige all die tausend Tipps und Strategien beiseitelegen und sagen: Nein, das ist mir zu anstrengend! Ohne Beziehung geht es doch auch! Gerade Frauen kommen heute häufig zu dieser Einsicht – und sie sind es ja auch überwiegend, die die Beziehungsarbeit anstoßen, aufrechterhalten und leisten, solange sie mit einem Partner zusammen sind. Nach einer Trennung entsteht dann manchmal das Gefühl: Mir reicht's jetzt. Alles, was ich da investiere, nutze ich jetzt erst mal nur für mich. Ich koste mein Alleinsein aus! Dies kann ein sehr gesunder Schnitt sein – vor allem, wenn er in echtes Für-sich-Sein, mehr Selbstliebe und innere Unabhängigkeit von der Zuwendung anderer mündet. In das tiefere Kennenlernen der eigenen Person. Alles die Basis für ein gelingendes Leben (und wenn frau es irgendwann wieder will, auch die beste Basis für eine erfüllte Beziehung).

Sind Singles halbe Menschen?

Antje Joel, die im Magazin der »Süddeutschen Zeitung« im Dezember 2015 davon erzählt, dass sie sich irgendwann einfach nicht mehr verliebte, sagt dort den Satz: »Ich fühle mich ganzer, als ich mich je mit Mann gefühlt habe.«[81] Ihr Umfeld allerdings versuche, sie zu »therapieren«.

Es ist fast unmöglich, sich (oder eine andere Frau) ganz ohne Partner zu denken. Selbst wenn es schon länger keinen realen »Mann an meiner Seite« gibt und der letzte Ex bereits vergessen ist, lauert da immer dieses Potenzial: Kommt bald wieder einer? Sollte was dafür unternommen werden? Wird das noch was? Das vermeintliche Selbstverständnis, dass Menschen Paarwesen sind, sitzt tief. Deswegen haben Singles auch diesen »Drang zur Rekonstruktion der eigenen Biografie«, wie ihn Menschen in Familien oder langjährigen Partnerschaften nicht kennen. Sie aber folgen eben einem, so weiter der Singleforscher Stephan Hradil, »gebilligten, selbstverständlichen und daher auch nicht begründungspflichtigen Muster«[82]. Allerdings einem Muster, das mittlerweile Risse hat.

Vielleicht ist es tatsächlich so, wie es Platon beschreibt: Ursprünglich waren die Menschen kugelförmig und geschlechtslos. Alles in einem. Doch die wegen ihres Übermuts verärgerten Götter teilten sie irgendwann in zwei Hälften – eine männliche und eine weibliche, die sich seither nacheinander sehnen und nach dem Gegenpol verzehren.

Auseinandergerissen, das war genau das Gefühl, das ich selbst nach meiner Scheidung hatte. Wir hatten uns sehr jung kennengelernt, viel miteinander erlebt und waren davon ausgegangen, miteinander alt zu werden, wie wir das von unseren beiden Elternpaaren kannten. Doch wir hatten uns irgendwann auf eine Weise auseinandergelebt, die uns nur noch die Scheidung sinnvoll erscheinen ließ. Der Schmerz war in den ersten Monaten so, als wäre meine gesamte Vorderseite eine einzige Wunde. Der andere Mensch, das über Jahre selbstverständlich gewordene Gegenüber, war mir wie gewaltsam entrissen, obwohl ich selbst die Trennung angestoßen hatte. Ihm, so erzählte er später, war es ähnlich gegangen: Das eigene Ich war nur noch ein halbes und der Körper schmerzte, als wäre er tatsächlich halbiert worden.

Ich lebte zum ersten Mal allein, die Wunde verheilte, ich verliebte mich neu, entliebte mich neu – und ich merkte, wie sehr mir das Alleinsein gefiel. Dann las ich die Geschichte von Platon und der angeblich unüberwindbaren Sehnsucht nach dem anderen Geschlecht – und ärgerte mich darüber. Wieso sollte es nicht möglich sein, ohne einen Partner glücklich zu sein? Wieso musste man immer wieder diesen Zeit- und Nerven-, Kraft- und Schmerzaufwand treiben, Beziehung zu versuchen und erneut aufzugeben? Mein Ärger allerdings kam daher – noch ärgerlicher! –, dass Platon recht zu haben schien. So wohl ich mich zunehmend mit mir selbst fühlte, die zeitweiligen Sehnsüchte, das Verlieben blieb, manchmal auch das Zusammenkommen und Wiederauseinandergehen. Es brachte mir schöne Momente und Weiterentwicklung, oftmals aber schien es mich auch von dem abzuhalten, was ich eigentlich im Leben vorhatte, was ich entwickeln und aufbauen wollte. Und, so mein Eindruck, es ging vielen Menschen so. Wie viel Energie wurde in am Ende vergebliche Paarungsversuche gesteckt? In das Denken daran? Das Hoffen darauf? Das Analysieren und Psychologisieren, warum und warum zum Teufel nicht?

Wer bin ich »ohne«?

Trotz allem, wer keinen Partner (mehr) will, mit dem stimmt was nicht. Oder? Die Konventionen erwarten bestimmte Gefühle von uns. Dass wir allein sein wollen, gehört ebenso wenig dazu wie dieses Lebensgefühl: Mir fehlt ohne Partner nichts, ich bin glücklich so.

Doch vor allem ältere Frauen erzählen, wie stärkend es ist, nach einer Scheidung nicht mehr nur als »Frau von XY«, sondern als eigenständiger Mensch wahrgenommen zu werden. Eine ganz neue Erfahrung, die errungen sein will, dann aber zu Neuem lockt. Dieses Gefühl des Aufbruchs beschreibt Susi Piroué eindrucksvoll. Sie war nach etwa fünfundzwanzig Jahren Ehe von ihrem Mann verlassen worden, die Kinder gingen aus dem Haus – und nach einigem Trauern und Ringen entschloss sie sich, ihr Leben wieder in die Hand zu nehmen. Ihr neues Lebensgefühl: »Nie mehr abhängig, nie mehr unvollständig, ein ganzer Mensch wollte ich wieder werden, meine eigenen Kräfte mobilisieren.«[83]

»Wer als Frau fünfzig plus den Rest des Lebens in Würde verbringen will, der darf ihn von Männern nicht mehr abhängig machen«, schreiben Eva Gerberding und Evelyn Holst.[84] Aber auch vorher schon: Solange ein Partner – auch unterschwellig – das wesentliche Ziel bleibt, kann es kein wirklich erfülltes Leben geben. Das heißt nicht, dass wir völlig unabhängig von anderen werden sollten oder könnten, aber dass wir dafür sorgen, uns bereits selbst vollständig zu fühlen. Als Frauen, die das Weibliche leben, die sich gern mit dem Männlichen verbinden, sich aber nicht mehr dauernd auf Männer beziehen und sich ohne Mann wertlos fühlen.

Das richtet sich in nichts gegen die Männer. Es geht um die Selbstwerdung der Frau. Sie kümmert sich im Für-sich-Sein stärker um sich selbst, heilt die alten Muster und kann sich dann neu für einen Mann öffnen. In Freiwilligkeit und damit erst in Liebe. Da Frauen in den traditionellen Modellen die schlechteren Karten hatten, was Selbstbestimmung und Entfaltung der eigenen Potenziale betrifft, sind naturgemäß sie es, die daran leiden und sich auf den Weg machen, ihre Situation zu verbessern. Es ist ihre Aufgabe. Ob Männer sich selbst als Zentrum im Leben einer Frau ansehen oder nicht, ist deren Angelegenheit. Wenn die Frau im Zentrum ihres eigenen Lebens steht und dort auch angesichts eines attraktiven Mannes bleibt, können sich beide auf Augenhöhe begegnen und sehen, was dabei entstehen will.

Was willst du wirklich?

Vielleicht kennst du diese Ambivalenz: Bei aller Freude am Soloweg, immer wieder gibt es auch die sehnsuchtsvolle Seite, die wir in Kapitel 10 bereits Eva genannt hatten. Wer aber bin ich? Welche Seite in mir ist die wirkliche? Was will ich tatsächlich? Ein kleiner Test kann helfen, hier mehr Klarheit zu finden. Dafür machst du dir eine simple Liste mit zwei Spalten. Über die erste Spalte schreibst du: Das ersehne ich in einer Zweierbeziehung. Über die zweite: Das liebe ich am Alleinleben. Füll die Spalten dann in einem ruhigen Moment aus. Spüre, was zu beiden Seiten in dir aufsteigt. Was lebt dazu in dir?

Schau dir dann an, was du geschrieben hast. Interessant könnte sein: Welche Spalte ist länger? Gibt es in einer der Spalten oder in beiden Punkte, die dir gar nicht bewusst waren? Wie fühlt sich die eine, wie die andere an?

Das Ergebnis dieser Reflexion kannst du nur wirken lassen. Vielleicht entspannt es dich, weil du weißt, dass du lieber allein bist, sofern es ab und zu einen Rosinenmoment mit einem Mann gibt. Oder du merkst, dass du nach einem anderen Typ Mann Ausschau halten, auf eine andere Weise weitermachen willst. Auf jeden Fall lernst du mehr über dich und deine Sehnsucht.

Bei manchen kommt das Staunen, wenn sie sich fragen: Wie realistisch und alltagstauglich sind meine Punkte in der ersten Spalte? Stehen da diese wundervollen, herrlichen, menschlich-intimen Momente mit einem Mann, das gemeinsame Wachsen und Reifen, die köstlichen Augenblicke echter tiefer Begegnung, in denen die Zeit stehenbleibt? Ja, die will frau mit ganzem Herzen leben. Doch wäre sie in der Lage, sie zwischen Job und Haushalt zu fördern? Und wiegt eine realistische Anzahl solcher Momente das auf, was an Alltag noch viel realistischer ist?

Was wäre, wenn …?

Einen Schritt weiter geht ein Gedankenexperiment. Frage dich: Was wäre, wenn es nie wieder einen Mann an deiner Seite gäbe? Was wäre daran okay? Findest du Gründe, warum das sogar gut sein könnte? Wer wärst du ganz ohne das Thema Partner?

Du könntest dir vorstellen, wie viel Freiheit plötzlich da wäre, wenn du die Idee, wieder mit einem Mann zusammenkommen zu müssen, wieder einem Mann dauerhaft gefallen zu müssen, komplett aufgeben könntest. Keine Angst: Das Leben lenkt deine Geschicke am Ende ohnehin so, wie es das für sinnvoll hält. Daher kannst du dich einmal ganz auf dieses gedanklich-emotionale Experiment einlassen: Was wäre, wenn du damit versöhnt wärst, für den Rest deines Lebens ohne Partner zu bleiben? Wenn es okay wäre, dass da einfach keiner mehr kommt?

Manche Frauen bekommen dabei Angst, Beklemmungen, können den Gedanken gar nicht zulassen, weil er so erschreckend für sie ist. Andere müssen sich vielleicht etwas herantasten an diese Vorstellung – und dann überkommt sie ein tiefer Frieden: Ich würde ganz mir gehören. Ich würde einfach so sein, wie ich bin. Kein Verbiegen mehr. Kein banges zeit- und energieraubendes Hoffen und Suchen mehr. Keine Zweifel. Keine Dauergespräche mehr mit Freundinnen, in denen es nur um das Eine – besser: den erhofften Einen – geht. Kein alltäglich strenger Kampf mehr gegen alle Zeichen des Alterns ... Was für eine Befreiung! Es ist wie ein Nach-Hause-Kommen. Nach Hause zu sich selbst.

Es ist nur ein Experiment, doch es kann tief befreiend wirken. Wenn du dieses Schlimmste, was passieren kann, annehmen kannst, wenn es okay wäre, lebbar – was sollte dann noch schiefgehen? Dann ist es gut. Ob da wieder jemand kommt oder nicht, es ist gut. Und es liegt sogar nahe, dass aus dieser entspannteren Haltung heraus eine neue Partnerschaft wahrscheinlicher wird. Eine, in der du du selbst bleibst und als solche auch gewünscht und geliebt wirst. Eine, in der du den Mann ebenso als das sehen und lieben kannst, was er ist. Du musst schließlich auch nicht mehr sauer auf ihn sein, weil du dich für ihn verbiegst.

Fühlst du dich einsam, zieh dich zurück ...
... von allen bisherigen, möglichen und erhofften Partnern
in deinem Leben. Wer ist der Mensch, der immer bei dir sein wird?
Wer bist du?

»Bin ich am Leben, wenn mich keiner kennt?«

Jetzt lassen wir die Mann-Frau-Frage aber wirklich mal beiseite und lernen uns selbst unabhängig davon besser kennen. Ganz gleich, wie du lebst: Niemand kann dich so kennen, wie du selbst dich empfindest. Und nur du selbst bist immer bei dir, solange es dich gibt. Das Kennenlernen des eigenen Wesens ist ein lebenslanger Prozess, der zu den schönsten Geschenken überhaupt gehört. In jeder Lebenslage, in jeder Phase, in jedem Alter erfahren wir uns selbst neu, überraschen wir uns, entwickeln wir uns weiter. Das geschieht im Austausch mit anderen und mit der Welt, reflektieren und erleben aber tun wir es in uns selbst.

Es kann ein langer Weg sein, zu sich zu finden. Aber vielleicht sind die Jahrzehnte, die uns hier gegeben sind, zu guten Teilen genau dafür da? Mir ist eines Tages klar geworden, wie sehr ich mir selbst wehtue, wenn ich mich für das viele Alleinsein verurteile. Als wäre die eigene Gesellschaft nichts wert! Dabei ist sie der wahre »inner circle«.

Reinhold Messner beschrieb einmal in einem Interview sein Interesse, sich allein immer größeren Abenteuern auszusetzen, einfach um zu erfahren, wie er damit umgehen wird. Selbsterfahrung an ihren extremsten Grenzen. Zugleich aber sei ihm der Halt in einer tragenden Gemeinschaft wichtig. Einige Menschen leben – mehr oder weniger freiwillig – ein umgekehrtes Modell, das nicht weniger extrem ist: das Abenteuer des Alleinseins im alltäglichen Leben. Weitgehend auf sich gestellt, prüfen auch sie, wie sie damit umgehen können. Sicher sucht sich das niemand bewusst aus, denn er müsste Menschen, die ihm etwas bedeuten und sein Netz ausmachen, verabschieden. Das wäre Unsinn – und im Sinne eines Experimentes auch gar nicht möglich, denn die Erfahrung würde sich nur einstellen, wenn er tatsächlich ohne verlässliche Bindung wäre. Manchmal aber bietet das Leben solche Konstellationen, und sie werden zunächst als großes Leid erlebt. Jemand wandert mit seinem Partner aus, löst alle Bande zur Heimat – und wird dann in der Fremde verlassen. Ein Mann kümmert sich um nichts als sein berufliches Fortkommen – und wird eines Tages durch den Auszug seiner Frau und der Kinder damit konfrontiert, nichts mehr zu haben außer Rang und Geld und niemanden mehr zu kennen außer Kollegen, vor denen er sich keine Blöße erlauben darf. Oder jemand hat beim Eintauchen in eine spirituelle Gemeinschaft zunehmend alle früheren Kontakte losgelassen – und muss sich schließlich wegen zu großer Differenzen aus der Gruppe lösen. Solche Erfahrungen können wie die Touren Reinhold Messners zum völligen Absturz führen. Aber sie können auch eine große Chance sein.

»Bin ich am Leben, wenn mich keiner kennt?«, war mein Satz, als ich mit Anfang dreißig vor einem Scherbenhaufen meines sozialen Lebens stand. Für mich wurde er zum Beginn eines neuen Weges. Denn ich fand als Antwort, dass ich durchaus am Leben bin – auch in diesem völligen Alleinsein. Und dass ich gern am Leben bin und fähig, neue Bindungen aufzubauen, die besser tragen.

Zu sich selbst finden, wo könnte man das leichter als im Alleinsein, wenn niemand mehr da ist, auf den man stattdessen schauen könnte? Erst wer sich erlaubt, sich selbst so kennenzulernen, wie er ist – in all dem Wandel, den das eigene Wesen durchmacht –, der kann auch wissen, wie Austausch und Rückzug, Alleinsein und Gemeinschaft für ihn am besten funktionieren.

Je besser du dich kennenlernst, umso klarer weißt du auch, was bei dir Leid und Einsamkeit hervorruft. Dann kannst du aktiv gegensteuern und vor allem musst du es nicht mehr so ernst nehmen, weil du weißt: Aha, gestern erzählte mir eine Bekannte, dass sie endlich »den Richtigen« getroffen und schon vergessen hatte, wie viel besser das ist als allein zu sein. Kein Wunder, dass ich heute durchhänge! Oder es sind die hormonellen Zyklen, die dich etwas down sein lassen. Oder du erinnerst dich, dass du auch in einer früheren Beziehung oder Ehe nicht jeden Tag gleich gut drauf warst. Bei mir sind es Zeitdruck und Arbeitsstress. Wenn die zuschlagen, kann es sein, dass ich mich überfordert fühle und innerlich nach einem Retter rufe. Aber mal ehrlich: Der arme Mann, dem ich damit an den Hals fallen könnte!

Also gehe ich besser selbst da durch – und werde oft schon wieder belohnt: Denn im Alleinsein lässt sich erfahren, wie viel Klarheit und Weisheit in uns steckt. Gerade wenn man dringend Antworten braucht, kann es hilfreich sein, sich aus allen Kontakten herauszunehmen und eben nicht mehr auf andere zu hören. Stattdessen: still werden, nach innen lauschen, warten, vertrauen. Früher oder später zeigt sich das, was uns jetzt weiterträgt.

Was macht es zuweilen so schwierig?

Auch hier ist es kein Automatismus: Wenn man viel allein ist, schwebt man oft sogar besonders stark in der Gefahr, *nicht* zu sich zu kommen. Man könnte ja jederzeit, also hängt man sich lieber erst noch mal ans Handy oder trifft sich mit Menschen, die das anbieten, nur um es ja nicht zu selten zu tun. Wenn das überhandnimmt, verpasst man etwas: sich selbst.

In jedem gibt es das Grundbedürfnis nach Gemeinschaft – bei dem einen stärker, bei dem anderen weniger ausgeprägt. Solange das nicht befriedigt ist, gehen die Antennen nach außen, selbst wenn man zu Hause sitzt und niemand in der Nähe ist. Handy, Medien und nicht zuletzt die Gedanken halten dann die Verbindung, damit ja nicht alle Stricke reißen. Doch erst im Zu-sich-Kommen wird die innere Quelle spürbar und beginnt zu sprudeln. Das Gestalten der »inneren Realität« führt erst zu

Ich-Stärke und zu einem vertrauensvolleren Sein. Sicher muss da auch immer wieder aufgeräumt, ausgemistet und neu angepflanzt werden. Aber genau das hält lebendig. Alles im Außen kann dann als Impulsgeber für das Innere genutzt werden. Wenn diese Art der Integration gelingt, ist das wundervoll – Jürgen vom Scheidt spricht hier von den »Wonnen der Einsamkeit«.[85]

Warum aber ist es so schwer, sich mal ohne Partner zu denken? Die Soziologin Eva Illouz schildert in *Warum Liebe weh tut*, dass wir heute – anders als in früheren Jahrhunderten – unseren Selbstwert zu einem großen Teil daraus ziehen, ob wir eine Partnerbeziehung führen. In einer auf Konkurrenz ausgerichteten Gesellschaft gibt uns ein Partner die Bestätigung, dass er uns vor allen anderen Kandidatinnen bevorzugt. Das beweist, dass wir außergewöhnlich und wertvoll sind. Diese Anerkennung müssen wir erlangen, weil wir nicht mehr von Geburt an wissen, wo unser Platz ist und was unseren Wert ausmacht.

Waren es früher eher wirtschaftliche Zwänge und die Frage der Sicherheit, die Menschen vom Alleinleben abhielten, sind es heute psychische. Wir haben allein einfach niemanden mehr, der uns Tag für Tag unseren Wert bestätigt. Der andere muss dazu nicht liebevoll und nicht mal freundlich sein, einfach dass er bei uns ist, reicht – zumindest oberflächlich – aus. Die Hauptlast der Selbstbestärkung tragen die intimen Beziehungen. Wenn es dort nicht klappt, kann das Leiden an der empfundenen Selbstentwertung riesig werden. Das Gefühl, einen Partner zu brauchen, sitzt daher tief. Es beruht aber nicht unbedingt auf individuellen Gefühlen und noch weniger auf realen Notwendigkeiten. Sich das bewusst zu machen, kann dazu führen, zu den wirklich eigenen Bedürfnissen vorzudringen.

Werkzeuge und Wegweiser

In Kapitel 10 hast du deine innere Eva kennengelernt und dich vielleicht auch schon näher mit ihr angefreundet. Sie ist aber nicht die einzige Frau, die in dir lebt. Es gibt da noch eine zweite – die eigentlich die erste ist. Wie im Talmud beschrieben wird, hatte Adam vor Eva nämlich schon eine Frau: Lilith. Sie ist ganz anders als die partnerbezogene Eva. Da sie als ebenbürtiges Wesen neben Adam erschaffen wurde, ist ihr jede Unterordnung fremd. Wild und frei, wie sie ist, bekam sie allerdings Streit mit Adam und verließ das Paradies. Auch auf sein Bitten hin kam sie nicht zurück. Ihre Ungezähmtheit brachte ihr später ein, dass sie durch die christlichen Jahrhunderte als Schlange, als Verführerin, als weibliches Übel schlechthin angesehen wurde. Ihre Kraft wurde verdrängt und verleugnet – wie die Kraft des Weiblichen überhaupt.[86]

Doch verschwunden war Lilith nie und seit einiger Zeit erwacht sie in immer mehr Frauen neu zum Leben. Die Emanzipationsbestrebungen seit gut zweihundert Jahren können auch so erklärt werden: Die Kraft in den Frauen, die weiß, dass sie den Männern gleichwertig sind, wird aktiv. Das ist es, was die traditionellen Beziehungsmodelle erschüttert und die Lebensform Single hervorgebracht hat. Und das ist es, was Frauen als Chance zur Ganzwerdung und zur Befreiung hin zu einer neuen Art von Liebe nutzen können.

Die Lilith im eigenen Inneren kennenzulernen, ist ein Abenteuer. Du kannst dabei genauso vorgehen, wie in Kapitel 10 zu Eva beschrieben: Du nimmst dir Zeit, sie auf einem Kissen oder Stuhl neben dir wahrzunehmen und mit ihr ins Gespräch zu kommen. Und du tauschst dann, wenn es dir damit gut geht, den Platz mit ihr, um dich ganz in sie einzufühlen. Lass sie sprechen, sich bewegen. Wie sieht deine Lilith das Thema Beziehungen und das Für-sich-Sein? Was wünscht sie sich von dir?

12. Täglich hundert winzig kleine Küsse

Die Wertschätzung für alle, auch kleine Begegnungen wächst

Wer etwas entwöhnt ist, was das menschliche Miteinander betrifft, kann mit der Zeit bemerken, wie viele kleine Begegnungen doch unweigerlich stattfinden. Sobald der Blick nicht mehr nur auf den (vielleicht gerade leeren) Platz des exklusiven Lebenspartners gerichtet ist, entdeckt man, dass auch winzige Alltagsbegegnungen erfüllen können. Dem Gehirn ist es relativ egal, wer die guten Botenstoffe auslöst, die einem herzlichen Lächeln folgen, einem guten Witz oder einem Moment des gegenseitigen Verstehens. Und die davon ausgelöste positive Stimmung macht das Leben immer auch reicher an weiteren Begegnungen. Wer tatsächlich zu schüchtern ist oder wem das Vertrauen in die Güte anderer fehlt, der kann auf vielfältige Weise im Kleinen üben. Wissend, dass auch der Rückzug okay ist.

Ein Grund, das Alleinsein zu lieben

Sich mit anderen verbunden zu wissen, ist eine Grundvoraussetzung für gelingendes Alleinsein. Unser Gehirn ist sehr stark auf die Verarbeitung von sozialen Signalen ausgerichtet. Es weiß, dass wir ohne die anderen nicht überleben könnten. Also schlägt es Alarm, wenn wir uns isolieren. Fakt ist zugleich: Unsere heutige Welt erlaubt viel mehr Sologänge als früher, weil die gesellschaftlichen Abläufe und Institutionen für einen auch anonym möglichen Fluss von Geld und Waren sorgt und für eine relative Sicherheit der Einzelnen. Jeder kann daher allein leben und selbstständig wirtschaften.

Bleibt die emotionale Seite. Hier wollen und müssen wir uns dennoch verbunden wissen, sonst gehen wir ein, werden depressiv, krank. Barbara Fredrickson, die Expertin für positive Gefühle, geht in einem auf DVD veröffentlichten Workshop[87] auch darauf ein, wie Emotionen und innere Zustände die Genexpression beeinflussen. Dazu zitiert sie zunächst Studien, die beweisen, dass uns Frust, Trauer und auch Einsamkeit über die Gene weniger abwehrstark gegen Viren und Entzündungen machen. Das Immunsystem wird geschwächt.

Gute Gefühle haben nun den gegenteiligen Effekt. Sie stärken uns auch auf der zellulären Ebene, halten uns gesund und sind rundum förderlich. Diese positiven Gefühle können insbesondere solche von Verbundenheit und Liebe sein. Sie müssen dabei – und das ist für unseren Zusammenhang wichtig – nicht unbedingt aus einer Lebenspartnerschaft kommen, sondern können ebenso aus Freundschaften, aus kleinen Begegnungen und sogar aus der Meditation der liebenden Güte (darauf komme ich gleich noch) erwachsen. Auf die Gefühle kommt es an, nicht auf die biografischen Fakten. Gerade die »micromoments« guter Gefühle sind es, die wesentlich das in unser Leben bringen, was wir Liebe nennen.

Liebe, das sind hiernach kleine Momente positiver Resonanz zwischen zwei Wesen. Es ist das *Gefühl*, was dann da ist. In uns selbst. Liebe hat in diesem Sinne nichts mit der Vorstellung zu tun, dass wir eines Tages mit jemandem für immer liebevoll verbunden sein werden. Liebe ist kein Dauerzustand mit einer exklusiven Person, sondern eine Schwingung in uns selbst, die aus kleinen, sogar winzigen Begegnungen erwachsen kann. Jeden Moment neu. Indem wir freundlich und offen in all den Interaktionen sind, die ohnehin passieren, indem wir sie wach und von Herzen gestalten, öffnen wir uns für die Frequenz der Liebe.

»*Falling in love costs you friends*«

Um Singles braucht man sich keine Sorgen zu machen, wenn es um die Pflege von kleinen Begegnungen und Freundschaften geht. Gerade der Fakt, dass sie allein im Leben stehen, bringt sie dazu, sich Gefährten zu suchen. Mehrere Studien zeigen, dass Singles – ob Immer-Single, Immer-mal-wieder-Single, geschieden oder verwitwet – statistisch gesehen einen größeren Freundeskreis haben und mit ihren Freunden, Bekannten, Nachbarn oder auch Geschwistern und Eltern mehr Zeit verbringen als Menschen in Paarbeziehungen. »Falling in love costs you friends«, also »Wer sich verliebt, verliert Freunde« lautet der Titel einer Arbeit von Robin Dunbar, die belegt: Die Konzentration auf den Partner als Lebenszentrum führt dazu, dass andere Kontakte vernachlässigt werden und teilweise verloren gehen.[88] In der Zeit der Verliebtheit will man gar nichts anderes als einzig mit dem neuen Partner zusammen zu sein. Später reicht vielen möglicherweise die Zeit nicht für mehr als für dieses eine Du. Vielleicht ist auch so ein Gefühl aus der Kiste der überlieferten Weltbilder am Werk: Jetzt, da ich »ihn«, da ich »sie« gefunden und an mich gebunden habe, habe ich alles, was ich brauche.

Statistisch gesehen hat jeder Mensch drei Vertraute – also Freunde oder Familienmitglieder, mit denen er offen über Persönliches sprechen kann. Singles haben durchschnittlich mehr als drei. Da sie keinen selbstverständlich anwesenden und für sie gewissermaßen »zuständigen« Partner haben, investieren sie in eine Vielfalt anderer Kontakte. Auch da gibt es allerdings einen markanten Unterschied: Diejenigen, die wie gebannt auf die

Lücke neben sich schauen und jedes Du auf ein mögliches intimes Zusammenleben hin ins Visier nehmen, orientieren sich weniger auf freundschaftliche Kontakte. Sie vernachlässigen wegen *eines* erhofften Knotenpunktes das ganze Netz, das sie weben könnten. Und: Sie verpassen die vielen kleinen Momente, in denen nette und sogar liebevolle Begegnungen passieren können – im Café, an der Tankstelle, auf dem Gehsteig, letztlich überall. Sie führen zwar selten zu Eheversprechen, veranlassen das Gehirn aber immer zur Ausschüttung von »Glückshormonen«.

Wer ohne Partner lebt, verteilt die sozialen Belange auf mehrere Menschen und kann zugleich immer auch für sich sein. Es gibt dann Freundinnen zum Reden, andere zum Ausgehen, einen Freund für die Technik und einen für das Handwerkliche (beide werden vielleicht im Gegenzug bekocht oder »gecoacht«), vielleicht gibt es jemanden für den Sex. Auf diese Weise entsteht nicht nur ein tragfähiges soziales Netzwerk, sondern es lassen sich viele Facetten tiefer ausleben. Wir alle sehnen uns danach, uns in unserer ganzen Vielfältigkeit zu zeigen. In einem solchen Netz, in dem keinem anderen der Hauptfokus gilt, ist das gut möglich. In jeder der Beziehungen ist etwas anderes gefragt, immer zeigen wir eine andere Seite von uns und werden in dieser auch bestätigt.

Zugleich können wir viele unterschiedliche Menschen erleben und ihrerseits bestärken, indem wir sie wahrnehmen, sie in ihrer Eigenart bemerken, sie wertschätzen. Wie sich langjährige Partner bestenfalls immer tiefer kennen und schätzen lernen, so können das auch Freunde. Und gerade, wer die Einsamkeit und Zeiten intensiveren Rückzugs kennt, wird mit süßen Glücksgefühlen darauf schauen, wie in seinem Leben über die Jahre doch ein feines Netz an aufrichtigen Freundschaften und Bekanntschaften gewoben werden konnte. Es mag mehr Abstand da sein als in einer Familie. Aber es ist wie im Sonnensystem: Die Planeten sind über die Gravitationskräfte und ihr Kreisen um die gleiche Sonne unauflösbar miteinander verbunden. Und zugleich hat jeder von ihnen viel, sehr viel Raum für sich.

Wer nicht immer an anderen dranhängt, kann viel häufiger erleben, wie schön es ist, aufeinander zuzugehen – er kann es aktiv tun und passiv ebenso genießen. Wer ein wenig Abstinenz im Sozialen aushält, wird Begegnung danach umso intensiver genießen können. Das ist natürlich besonders deutlich bei erotischen Kontakten. Wer per Dating-App jede Woche mehrere Sexpartner erlebt, wird diese ganz sicher nicht in ihrer jeweils eigenen Fremdheit, Verlockung und Sinnlichkeit wahrnehmen. War da hingegen eine Zeit lang niemand, wird der Nächste geradezu eine Explosion an sinnlichen Reizen und prickelnden Empfindungen auslösen können. Und neugierig, staunend, wie beim ersten Mal wird er erkundet.

Für viele Frauen ist es irgendwann im Leben wichtig, sich dadurch aus alten Mustern herauszulösen, dass sie mehrere Affären und One-Night-Stands erleben. Genießen, frei sein, sich als Frau bestätigt und begehrt sehen, selbst entscheiden. Wenn sie innerlich wach bleiben, merken sie, wenn eine solche Phase auch wieder vorbei ist und etwas anderes gelebt werden will.

Klein, aber fürs Herz

Nach einem anstrengenden Tag sitze ich auf einer Bank im Park und warte, dass ich wieder zu mir komme. Noch rauscht der Kopf und die Gedanken rasen wild durcheinander. Ich fühle mich etwas verloren. Doch der Impuls ist da, jetzt all die Tagesthemen loszulassen und mich zu spüren, einfach nur hier zu sitzen und zu erleben, was gerade los ist. Das Leben antwortet prompt: Ein junger Hund kommt herbei, stellt sich vor mich hin, schaut mir mit schräg gehaltenem Kopf in die Augen und leckt mir dann über die Hand. Ich spreche mit ihm, bis das Mädchen kommt, das ihn ausführt, und wir kurz reden.

Entschuldigung.

Macht doch nichts. Er ist sehr lieb.

Einen schönen Tag noch.

Ich schaue ihnen nach und spüre, dass ich wie verwandelt bin. Ein paar Tränen schwimmen in meinen Augen. Mein Herz ist weit offen, voller Liebe und Dankbarkeit. Ich bin wieder da.

Fühlst du dich einsam, zieh dich zurück …

… von der Idee, dass Verbundenheit nur mit einem einzigen besonderen Menschen, der ganz für dich da ist, gelebt werden kann. Genieße all die kleinen Begegnungen des Alltags, sie formen sich dann zu einem ganzen Blumenstrauß des Erfülltseins.

Wahrscheinlich ist es immer Begegnung, was uns lebendig macht, liebevoll, weit. Auch die mit uns selbst und die mit dem, was wir »das Leben« nennen oder gar »das Göttliche«. Und die mit all den Menschen, mit denen wir tagtäglich zu tun haben. Jedes Vakuum wird gefüllt. Die übersprudelnde Fülle des Lebens lässt keine Leerräume zu. Wenn wir genau hinspüren, ist das, was wir in Momenten der Einsamkeit als Leere empfinden, letztlich Fülle – feine Schwingung, Lebendigkeit, Potenzial. Auch im Alleinsein können wir darauf vertrauen, dass sich eine aktuell wahrgenommene Leere verändern wird. Dann sitzen wir da, atmen, spüren uns in unserem Gefühl des Allein-, vielleicht auch Einsamseins. Aber wir sind jetzt da für uns – und kurz darauf klingelt das Telefon oder der Postbote oder wir sehen den Mond aufgehen und fühlen uns eigentümlich berührt und irgendwie doch: verbunden. Oder es steigt der Impuls in uns auf, jemandem zu mailen oder in ein Café zu gehen, um doch irgendwie unter Leuten zu sein. Das Neue kommt von allein, wenn wir nichts festhalten, sondern jeden Zustand durchleben, durchdringen und wieder gehen lassen.

In diesem Vertrauen öffnen wir uns auch leichter für die kleinen Begegnungen, die uns viel Freude und dieses warme Gefühl des Mittendrin-Seins geben können. So simpel es klingt, aber ein Schlüssel dazu ist das Lächeln. Es öffnet uns selbst, es bringt andere dazu, zurückzulächeln, es schafft Verbindung und Gemeinsamkeit. Und, so ergänzt die bereits erwähnte Barbara Fredrickson, es schafft diese uns nährende, lebensfördernde positive Resonanz. Diese Minimomente der Liebe. Selbst dann, wenn wir niemanden anlächeln, sondern es nur für uns tun: wegen einer Erinnerung vielleicht oder wegen einer guten Idee.

In diesem Zusammenhang sei auch noch einmal die Meditation der liebenden Güte erwähnt, diese buddhistische Praxis, bei der wir uns selbst, geliebten, aber auch fremden und überhaupt allen Menschen und Wesen wünschen, dass sie von Mitgefühl und vom Geist der liebenden Güte getragen sein mögen. Es ist eine Methode, die uns mit uns selbst und allem Leben tief fühlbar verbindet. Sie verwandelt uns und all unsere Begegnungen.

Sich wie der Dalai Lama fühlen

Jemand, der die Meditation der liebenden Güte sicher tausende Male gemacht hat, ist der Dalai Lama. Und von ihm kann man auch tatsächlich lernen, dass es glücklich macht, wenn man zu anderen freundlich und großzügig ist. Er selbst sagt von sich, dass er sich niemals einsam fühle. Zurück führt er das darauf, dass er jeden Menschen, dem er begegnet, positiv und wohlwollend betrachtet. Sein Herz ist offen und seine Art öffnet das der anderen ebenso. So sind all seine Beziehungen und alle kleinen

Begegnungen erfüllend. Das schafft eine Basis, die ihm ein stetiges Gefühl allumfassender Verbundenheit schenkt.

Ein bisschen kann man das ausprobieren. Letztlich geht es darum, immer den ersten Schritt in Sachen Freundlichkeit und Offenheit zu machen, egal, wie einem der andere begegnet. Lächeln, zuvorkommend sein, Türen aufhalten, offen sein – wenn andere das annehmen, sich freuen, zurücklächeln, wird man von Glückshormonen durchspült. Man kann das noch unterstützen und sich bewusst wie der Dalai Lama zu fühlen versuchen, der einfach jeden anlächelt und mit seiner Liebe geradezu überschüttet, dies aber bescheiden und ohne aufdringlich oder theatralisch zu sein. Ich habe das mal in einem Hotel gemacht: einfach jeden, der mir begegnete, herzlich interessiert anlächeln – von der Reinigungskraft (die sich sehr freute) bis zum ins Handy versunkenen Businessman (der mich zuerst nicht bemerkte und beinahe umgerannt hätte). Der Haupteffekt: Ich war glücklich und im weiteren Tagesverlauf waren alle möglichen Fremden umwerfend zuvorkommend und nett zu mir. Als bestünde die Welt nur noch aus Freunden.

Howard Cutler schreibt dazu, dass es zweifellos sinnvoll sei, »unser Leben nach einem Modell der Intimität auszurichten, das möglichst viele Formen von enger Verbundenheit mit anderen einschließt. Das Modell des Dalai Lama gründet sich auf die Bereitschaft, sich gegenüber vielen anderen – Familienmitgliedern, Freunden und sogar Fremden – zu öffnen und aufrichtige Bande auf der Basis unseres gemeinsamen Menschseins zu knüpfen.«[89]

»With familiy«

Auf einer Urlaubsreise, auf der ich erst für einige Tage in einem Yoga-Resort und dann in einem kleinen Hotel in der Nähe eines Kraftplatzes war, verstand ich plötzlich eine Aussage, die mir bei Byron Katie aufgefallen war, wenn sie beschrieb, dass es

Anwesenden beim Workshop doch momentan sehr gut gehen sollte: »Sitting here with familiy«. Was sollte das heißen, »with familiy«?

Ich bemerkte auf dieser Reise, wie nah ich mich den Menschen an diesen Orten fühlte. Ich kannte die Frauen und Männer, mit denen ich hier vor allem bei den gemeinsamen Mahlzeiten zusammenkam, im biografischen Sinne gar nicht und würde sie wahrscheinlich auch nicht wiedersehen. Aber wir waren verwandt. Es fühlte sich an wie Familie. Mit diesen tendenziell achtsamen, bewussten, irgendwie grundsätzlich auf Entwicklung zum Positiven hin ausgerichteten Menschen fühlte ich mich wohl. Es war die wie auch immer gelebte Spiritualität, die uns verband. Wir konnten reden ebenso wie schweigen. Wir konnten lachen und herumalbern ebenso wie mit Gesprächsthemen in die Tiefe gehen. Wir konnten einander stärken, einfach nur durch unser So-Sein. Und solche Menschen, das wurde mir in jenem Sommer bewusst, kann ich weltweit erleben, wenn ich auf sie achte. So habe ich überall Familie – und kann auch für sie überall Familie sein. Halt, Bestärkung, Freude. Und sei es im Vorübergehen, dem ein kleiner Moment des Erkennens innewohnt. Zugleich habe ich diese süße Freiheit, weiterzuziehen. Im Alleinleben liegt die Schönheit dieses Wechsels: Mal ist man allein, mal ist jemand da. Beides kann tief ausgekostet werden, sodass nichts vermisst wird.

Was macht es zuweilen so schwierig?

Wer Begegnungen ernst und wichtig nimmt – zum Beispiel, weil er nicht so viele davon erlebt – kann sich verletzt fühlen, wenn das Gegenüber sie eher unverbindlich wahrnimmt und schnell vergessen hat. Letztlich ist man hier gefordert, vom Haben ins

Sein zu kommen, um die Worte von Erich Fromm zu benutzen. Haben bedeutet in dem Fall ein Haben-Wollen von Verbindlichkeit, wo momentan keine ist. Sein hingegen bedeutet, den Moment der Begegnung bewusst wahrzunehmen, vielleicht mit Offenheit und Freundlichkeit zu etwas Schönem werden zu lassen – und diese guten Gefühle in sich zu spüren. Ist der Kontakt damit beendet oder kommt er einfach nicht recht zustande, zieht man weiter. Vielleicht entsteht mehr, oder auch nicht. Was sicher entsteht, ist das innere gute Empfinden – und das überträgt sich auf weitere Begegnungen und nicht zuletzt auf den Umgang mit sich selbst.

Wichtig bleibt eine gewisse Aktivität. Wer gern allein ist, ist meist auch gern zu Hause. Dort allerdings kann die Einsamkeit am schnellsten zuschlagen. So gut man auch mit sich selbst klarkommt – es ist wichtig, weiterhin »rauszugehen«. Welche Dosis individuell die passende ist, muss immer neu bestimmt werden. Ohne Partner entwickeln viele ja einen solchen Hunger auf Kontakte, dass sie sich in zahllosen Treffen, Dates und Verabredungen verausgaben. Wer das Alleinsein genießen kann, wird eher wenige, dafür bereichernde Kontakte pflegen, für die sich beide Seiten Zeit nehmen, bei denen sie mit Herz dabei sind und echtes Interesse zeigen.

Werkzeuge und Wegweiser

In der Positiven Psychologie kennt man die Formel 3:1. Sie besagt, dass unser Leben erblüht und wir immer positiver und glücklicher werden, wenn wir dreimal so viele angenehme und schöne Gefühle erleben wie unangenehme und als negativ erlebte. Ich beschreibe diese von Barbara Fredrickson entdeckten Zusammenhänge genauer in meinem Buch *Alles, was mich*

glücklich macht. Dort lade ich auch mit Listen und Reflexionsan-
geboten dazu ein, sich einen Schatz an positiven Erfahrungen,
Erinnerungen und Perspektiven anzulegen, um wirklich in den
Genuss des Aufblühens in Richtung Glück und Lebenszufriedenheit zu kommen.

Daran angelehnt schlage ich dir hier eine kleine Übung vor.
Vielleicht kennst du diese Glücks- oder Positivtagebücher, in die
man jeden Tag fünf Dinge schreibt, die an diesem Tag gut gelau-
fen sind, die schön oder berührend waren. Sie lenken den Fokus
auf das, was gut ist – und so nimmt das nach und nach mehr
Raum in unserem Leben ein. Genauso lässt sich auch ein Tagebuch führen, um eine ausgewogenere Balance zwischen den beiden Grundbedürfnissen Freiheit/Wachstum und Verbundenheit
zu erreichen. Zumindest ist es einen Versuch wert.

Das Tagebuch der Beziehungsbalance

Wenn du gern mehr Verbundenheit erleben würdest, notierst du
dir jeden Abend in ein Tagebuch, welche dir angenehmen Begegnungen du an diesem Tag erlebt hast. Vielleicht schreibst du
nur die Namen auf oder »Verkäuferin beim Bäcker« oder du notierst kurz, was die Begegnung ausmachte – war es ein herzliches
Gespräch, ein Lächeln, ein etwas längerer Blickkontakt?

Auf fünf pro Tag solltest du kommen – denn so strengst du dich
an, den Tag wirklich ernsthaft daraufhin zu untersuchen. Und am
nächsten Tag nimmst du möglicherweise schon viel mehr Möglichkeiten zu einer Begegnung wahr, die du sonst nicht genutzt
hättest. Du wirst offener und gehst aktiver auf andere zu.

Und wenn dir partout keine fünf einfallen? Denk spätestens
dann auch über Treffen mit Menschen hinaus. Vielleicht hat
dich ein Hund an der Straßenecke im Herzen berührt, als er
dir kurz in die Augen sah. Oder du schaust jetzt auf eine Pflanze
in deinem Zimmer und versuchst, sie wirklich als Wesen

wahrzunehmen, ihr zu begegnen. Auch einem lieb gewordenen Gerät oder Geschirr kannst du begegnen oder einem bereits verstorbenen Vorfahren, dessen Bild du betrachtest. Oder einem Dichter, dessen Zeilen dich immer neu beglücken.

Geht es bei dir eher darum, wieder mehr zu dir zu kommen, mehr für dich zu sein oder ganz speziell aus Abhängigkeiten herauszufinden und zu wachsen, dann setzt du deinen Fokus beim allabendlichen Reflektieren darauf. Du fragst dich: In welchen Momenten war ich heute ganz bei mir und für mich da? Wobei habe ich mich wirklich gespürt und als Wesen wahrgenommen? Wo habe ich gut für mich gesorgt, ohne dass es um irgendjemand anderen ging? Wo bin ich über mich hinausgewachsen, wo habe ich mich getraut, über meinen Schatten zu springen und etwas ganz Neues zu wagen? Wo war ich auffallend eigenständig?

In welche Richtung auch immer du übst: Lass dich überraschen, wie sich der veränderte Fokus auf dein weiteres Erleben auswirkt.

Kleine Tipps für kleine Begegnungen

Es sind meist Kleinigkeiten, durch die wir wieder in die soziale Interaktion kommen, wenn wir sie einige Zeit vernachlässigt haben. Wir müssen selbst anfangen und etwas hineingeben in das, was uns zu still geworden scheint. Du könntest es mit diesen kleinen Gesten probieren, dir werden sicher viele weitere Möglichkeiten einfallen:

- *Wirf ein paar Münzen weg, wo sie jemand finden kann. Spürst du die Freude in dir? Die Verbindung zum Finder wird niemals offenbart und ist doch vorhanden.*
- *Spendiere etwas für Unbekannte – zum Beispiel könntest du im Café beim Gehen den Kaffee für denjenigen bezahlen, der sich als Nächstes an deinen Tisch setzen wird.*

- *Gib freundlichen Impulsen nach: zu lächeln, Postkarten an jemanden zu schreiben, Dankesmails zu senden oder irgendwo Blumen vorbeizubringen.*
- *Zeig Interesse an anderen: Du kannst Smalltalk beginnen, zuhören, rückfragen, auf zuvor schon mal gemeinsam Erlebtes oder Besprochenes Bezug nehmen.*
- *Genieße schöne Begegnungen, die andere haben, von denen du hörst oder liest. Bleib nicht im Auch-haben-Wollen stecken. Freu dich mit und spüre die positiven Gefühle, die ja in dir selbst sind, sobald du sie fühlst. Es sind deine.*

13. Nie mehr irgendein Erstbester

Kannst du gut allein sein, hast du bei neuen Beziehungsangeboten die Wahl

Erst wenn man es mit sich selbst aushält, kann man überhaupt entscheiden, ob man sich auf einen möglichen Beziehungspartner einlässt. Vorher ist man aus der inneren Not heraus gezwungen, auf jedes Angebot einzugehen, nur um nicht allein zu sein. Ein kräftezehrendes Wiederholen immer gleicher Muster, wie es viele leben. Sich auf das Für-sich-Sein einzulassen, sich dem Alleinsein anzuvertrauen, ist der einzige Weg da heraus. Und vielleicht heißt die bewusste Wahl dann auch für eine Zeit: Ich genüge mir selbst, mehr brauche und will ich grad nicht.

Ein Grund, das Alleinsein zu lieben

»Ich bin Single, weil ich momentan keinen Mann kenne, mit dem ich lieber zusammen wäre, als dass ich mit mir allein bin.« Zeitweise muss ergänzt werden: »… und der frei wäre oder der mit mir zusammen sein will.« Wenn eine Frau diesen Satz sagen kann, drückt das für mich sehr viel Freiheit und eine schöne Kraft aus. Um ihn so empfinden zu können, muss frau allein sein können. Die Fähigkeit dazu muss entwickelt sein, am besten auch die Freude daran. Das schließt nicht nur die Mußestunden ein, dieses »Ich kann machen, was ich will«, sondern auch die schwierigen Momente, die allein gemeistert werden müssen.

Das Alleinsein ist eine Alternative zu einer unerfüllten Beziehung. So wie Carmen Alborch schreibt: »Ich denke, viele Frauen werden der Behauptung zustimmen, dass kein Sex schlechtem Sex vorzuziehen ist«[90], gilt das für immer mehr Frauen auch in Bezug auf Partnerbeziehungen. Außer eben, sie ertragen es einfach nicht, allein zu sein. Doch wer nur deswegen eine Bindung eingeht, wird nur oberflächliche oder kurzlebige Beziehungen erleben. Wer vor sich selbst zu einem anderen flieht, mutet diesem anderen zu, es mit der eigenen Person auszuhalten. Er sagt: »Ich schaff das nicht, mit mir klarzukommen, aber du solltest es im Namen der Liebe können.« Auch zu zweit wird die Einsamkeit dann jedoch nicht verschwinden und auch nicht das Unwohlsein, das man mit sich selbst hat. Es ist in Freundschaften nicht anders: Trifft man sich nur, um nicht allein zu sein? Oder weil man sich mag, sich etwas zu sagen hat, sich befruchtet, weil man teilhaben will am Leben des anderen?

»Liebe dich selbst und es ist egal, ob du heiratest«

Ja, ich weiß. Der Titel des Bestsellers von Eva-Maria Zurhorst hieß anders. »Liebe dich selbst und es ist egal, wen du heiratest«. Ich habe da so meine Zweifel und den Satz deswegen umformuliert, auch wenn ich die von Frau Zurhorst vertretene Grundidee sehr gut finde. Selbstliebe ist tatsächlich der Anfang einer geglückten Beziehung. Dass der Partner dann allerdings völlig frei austauschbar ist, glaube ich nicht. Gerade wer sich selbst liebt, wird seine Lebenszeit nicht mehr mit beliebig jedem verbringen.

Und da sind wir an einem wunden Punkt angekommen. »Du bist zu wählerisch« ist nämlich ein beliebter Vorwurf, vor allem an attraktive Frauen, die über längere Zeit Single bleiben. Irgendwann lachen sie darüber, doch zuvor löst er bittere Zweifel aus. Hätte man doch bei dem Mann bleiben sollen, der immer gleich wieder abzog, wenn mal eine Schwierigkeit in der

Beziehung zu klären war? Oder bei dem, der unbedingt ein sü-ßes, kleines Püppchen an seiner Seite haben wollte? Oder bei dem, der sich auch nach fünf Jahren noch nicht wirklich auf Gemeinsamkeiten einlassen wollte? Hätte man sich selbst einfach mehr lieben müssen und dann hätte es geklappt?

Wir gehen Beziehungen heute nicht mehr ein, weil wir anders nicht überleben könnten. Zumindest gesamtgesellschaftlich ist dies eine Tatsache. Wir gehen sie ein, weil wir uns damit wohler fühlen, weil wir Familie wollen, Gemeinschaft. Angenehme Gefühle und individuelle Vorstellungen vom guten Leben sind die Basis unserer Partnerschaften. Deswegen haben wir Ansprüche. Wenn wir uns mit einem anderen nicht wohlfühlen, uns nicht gesehen und geschätzt fühlen, keine Gemeinsamkeiten haben – worauf soll die Beziehung dann basieren? Zweifellos werden in unserer Wegwerfgesellschaft mit dem übergroßen Angebot an allem Denkbaren auch Beziehungen vorschnell aufgegeben. Das Netz bietet schließlich Millionen potenzielle neue Partner. Auf der anderen Seite aber ist es nur natürlich für uns heute, wähle-risch zu sein. Andernfalls werden wir unzufrieden – innerhalb einer Beziehung oder beim Partner-Hopping der Beliebigkeit.

Fühlst du dich einsam, zieh dich zurück …
… von der Annahme, dass eine Frau nur mit einem Mann vollständig sein kann. … von der Idee, dass die Paarbeziehung die allein seligmachende Lebensform ist. Lerne, dich als den ganzen Menschen zu erleben, der du bist.

Jede Trennung löst eine mehr oder weniger starke Trauer aus, auch wenn sich manchmal Erleichterung dazumischt. Lässt man vor einer neuen Bindung etwas Zeit vergehen, kann man mit dem Alleinsein so vertraut werden, dass man nicht sofort eine neue Beziehung haben *muss*. Dann lernt man die Selbstliebe und es wird egal, »ob« man heiratet.

Was sind Vorteile einer Pause nach einer Trennung?

- *Du kannst wieder zu dir kommen und nach der (am Ende vielleicht schwierigen) Zeit mit jemand anderem dich selbst neu spüren. Du lernst den Menschen kennen, mit dem dein neuer Wunschpartner gern zusammen sein soll.*
- *Die gerade abgeschlossene Erfahrung kann verarbeitet werden. Und vielleicht ist auch die Trauer einiger früherer »schiefgegangener« Beziehungen noch nicht gefühlt worden.*
- *Du prüfst neu, was dir wichtig ist: im Leben und in einer eventuellen neuen Partnerschaft.*
- *Du lernst, eine innere Spannung, Sehnsucht oder Trauer auszuhalten, anzunehmen, damit zu leben. Nur wenn du das kannst, wirst du unabhängig und eigenverantwortlich.*
- *Nach einer Zeit des Alleinseins weißt du eine Begleitung neu zu schätzen und erlebst einen Menschen neben dir achtsamer, staunender, bewusster. Du kannst ihn wirklich wahrnehmen in seiner Eigenart.*

Was macht es zuweilen so schwierig?

Wohl jedem, der allein lebt, spuken mal diese Bilder im Kopf herum, dass er in der Wohnung sterben könnte, unbemerkt von allen anderen, die ihn dann Wochen später wegen des inzwischen heftigen Leichengestanks finden. Man kann sich da richtig hineinsteigern – und, ja, das kann passieren. Aber wenn das der wesentliche Grund dafür ist, sich wieder mit einem anderen Menschen zu verbinden – was soll dabei entstehen? Wer nur um der Sicherheit, der Finanzen oder der emotionalen und sexuellen Grundversorgung wegen mit einem Partner Bünde schließt, macht nichts falsch. Jahrhundertelang basierten Ehen auf solchen Dingen. Er sollte dabei nur nicht von Liebe sprechen.

In manchen Internetforen klagen Einsame einander ihr Leid und schildern, dass sie mit dem Leben einfach nicht klarkommen. Sie hoffen auf die große Liebe – können damit aber letztlich nur den Retter meinen, der ihre Welt wieder in Ordnung bringt. Ein schöner Traum ist das zweifellos, und zahlreiche Filme und Geschichten greifen diese Sehnsucht auf. Doch wie realistisch ist es, dass dieser rosarote Plan aufgeht? Welche Eigenschaften sollen es sein, die den Retter verliebt machen? Wie soll in diesem Setting Augenhöhe hergestellt werden, die eine Grundbedingung für eine erfüllte Beziehung ist? Woher soll die Luft zum Atmen kommen, wenn sich ein Partner sofort an seinen endlich erschienenen Retter klammert, ohne den sein Leben wieder ins Chaos und in die einsame Leere zurückfallen würde?

Peter Schellenbaum spricht von der »Wunde der Ungeliebten«, die schmerzlich spürbar wird, wenn wir verlassen werden oder uns nicht (mehr) von einem anderen Menschen bestätigt fühlen. Oft erhoffen wir dann in einer neuen Beziehung Linderung der Qualen und vor lauter Kummer flüchten wir sehr schnell in eine neue Liaison. Es ist allzu menschlich.

Dazu kommt, dass Frauen ab Mitte dreißig, spätestens vierzig den Eindruck haben, dass ihre Chancen Tag für Tag geringer werden. Die Uhr tickt – nicht nur für die, die noch Kinder wollen. Auch für die, die erste Spuren des Alterns an sich entdecken und wissen, dass sie damit in einer auf Jugendlichkeit getrimmten Welt immer weniger Chancen auf *den* Mann an ihrer Seite haben. Es ist großes inneres Leid damit verbunden, sich dann beinahe wahllos auf jedes greifbare männliche Wesen zu stürzen. Immer wieder zu hoffen und neu enttäuscht zu werden.

Wenn eine Methode nicht zum Ziel führt, wird es Zeit, etwas anderes zu probieren. In einer Auszeit mit sich allein kann frau sich neu sortieren. Und vielleicht auch erkennen: Wir alle sind liebenswert. Auch in unserer Einsamkeit, in unserem Schmerz und unserer Unfähigkeit, es mit uns auszuhalten. Dass wir liebenswert sind, kann uns aber niemand anderes beweisen, so sehr wir es auch erhoffen. Selbst dem fürsorglichsten Partner werden wir es nicht glauben, wenn er uns seine Liebe schwört – bis wir selbst erkannt haben, was für ein einzigartiger Mensch wir sind. Dies herauszufinden, ist die große Chance einer Phase allein.

Manchmal ist eine Freundin sehr viel wichtiger und besser als ein neuer Mann. Sie kann helfen, zu einer gewissen Klarheit zu finden und sich als eigenständiger Mensch fühlen zu lernen. Oder wir durchleben so eine Alleinphase mit professioneller Hilfe, da wir gerade bei einem so großen Thema wie der Selbstannahme jemanden brauchen, der uns ein paar Schritte liebevoll begleitet und dabei nicht zulässt, dass wir uns an ihn klammern. Was vor allem ein *neuer* Partner nicht sein kann, kann ein Coach sehr gut sein: für eine Zeit das Stützrad am Fahrrad des Selbstwertgefühls, bis wir dieses Gefährt freudig und geschickt selbst steuern können. Dann sind wir soweit, dann haben wir die Wahl. Es taucht ein Mann auf unserer Bildfläche auf (oder meinetwegen auch auf dem Bildschirm), lächelt uns vielversprechend zu – und statt ihm wie früher gleich um den Hals zu fallen, halten wir einen Moment inne, spüren uns selbst und fragen uns, was wir wirklich wollen. Ein Kennenlernen? Eine Beziehung? In welcher Form und Intensität, in welcher Alltäglichkeit? So beginnt vielleicht der gemeinsame Tanz zweier Menschen, die nicht mehr aus der Not heraus, sondern aus Freude aufs Parkett gegangen sind.

Werkzeuge und Wegweiser

Vor einigen Jahren hatte ich einen eigenwilligen Briefwechsel: Die Freiheitsliebende und die Bindungswillige in mir tauschten sich aus. Ich ließ sie einander Briefe schreiben und es war sehr aufschlussreich, beide in mir zu Wort kommen zu lassen und Frieden zwischen ihnen anzustreben. Beide sind uns hier im Buch schon begegnet: als Eva (Kapitel 10) und Lilith (Kapitel 11). Beide wollen etwas gänzlich anderes und allzu oft erleben wir deshalb eine innere Zerrissenheit, die uns Kraft raubt. Doch nachdem wir sie beide einzeln kennengelernt haben, kann es nun an der Zeit sein, sie miteinander zu versöhnen. Willst du es wagen?

Dann nimm dir wieder etwas Zeit und setz dich in Ruhe auf Bett oder Sofa – diesmal mit zwei Kissen, die du mit etwas Abstand rechts und links neben dich legst. Auf das eine bittest du deine innere Eva, auf das andere deine innere Lilith. Spür dich nacheinander in beide ein, sprich mit ihnen und frag sie, wie sie die jeweils andere sehen, wie es ihnen mit ihr geht und was sie brauchen, um sich mit ihr zu versöhnen. Danach kannst du auch wieder auf das eine und später das andere Kissen wechseln, um zu spüren, wie sich beide miteinander fühlen und was eine liebevolle Annäherung bewirken könnte. Am Ende erfährst du dich wieder in der Mitte auf deinem Kissen ganz als dich selbst.

Es kann als tief berührend und stärkend erlebt werden, wenn beide in der jeweils anderen eine wirkliche Schwester und Freundin erkennen. Es heilt die Zerrissenheit zwischen den Lebensformen als freie oder als gebundene Frau. Und es heilt den Zwist der Frauen untereinander, die das eine oder das andere Modell leben, ebenso wie den alten Streit mit Adam.[91]

14. Gebend, nehmend, bei sich

Kannst du gut allein sein,
bist du bereichernd für andere

Mit sich selbst erfüllt zu sein, kann man nur im Alleinsein lernen. Und es ist nötig, um in kleinen oder größeren Beziehungen nicht aus der eigenen Bedürftigkeit heraus zu klammern oder egoistisch auf den eigenen Vorteil, das eigene Sattwerden zu beharren. Ein weiterer Aspekt: Wer mit dem Für-sich-Sein vertraut ist, kann ungeheuer stärkend auf andere wirken, die am Anfang dieses Weges stehen, beispielsweise kurz nach einer Trennung. Jeder, der »durch das Alleinsein durchtaucht«, kann das Klima verändern, das dem Alleinsein entgegengebracht wird. Verändert sich nämlich sein Ruf, ist es nur noch halb so schlimm für die, die daran leiden.

Ein Grund, das Alleinsein zu lieben

Im Alleinsein sind wir regelrecht gezwungen, einen konstruktiven Umgang mit unseren Gefühlen zu erlernen. Ist das gelungen, kommen wir besser mit uns, aber auch mit anderen klar. Und wir sind angenehmer für sie. Es führt kein Weg daran vorbei: Die Beziehung zu uns selbst ist die Basis für alle weiteren Beziehungen. Wer mit sich selbst nicht innig sein kann, der kann es auch nicht mit anderen.

Zugleich braucht ein Mensch, der nicht mit sich in Kontakt ist, die anderen. So wird es ihm auch schwerfallen, ihr Bedürfnis nach dem Für-sich-Sein zu akzeptieren. Wie Wunibald Müller es beschreibt, liegt der »Resonanzboden« für die Freude an einer Beziehung oder Begegnung im eigenen Inneren. Ist der nicht da, nicht bemerkt, nicht gepflegt worden, kann der andere Mensch nicht wirklich wahrgenommen werden. Er bietet dann allenfalls oberflächliche Ablenkung. Hans-Peter Hempel drückt es so aus: »Erst wenn ich bewusst meine Existenz wahrnehme und verantworte, kann ich auch die Existenz der anderen anerkennen.«[92]

Bei einem Date wird das deutlich. Denn wie attraktiv und angenehm wird dabei jemand empfunden, der unter allen Umständen andocken will und dafür hastig die Eckdaten abfragt? Ganz natürlich ist derjenige anziehender, der sich selbst mag und das Treffen genießt, ohne vom anderen unbedingt etwas bekommen zu müssen. Er kann das Ganze fließen, sich entwickeln lassen, spielerisch sein und vor allem: den anderen als Menschen wirklich wahrnehmen. Und genau das mögen wir ja alle.

Einspringen, ein Ohr leihen, mit anpacken

In trüben Stunden fing ich früher manchmal an, die Menschen zu zählen, denen ich etwas bedeute und auf die ich mich verlassen könnte, wenn … Die Frage kam mit der Zeit seltener und irgendwann registrierte ich, dass eine andere Frage in mir war und mein Herz berührte: »Wie viele Menschen wissen, dass sie sich auf mich verlassen können?« Es waren nicht so viele. Zumindest war ich mir bei einigen nicht sicher. Ich beschloss daher, dass es mehr werden sollten. Es war ein Shift in meiner Einstellung.

Fühlst du dich einsam, zieh dich zurück …
… von dem Selbstzweifel, der dir sagt, dass du nichts zu geben hättest. Spürst du nicht den Reichtum in dir? Die Freude am Leben in deinen Zellen, die überfließen will?

Bei diesem Grund 14 kommen mehrere Gründe, das Alleinsein zu lieben, zusammen. Wer sich im Für-sich-Sein regeneriert und neu aufgetankt hat, ist für andere natürlich angenehmer als jemand, der seinen Frust oder sein Energieleck mit in die Begegnung bringt. Bestenfalls konnte er so tief in das Für-sich-Sein eintauchen, bis er die Begegnung aus Freude wieder wünschte. Es ist dann kein Brauchen mehr, es herrscht keine Not, sondern es sind liebevolle Gefühle da, die überfließen wollen.

Die Flexibilität des Alleinlebens, des »Reisens mit leichtem Gepäck« ermöglicht es Menschen, »schnell mal« für andere da zu sein. Sie müssen nicht erst die gesamte Familie umorganisieren, um Haus- oder Katzensitting zu machen, Rufbereitschaft für eine Freundin in der Endphase eines Projektes oder – ganz simpel – um spontan mit ins Kino zu kommen. Wer viel allein ist, ist meist nicht so verplant. Und oftmals schon konnten solche Menschen in einer Not für andere als Leihoma einspringen oder auch als Ersatzmutter für ein Kind, dessen Mutter erkrankt ist. Die größere Wendigkeit macht sie ansprechbar für solche Bedürfnisse.

Sind die Kontakte reduziert, entwickelt sich gern die Vision eines wertschätzenden Miteinanders auf Augenhöhe. Wer weniger Umgang mit anderen hat, kann oft leichter die nötige Achtsamkeit aufbringen, um dies in allen Begegnungen zumindest zu versuchen. Er hat nicht mehr dieses Selbstverständnis, dass andere da sind oder sogar »für ihn da« sind. Er weiß, dass er keinen Anspruch auf sie hat, und behandelt sie in der Begegnung entsprechend aufmerksam. Oft ist es ja genau die Alltäglichkeit im Umgang miteinander, die uns unachtsam und sogar rücksichtslos werden lässt. Der andere wird zum Inventar.

»Wie fühlst du dich so allein?« *»Wunderbar!«*

Auf der kurzen Strecke zwischen Teneriffa und El Hierro saßen etwa dreißig Menschen in einem kleinen Flugzeug, das sicher schon bessere Tage gesehen hatte. Kurz nach dem Start setzten heftige Turbulenzen ein. Es rüttelte und klapperte und einige Reisende wurden ganz bleich. Ein etwa fünfjähriger Junge aber fing an zu kichern, während es uns alle in die Sitze drückte und gleich darauf wieder in die Höhe hob. Bald gluckste er laut vor Lachen, wann immer das Flugzeug in eine Senke fiel. Er schien zu glauben, dass dies eine Art Karussellfahrt war, bei der das Kribbeln im Bauch für umso größeren Spaß sorgt. Und was geschah? Sichtbar entspannten sich nach und nach alle Reisenden, die diesen kleinen Jungen lachen hörten. Ja, genießen wir es, schienen sie zu denken. Es macht doch wirklich Freude, dieses wilde Schaukeln mitten im Himmel. Wann hat man so etwas schon mal? Und fröhlich schlingerte das Flugzeug seinem Hafen entgegen, eine Ladung heiter beschwingter Menschen an Bord.

Einzelne können das Ganze beeinflussen, spielerisch, ohne Absicht und Ziel, einfach in ihrem Sosein. Dieses Wissen frischte dieser blond gelockte, vergnügte Engel in mir auf. Es stimmt nämlich auch beim Solosein: Jeder, der gut und gern allein sein kann, macht es leichter für alle anderen. Sicher kennst du diesen wundervollen, Mahatma Gandhi zugeschriebenen Satz: »Sei du selbst die Veränderung, die du dir wünschst für diese Welt.« In diesem Sinne kann auch jeder Mensch, der das Alleinsein liebt, dabei helfen, es salonfähig zu machen. So haben es alle, denen es eher unfreiwillig passiert, schon mal viel leichter damit. Das war einer meiner Beweggründe für dieses Buch. Und es passiert auch im Alltag: Mehr als einmal konnte ich nur durch meinen natürlichen, positiven Umgang damit anderen Mut machen, die gerade getrennt waren oder sich einsam fühlten. Und auf die gleiche Weise habe ich mich oft innerlich auf andere Menschen gestützt, die das Solosein gern lebten und das auch ausstrahlten. Ob es Frauen oder auch die wenigen Männer waren, die ich darin erlebte: Ihr klares Für-sich-Sein gab mir den Mut, mich tiefer auf dieses Abenteuer, die Stille, den Raum um mich her, die Innenwelten einzulassen. Ich war damit nicht allein, sogar dann nicht, wenn mich diese Vorbilder nicht einmal kannten und ich nur von ihnen gehört oder gelesen hatte.

Ich bin froh, in dieser Zeit zu leben, in der sich das Bild des Alleinseins langsam und vorsichtig wandelt, und sogar selbst dazu beitragen zu können. Wer all das allzu Menschliche in Bezug auf das Alleinsein durchlebt, meistert eine Menge für sich – aber immer auch für alle anderen mit. Das Feld ändert sich. Der Ruf des Alleinseins wird besser. Warum das lohnt? Wenn das Alleinsein positiv gesehen würde,

- *würden wir in schwierigen Beziehungen mutiger für uns eintreten und es gemeinsam eher wagen, etwas zu verändern.*
- *könnten wir uns leichter aus Beziehungen lösen, die uns nicht guttun und in denen sich nichts zum Positiven verändert.*
- *würden wir die Phasen zwischen zwei Partnerschaften genießen, innerlich etwas aufräumen und uns unbeschwerter auf jemand Neues einlassen.*
- *würden wir in unserem Umfeld und in der Gesellschaft auch als Single oder Dauer-Solist selbstbewusster auftreten und unsere Qualitäten mit mehr Selbstverständnis einbringen.*
- *würden wir insbesondere als Frauen uns gegenseitig und der Welt zeigen: Wir stehen auch ohne Partner vollständig im Leben und genießen unser Frau- und unser Menschsein.*
- *würden wir uns – ob solo oder verpartnert – tiefer aufs Für-sich-Sein einlassen, um zu regenerieren. Wir würden uns leichter damit tun, mal offline zu bleiben, und wären weniger gestresst.*

Die Weisheit der Unabhängigkeit

In Schwierigkeiten, die die ganze Gesellschaft, ja, den Kontinent und die Erde betreffen, ist die Stimmung enorm wichtig. Wenn die ins Angstvolle oder gar Aggressive kippt, ist nichts gewonnen. Ich durfte mehrmals spirituelle Lehrerinnen und Lehrer erleben, die in Momenten einer kniffligen politischen Situation oder eines frisch gemeldeten Terrorakts mit Besonnenheit, Ruhe und liebevoller Klarheit auf andere einwirkten. Das hat mich sehr beeindruckt und mir die Bedeutung eines solchen Wirkens und solcher Menschen neu deutlich gemacht. Ob sie lehren oder nicht, ob sie es spirituell nennen oder nicht – es sind Menschen, die das Für-sich-Sein sehr gut kennen und darin auch unabhängiger von Medienmeinungen und kollektiven Stimmungen oder besser: Missstimmungen wurden. Sie haben eine tiefe innere Ruhe gefunden und können die auch bewahren, wenn um sie herum Unruhe herrscht. Mit dem, was sie nach außen strahlen, stecken sie dann im besten Fall andere an.

Wir leben in herausfordernden Zeiten. Innere Klarheit und Besonnenheit werden immer stärker zu notwendigen Qualitäten, die zugleich immer weniger Menschen zu haben scheinen. Wie wichtig sie sind, beschreibt eine Geschichte, die Jack Kornfield von Thich Nhat Hanh nacherzählt: Die kleinen Boote vietnamesischer Flüchtlinge waren oftmals Stürmen ausgesetzt, und wenn an Bord Panik ausbrach, waren alle verloren. Blieb aber nur ein einziger Mensch darin ruhig, dann waren alle gerettet.[93] Angesichts schwieriger Umstände innerlich ruhig zu bleiben, setzt sehr viel innere Reife voraus – und dafür wiederum ist häufiges, regelmäßiges, meditatives Für-sich-Sein unerlässlich.

Ich erwähne immer wieder dieses »Durchtauchen« durch das Alleinsein, gerade weil es aus meiner Erfahrung auch ein Weg zu neuer, tieferer, nährender und doch entspannter Verbundenheit ist. Es ist auch das Hinübergehen auf die Seite des Seins, wo die

Erfüllung der persönlichen Sehnsüchte nicht mehr so wichtig ist. Der Fokus wandert zu dem Wunsch, die eigene Bedürftigkeit zu heilen, um vom eng umgrenzten Ich zum weit gefassten Wir zu kommen. Jeder Mensch, der das tut, tut es für alle anderen ein Stückchen mit.

Was macht es zuweilen so schwierig?

»Achtung, Alleinreisender!«, raunten mein damaliger Mann und ich uns manchmal zu, wenn sich unserem Kneipentisch irgendwo auf einer Traveltour ein solcher näherte. Denn wir hatten oft erlebt, dass uns so jemand den ganzen Abend lang zutextete. Das konnte amüsant und lustig sein – oder auch nicht.

Wer viel allein ist, ist nicht automatisch angenehm für die anderen. Keineswegs. Es kann passieren, dass er vor Begeisterung über eine seltene Begegnung stundenlang monologisiert und zu keiner Einschätzung mehr fähig (oder willens) ist, was andere interessieren könnte und wo die Grenze erreicht ist.

Gierig, ausgehungert, voll ungestillter und vielleicht bereits frustrierter Sehnsucht auf andere zuzurennen, wird diese, nun ja, nicht unbedingt freuen. Gute Freunde werden uns auch damit ab und zu mal auffangen. Doch ganz generell ist es unsere Aufgabe, in einen soweit passablen Zustand zu kommen, dass wir uns selbst wieder mögen. Das kann Trauer und Nicht-Weiterwissen einschließen, aber unser Mitgefühl für uns selbst ist nötig oder zumindest eine gewisse konstruktive Grundhaltung. Erst dann können wir auch entscheiden, ob wir eine Begegnung wollen oder nicht. Ist diese Wahlmöglichkeit nicht gegeben, dann »gebrauchen« wir die anderen.

Jeder, der viel für sich ist, wird ab und an erleben, dass er »klebrig« wird. Das ist völlig okay, es ist menschlich, sich manchmal mehr von einem anderen zu wünschen, als dessen Bereitschaft oder die Situation hergibt. Sobald wir es merken, können wir entsprechend reagieren und uns erst mal wieder auf uns selbst besinnen und dem anderen seinen Raum zurückgeben.

Diesem Sehnen nach anderen gar nicht mehr nachzugeben, ist allerdings auch keine Lösung. Es kann bitter machen. Es gibt sicher nicht wenige Menschen, die über eine längere Zeit der Partnerlosigkeit die Fähigkeit verlieren, sich anzulehnen. Viele Singlefrauen »stehen ihren Mann« und bleiben in allen Stürmen des Lebens aufrecht, und sie sind zu Recht stolz darauf. Aber sie sind zuweilen auch etwas hart dabei geworden, was das Zusammensein mit anderen nicht unbedingt leichter und angenehmer macht – für beide Seiten. Denn eine solche Härte verschließt das Herz und lässt nur noch wenig an Berührung und Nähe, Sanftheit und Mitgefühl zu.

Wie aber wieder weich werden? Wenn es mit anderen Menschen nicht so leicht klappt, geht das auch, wenn man sich an einen Baum anlehnt und den Halt spürt, den er vermittelt. Oder sich in einer Art innerem Gespräch einem Fluss oder See anvertraut. Man kann sich auf eine Wiese legen und dabei ganz bewusst in die Arme von Mutter Erde sinken. Oft kommen dabei erst mal ein paar Tränen, wenn dieses Urbedürfnis, gehalten zu sein, zu lange nicht gespürt wurde. Doch indem sie fließen, beginnt schon die Heilung. Die Grenzen zwischen Ich und Du werden durchlässiger, wir beginnen, uns wieder als Teil von etwas Größerem zu empfinden.

»Gib, was du bekommen möchtest.« Das hört man oft und es kann einen ärgern – aber letztlich stimmt es. Wenn wir uns mehr Zuwendung ersehnen, passiert nicht viel. Wenn wir sie fordern, passiert nicht viel Gutes. Erst wenn wir sie geben, wird es interessant. Zuwendung ist Zuwendung, ob wir Adressat oder Absender sind, spielt letztlich keine Rolle.

Es macht so viel Freude, anderen in kleinen Gesten entgegenzukommen. Das kennt sicher jeder von uns. Jemandem spontan eine witzige Postkarte zu schreiben – egal, ob man im Urlaub ist, auf Dienstreise oder zu Hause –, macht ebenso viel Freude, wie eine zu erhalten. Und es steigert nebenbei die Chancen, eine zu bekommen. Ich klemm auch gern mal jemandem eine nette Notiz oder ein einfaches Hallo auf einem Zettel unter den Scheibenwischer, wenn ich das Auto irgendwo parkend erkenne. Solche Dinge kann natürlich jeder machen – wer aber viel für sich ist, kommt leichter drauf. Sein Du ist nicht auf einen bestimmten alltäglichen Personenkreis festgelegt und nicht selbstverständlich.

Es ist schön und schafft ein Gefühl der Verbundenheit, Dinge für andere zu tun, die man selbst liebt. Ich zum Beispiel nehme gern Freunde, Freundesfreunde und Bekannte im Auto mit, wenn sie zum Beispiel sonst nachts mit den Öffentlichen fahren müssten. Ich nehme dafür völlig selbstverständlich Umwege in Kauf, flexibel genug bin ich ja. Es freut mich einfach, anderen diese Freude zu machen. Ich habe nämlich erst mit Anfang dreißig fahren gelernt und vorher jahrelang tags und nachts an irgendwelchen Haltestellen herumgewartet und mir gewünscht, mich würde jemand mitnehmen.

Auch jemanden vom Zug oder Flughafen abzuholen oder dort hinzubringen, fühlt sich meist schön an. Wer ohne engere

Vertraute lebt, tut das vielleicht nicht oft und ergreift daher gern die Gelegenheit für dieses »Erlebnis«. Überhaupt habe ich gemerkt, dass ich vieles spielerisch, eben als Erlebnis, als Happening erfahre, was für andere pragmatisch nur Tagesordnungspunkte sind. Wer seine Kinder dreimal am Tag irgendwohin fährt, hat daran naturgemäß weniger Freude als jemand, der ab und zu mal jemandem anbietet, ihn zu fahren. Er kann sich dann ins Erleben dessen sinken lassen und sich an der Verbundenheit freuen – bevor er wieder für sich sein darf.

15. Ade, was beengt

Lebst du (zeitweise) das Alleinsein,
wirst du Mitgestalterin von neuen
Zusammenlebensformen

Frauen haben in den letzten Jahren in ihrer Entwicklung wirkliche Sprünge gemacht und sind heute auch im Beziehungsleben mit vielem nicht mehr einverstanden, was für einen großen Teil der Männer noch als normal und gut gilt. Recht subtil klaffen die Welten auseinander. Viele Frauen weltweit bleiben lieber allein, als sich in eine Partnerschaft zu begeben, die sie nicht erfüllt. Die Sehnsucht allerdings bleibt – und so erproben sich immer mehr Menschen in neuen Zusammenlebensformen. Ob polyamourös, Living Apart Together oder Autonomie mit Begleitung – wer im Alleinsein zu sich findet, wird nicht selten experimentierfreudig. Ein Pionier des kollektiven Wandels.

Ein Grund, das Alleinsein zu lieben

Bei allem Sehnen nach Liebe und Gemeinschaft: Wir müssen anerkennen, dass unser »Beziehungswesen« in großen Schwierigkeiten steckt. Wie es auch Eckhart Tolle ausdrückt: »Die Beziehungen zwischen Männern und Frauen spiegeln den tiefen Krisenzustand wider, in dem die Menschheit sich nun befindet. (…) Millionen Menschen leben jetzt allein – unfähig eine intime Beziehung aufzubauen oder nicht mehr willens, das verrückte Drama vergangener Beziehungen zu wiederholen.«[94]

Fast alle, die sich aus Beziehungen und Ehen lösen, treffen damit keine Entscheidung gegen Partnerschaft an sich. Auch dann nicht, wenn sie bewusst für eine Zeit allein bleiben. Um noch einmal das Bild aus Kapitel 11 aufzugreifen: Was Frauen heute verlassen, ist oft eine Beziehungsform, in der Adam Eva wollte und mit Lilith nicht zurechtkam. Sie aber erwacht in unserer Zeit in so vielen Frauen zu neuem Leben. Nicht, um die Harmonie zu stören – was sie zweifelsohne tut, wenn es nur eine scheinbare, vorgetäuschte Harmonie ist –, sondern um uns voranzubringen. Dorthin, wo wirkliche Harmonie möglich ist. Echte, tiefe, wertschätzende Begegnung zwischen Partnern und Ausgleich zwischen den jeweils eigenen Bedürfnissen und denen der Beziehung. Harmonie zwischen Weiblichem und Männlichem.

Frauen, in denen Lilith erwacht ist, ringen mit ganzem Herzen darum, einen Weg zu finden, den sie *gemeinsam* mit Männern gehen können. Sie sind bereit, sich den alten Mustern in sich selbst zu stellen, und wünschen sich nichts mehr, als dass es auch endlich mehr Männer gibt, die das Gleiche auf ihrer Seite tun. Wenn beide dann zusammenkommen, können sie sich innig verbinden und doch jeder ein Mensch auf seinem Weg bleiben.

Singles als Pioniere

Gegenwärtig muss man feststellen: Die Ansprüche, die Männer und Frauen an eine Beziehung stellen, passen nur zu oft nicht zusammen. Es gab keine Männerbewegung zur Frauenbewegung. Sehr viele Singlefrauen kommen mittlerweile allein besser zurecht als mit den Männern, die sie kennen. Die Männer sind verunsichert. Viele kippen tiefer in die alten Muster, um sich ihre Vorteile zu bewahren. Doch es wird Zeit, neue Modelle zu erproben.

Jeder Mensch ist immer auch Teil einer historischen Strömung, mit allem, was da zwickt und schmerzt. Singles sind dabei

Vorreiter des Neuen, »Pioniere der Moderne«, wie Eva Jaeggi sagt, die »Speerspitze« eines Wertewandels und der Individualisierung in den Worten von Stephan Hradil. In einem der Kurztexte in »Lieber allein?« von 1991 heißt es: »Doch hat es den Anschein, dass das geballte Auftreten von Singles selbst eine Forschungsstrategie ist, um neue gesellschaftliche und soziale Lebensräume auszuloten.«[95] Und genau da sind wir, gut fünfundzwanzig Jahre später, immer noch intensiv dabei. Singles holen sich weiterhin Beulen und gebrochene Herzen – doch sie bleiben dran. Auch wenn viele von ihnen noch so traurig sein mögen: Sie forcieren die Entwicklung neuer Beziehungsmodelle. Denn sie alle suchen nach einer Lösung für ihr Bedürfnis nach menschlicher Nähe und Liebe.

Und nach Sicherheit im Alter, denn dies ist eine der großen Ängste Alleinlebender. Selbst wenn es finanziell hinzubekommen ist, wer wird mich pflegen, wenn ich krank bin, wer wird für mich da sein? Zugleich sind aus dieser Not heraus gerade Singles diejenigen, die sich um neue Modelle der Solidarisierung bemühen, die auch im Alter wirken.

Affären und der Status als Geliebte

Wie könnte nun die Offenheit für Neues in Beziehungen aussehen? Wo wir herkommen, das ist das, was der Paartherapeut Michael Mary als »Amefi« bezeichnet, »Alles mit einem für immer«. So rosarot das noch immer in manchen Köpfen herumspukt, serielle Monogamie ist sehr viel wahrscheinlicher geworden: Ausschließlichkeit mit einem Menschen … bis es Zeit ist für etwas Neues. Doch auch das hat viele bereits müde gemacht, diese ewigen Enttäuschungen, Trennungen, zerstörten Hoffnungen. Und immer die Tücken mit der Monogamie, die einfach nicht zu funktionieren scheint, aber weiterhin als Ideal dient.

Das Modell, Geliebte eines liierten Mannes zu sein, ist für viele Singlefrauen reizvoll – so leben sie ihre Freiheit und haben doch einen Mann. Ab und zu. Die einschlägigen Foren sind allerdings voll von weinenden Geliebten, denen der Lover versprochen hat, sich für sie von seiner Frau zu trennen. Irgendwann einmal. Zugleich wächst die Zahl der Frauen, die genau das gar nicht wollen. Wozu das ganze Paket nehmen, wenn man ausschließlich die schönen Stunden haben kann? So empfinden sie.

Der Sex wird in gewisser Weise immer freier gelebt, vor allem bei den jüngeren Generationen. Es gibt haufenweise offizielle Angebote für One Night Stands und Affären. Entsprechende Apps machen es möglich, sich in Sekundenschnelle jemanden für den Abend »zu organisieren«. Dazu kommt ein locker flockiger Tonfall in Frauenzeitschriften – klar, es ist in, kleine Abenteuer zu genießen. Und für viele Singles ist genau das ideal. In der Grauzone, wo die Beteiligten dann doch nicht so frei waren, wie sie angaben, gibt es viele Tränen. Denn unsere Fähigkeit, mit Seitensprüngen und mit versteckten Begierden umzugehen, nahm in den letzten Jahrzehnten zugleich ab – schreiben Lisa Fischbach und Holger Lendt. Früher hielten Beziehungen länger und waren zugleich untreuer. Es wurde akzeptiert, dass der Mann ab und an fremdging. Das Diktat der Monogamie ist seither stärker geworden, wohl auch weil die Frauen heute mehr Loyalität verlangen. Leider nur funktioniert es fast nirgends. Und angesichts der vielen liierten Männer, die Abenteuerlust signalisieren, sagen sich viele Singlefrauen: Wenn ich in so einem Spiel mitmache, will ich dann wirklich die Ehefrau sein?

Was aber will frau sein? Immer mehr von uns spüren, dass es Zeit ist für Ehrlichkeit, für offenen Gefühlsaustausch, für ein echtes Upgrade in der Liebe. Offen kommuniziert kann es für viele wunderbar sein, im Dreieck zu leben, Arbeit an den schmerzhaften emotionalen Verhaftungen inklusive. Oder polyamourös – jeder darf lieben, wen er will, wenn es mit allen sauber besprochen wird. Das kann einiges an Gesprächen brauchen, und wer gern allein ist, dem ist dieses Modell sicher zu trubelig. Doch es zeigt eine bemerkenswerte Öffnung. »Die Liebe stellt uns immer wieder Dinge vor den ›Käfig‹, die uns an das Leben außerhalb unseres Egos und an unsere Lebendigkeit in uns erinnern.«[96] In offenen Beziehungen müssen sie nicht ausgesperrt bleiben, jeder kann immer neu auf all das eingehen, was an Impulsen kommt. Dass das auch Arbeit ist, würde niemand bestreiten. Doch, mal ehrlich, kann man heute noch erfüllt mit oder ohne andere leben, ohne dass dies Arbeit, inneres Ringen und äußeres Kommunizieren, ist? Und welche Arbeit könnte mehr lohnen?

Living Apart Together

Jede wirkliche Paarbeziehung ist der Versuch, das für beide passende Verhältnis von Nähe und Distanz zu finden. Und das immer wieder neu. Mehr Distanz bietet Living Apart Together – klingt großartig, heißt aber nichts weiter, als dass zwei ein Paar sind, ohne zusammenzuleben. Vor allem Frauen lieben es, da es ihnen mehr Freiräume gibt – das Stichwort Haushalt blinkt auf, aber auch die Zeiteinteilung, die Freizeitgestaltung und so weiter. »Es ist schön, einen Mann und zugleich keinen Mann zu haben«, sagen sie sich mit Erica Jong.[97] Es können Freuden des Alleinseins gelebt werden, ohne dass man allein im Leben steht. Kein Wunder, dass die Zahl der Einpersonenhaushalte explodiert. Ein weiterer Vorteil ist, dass die Paarbeziehung nicht so leicht die einzig gültige Beziehung im Leben der Partner wird. Statistisch betrachtet sind solche Paare glücklicher, wenn sie sich bewusst für diese Lebensform entschieden haben.

Wenn man zusammenwohnt, kommt dennoch bei Menschen, die auch mal allein sein wollen und das auch sehr gut aushalten, Bewegung in das Thema Schlafzimmer. Bislang galt das absurde

Dogma, dass wer getrennt schläft, eigentlich schon nicht mehr zusammen ist. Dann hat man Schnarcher ertragen und auf den eigenen guten Schlaf verzichtet. Wer sich auf ein Zimmer für jeden einigt, muss einander auch nicht mehr gewohnheitsmäßig im Energiefeld liegen. Es bleibt mehr Raum für eigenes, das dann wieder befruchtend mit dem anderen geteilt werden kann. Und für eine gemeinsame Nacht kann man sich verabreden – sie wird so wieder zu etwas Besonderem.

Fühlst du dich einsam, zieh dich zurück …
… von den überlieferten Ideen darüber, wie eine Partnerschaft,
wie Begegnung und Sex, Verbundenheit und Liebe gelebt
werden sollen. Was will dein Herz?

Autonomie mit Begleitung

Claudia Szczesny-Friedmann spricht vom Ideal vieler Frauen, das in »Intimität auf Abstand« liege. Frei von den Ansprüchen anderer, die mit Selbstverständnis erfüllt werden, aber doch innig verbunden. Und der Soziologe Jean-Claude Kaufmann prägte um den Jahrtausendwechsel den Begriff »Autonomie mit Begleitung«: eine Beziehung auf Augenhöhe, in der beide frei genug sind, sich um die eigenen Bedürfnisse und Gaben zu kümmern, und in der der jeweils andere in einem ehrlichen Austausch erlebt wird. Man begleitet einander verbindlich, exklusiv und fühlt sich doch frei.

Der Begriff ist mir seither nicht wieder begegnet, was ich schade finde, denn das scheint mir eine recht erstrebenswerte Form der Zweierbeziehung zu sein. Gerade für Frauen, die sich mit dem Alleinsein so sehr angefreundet haben, dass sie in eine traditionelle eheähnliche Gemeinschaft nicht mehr zurückwollen.

Eigentlich müsste dieses Modell auch für Männer gut passen, da es ihre Freiheit betont. Sie müssten nur über ihren Schatten springen und diese Autonomie auch Frauen zugestehen. Denn wie Friedrich Schiller schreibt: »Man liebt nur, was einen in Freiheit setzt.«

Alleinsein als vollwertige Lebensform

Es gibt sie schon länger, Menschen, die das Alleinleben als eigenständige Lebensform ansehen. Ulrike Schlicht beispielsweise entwirft eine Vision der vollen Akzeptanz von: weiblich, kinderlos, alleinlebend. Bislang, so ihre Einschätzung 2002, dürfe das Singlesein nur eine Übergangsform sein. Doch langsam ändert sich das.

Schaut man sich die Entwicklung weltweit an, scheint das Alleinbleiben von Frauen (und rechnerisch gesehen daher auch von Männern) immer selbstverständlicher zu werden. Die Soziologin Hanna Rosin zitiert eine amerikanische Befragung, nach der 80 Prozent der Frauen gern Karriere machen wollen und 40 Prozent der Männer ihre Partnerin darin unterstützen würden. Zugleich brechen weltweit vor allem die Jobs weg, die traditionell Männerdomäne sind und Körperkraft erfordern. Stattdessen sind weiblichere Skills wie Kommunikations- und Dienstleistungsbereitschaft gefragt. Immer größere Prozentsätze an Hochschulabsolventen und später Führungskräften sind Frauen, die einen extremen Ehrgeiz und ein enormes Selbstbewusstsein mitbringen.

Was ist die Folge? Ein nennenswerter Teil dieser Frauen, die viel in ihren Weg investiert haben, bleibt lieber allein, als all das der statistisch gesehen ohnehin wackligen Ehe wegen aufzugeben. Das geschieht nicht leichtfertig, es ist mit Schmerz verbunden. Doch immer mehr Frauen weltweit sind sogar mit Kindern nicht mehr bereit, sich mit einem Mann zu verbinden, der ein häusliches Versorgtwerden wünscht und dabei oft nicht mal viel zum Familienunterhalt beiträgt. Vor allem in Asien ist das ein großes Thema. Rosin konstatiert, dass Frauen ihre Rollenbilder in den letzten Jahrzehnten stark erweitert haben und dies weiter tun, wohingegen Männer tendenziell in den alten Bildern stecken blieben. Verständlich, denn sie waren für sie bequemer.

Doch es gibt bereits neue Modelle: Mit dafür offenen Männern ist eine »Schaukelbrettehe« möglich: Mal verdient er, mal sie. Mal versorgt er den Haushalt, mal sie. Dann verschwindet auch diese Diskrepanz zwischen Theorie und Praxis. Rosin beschreibt in einem verwandten Zusammenhang einen Bekannten: »Er glaube theoretisch und politisch hundertprozentig an das Konzept des Hausmanns, sagte er mir, er wolle nur selbst keiner sein.«[98]

Bei aller Veränderung in der Welt wird aber eben auch das Alleinleben salonfähig. Wir hatten schon über die »Singles at Heart« gesprochen, und ab und an hört man sogar von Selbst-Ehen: Menschen geben sich selbst das Ja-Wort und versprechen sich, in guten und in schlechten Zeiten bestmöglich für sich zu sorgen. Ob das einen offiziellen Rahmen braucht oder nicht, ein wundervolles Ritual der Selbstliebe kann so ein Versprechen auf jeden Fall sein.

Hin zur Liebe

Wachstum oder Verbundenheit. Man kann nur eines leben, in jeder Phase, in jedem Moment. Und doch gibt es die perfekte Balance: die Liebe. In ihr sind wir verbunden mit anderen und doch frei, ganz wir selbst zu sein und weiter zu wachsen. Zum Glück ringen wir heute in all dem Wandel auch um neue Formen des wahren Liebens. Für mich ist ein anonym verfasstes Gedicht ein berührender Ausdruck dafür: »Wenn du die Welt verändern möchtest, liebe einen Mann« heißt es und beschreibt, was es bedeuten kann, ihn wirklich in allem anzunehmen, was ihn ausmacht, in seiner Größe und in seinem Leid, in seiner Kraft und in seinem Ringen und auch in seinem Ausweichen, in seinem Rückzug. Es ist eine Liebe, die uns sehr verletzlich macht und doch ungeheuer stark.[99] Sie vollbringt den Sprung vom Haben zum Sein.

Es geht ums Lieben, nicht ums Haben und Vorweisen-Können. Und so geht es bei dieser Liebe auch um die Männer, die gerade da sind. Wenn es aktuell kein Partner und kein Geliebter ist, dann sind da Freunde, Brüder, Väter, Nachbarn, Kollegen, Chefs und Mitarbeiter, sogar Fremde. Sie annehmen, sie wahrnehmen, in der Begegnung mit ihnen das Feld ändern, von der alten Konkurrenz, dem Misstrauen hin zu einem neuen Aufeinanderzugehen. Darin besinnen wir uns auch auf unsere wahre Stärke als Frau oder als Mann. Selbst eine Trennung muss dann nicht das Ende der Liebe sein. Katherine Woodward Thomas entwickelte hierfür den Prozess des Conscious Uncoupling, des liebevollen Auseinandergehens. Man gibt sich frei für neue Erfahrungen – in Liebe.

Eckhart Tolle beschreibt ebenfalls eine Chance, wie sich Partner auf ihrem Bewusstseinsweg unterstützen und so zu einer »Keimzelle des neuen Bewusstseins« werden können. Freundlich erinnern sie sich gegenseitig daran, wenn sie in alte Muster rutschen oder aus ihrem Schmerzkörper heraus agieren.[100] Mit all dem wird die Liebe selbst zur Liebe unseres Lebens. Philophilia, die Liebe zur Liebe. Dann sind wir nicht mehr auf eine Person fixiert – oder auf das Fehlen dieser speziellen Person –, sondern ergreifen tagtäglich all die Gelegenheiten, zu lieben. Darin immer besser zu werden, ist das schönste Geschenk, das wir uns selbst und der Welt machen können.

Was macht es zuweilen so schwierig?

Sind wir nach einer Phase erfüllten Alleinseins endlich wieder verliebt, kann es passieren, dass wir auf eine frühkindliche Stufe zurückfallen, wie es die Psychoanalytikerin Margaret Mahler recht unbarmherzig ausdrückt: Alles Wohl und Wehe hängt plötzlich wieder von einer Bezugsperson ab. Unser rosaroter Blick und die Hormone können uns weit hinter das zurückwerfen, was uns kurz zuvor noch heilig schien. Bestenfalls haben wir uns vorher eine Liste gemacht: Was bringe ich mit in eine neue Liebe? Was ist mir fortan wirklich wichtig? Was werde ich anders machen als früher?

Solange in irgendeinem Hinterzimmer unseres Herzens die große eine einzige Liebe in ewiger treuer Verbundenheit das Ersehnte ist, werden wir danach suchen. Schauen wir trotzdem einmal, was alles leichter werden würde, wenn das »Bis dass der Tod euch scheidet« nicht die (innerlich) einzig akzeptierte Lebensform wäre:

- *Man wäre nicht auf ein einziges Lebensziel hin festgelegt, das kaum noch zu erreichen ist.*
- *Geschiedene und Getrennte würden sich nicht als »gescheitert« und als »falsch« erleben, sondern als frei, mit den gemachten Erfahrungen Neuland zu betreten und weiter zu lieben und zu wachsen.*
- *Begegnungen könnten freier verlaufen, da nicht sofort nach dem Idealbild aussortiert oder geklammert wird. Man könnte sich öfter überraschen lassen: von einer unerwarteten, aber umso schöneren Liebe.*
- *Wer gerade oder dauerhaft etwas anderes lebt, würde sich selbstverständlicher trauen, seine Individualität ins große Spiel einzubringen.*

- *Viel mehr Menschen würden es wagen, ihre Potenziale in Phasen des Alleinseins zu gebären. Mehr Menschen könnten lustvoll zum Zentrum ihres Lebens werden – und dann kraftvoll, liebevoll anderen und den Herausforderungen begegnen.*

Werkzeuge und Wegweiser

Aus dem Bewusstsein heraus, dass Beziehungen eine fragile Angelegenheit sind, verlangsamen einige kluge Menschen das Tempo, wenn sie jemand Interessantes kennenlernen. Aus dem Alleinsein kommend gehen sie behutsam, spürig, wach vor – genießen jeden Moment, lassen sich aber nicht in den Rausch der alten Muster bringen, die sofort die gemeinsame Wohnungseinrichtung planen und alles, was bisher wichtig war, über Bord kippen. Und sie haben vielleicht die bereits erwähnte Liste im Kopf oder sogar auf Papier, die ihnen sagt, welche Beziehungsweisen für sie erstrebenswert sind und welche nicht, was ihnen in der Liebe heilig ist und worum sie mit einem neuen Partner ringen wollen. Im Sinne der Liebe. Wie sieht deine Liste aus?

16. Du bist die Frau deines Lebens

Bist du viel allein, wirst du
zur Selbstliebe geradezu gezwungen

Es gibt niemanden, der »zu mir gehört«. Dafür aber gehöre ich selbst so intensiv und bewusst zu mir, wie es wohl ein Großteil derer, die wissen, dass diese Funktion ein anderer erfüllt, nicht tut.

Wer viel allein ist, ist ganz offensichtlich der Mensch, mit dem er auskommen und um den er sich kümmern muss. Die beste Gelegenheit, das zu entwickeln, was die Basis aller Heilung und aller echten Begegnung ist: Selbstliebe. Die ist kein Egoismus, denn wer sich selbst zum wahren Freund wird, kann es auch leichter für andere sein. Ob es die Heilung des Inneren Kindes ist, das alltägliche Üben des Mitgefühls für sich selbst in all seinen Stärken und Schwächen, Freuden und Ängsten – unterstützt vom Alleinsein kann man zur Liebe seines Lebens werden.

Ein Grund, das Alleinsein zu lieben

Sophie Fontanel erzählt in ihrem Buch *Das Verlangen*, wie verjüngt, sprühend, ja geradezu verliebt sie allen Bekannten vorkam, als sie einen persönlichen Befreiungsschlag umzusetzen begann. Sie schreibt den schönen Satz: »Sobald man sich selbst begegnet, versuchen die anderen herauszufinden, wer das wohl sein könnte, dem man da begegnet ist.«[101] Sie hatte beschlossen, für ein paar Jahre bewusst ohne Sex zu leben, um sich aus alten

Verletzungen und Mustern zu befreien und zu sich selbst und zu neuer Lust zu finden. Ein Experiment, das für sie funktionierte, auch wenn es sicher für die wenigsten infrage kommt. Aber ihren Satz, den ich hier zitiert habe, finde ich in Bezug auf das Alleinsein spannend. Wenn wir uns darin wirklich uns selbst zuwenden, kann das unsere Liebesbeziehung sein. Die schließt niemand anderen aus, aber endlich uns selbst ein.

Ob es »richtig« ist, wie wir leben, das werden wir nie wissen. Wer soll den Maßstab setzen? Es gibt keine wirkliche Antwort jenseits von: Bin ich mir treu? Frage ich immer wieder neu: Mein Herz, wie willst du leben? Und höre ich auf das, was es antwortet?

Selbstfürsorge

Wer allein durchs Leben geht, ist zu 100 Prozent selbst dafür verantwortlich, dass es ihm gut geht. Er muss dafür sorgen, dass er gesund und bei Laune bleibt, dass er seinen Job hinkriegt oder einen neuen findet. Und er kann dabei nicht von der Unterstützung anderer ausgehen – weder praktisch noch moralisch. Zugleich haben Singles meist ein dichteres Netzwerk an Freunden und Bekannten, sodass sie dort alle möglichen Arten von Hilfe bekommen (und geben) können. Sie müssen sich aber aktiv darum bemühen, müssen bitten und sich erklären.

Das schönste Geschenk, das man sich selbst machen kann, ist Zeit. Zeit für sich, Zeit, um sich selbst nahezukommen. Es ist, als würde man sich zeitweise in zwei spalten: den Sorgenden und den Umsorgten. Man kann sich für sich selbst so viel Mühe geben wie sonst für einen Partner oder für Freunde. Oder man geht sich selbst spontan besuchen: Bin ich da? Wie geht es mir?

In einem Experiment haben Studenten ein richtiges Date mit sich selbst erlebt und so eine Form des aktiven Alleinseins praktiziert. Später fiel auf, dass sie weniger Schwierigkeiten damit hatten, allein zu sein.[102] Es ist also einübbar, wir brauchen nur eine entsprechende positive Erfahrung. Wie also wäre es damit: ein Date mit dir selbst? Sogar für geübte Alleinige kann das spannend sein. Du brauchst einen Termin, einen Raum – vielleicht ein Café oder einen Park? Dort erlebst du dich dann, ganz ohne Buch oder Handy, denn das würdest du bei einem Date, bei dem du Interesse an der anderen Person hast, auch nicht in der Hand haben. Verbring Zeit mit dir wie mit einem faszinierenden, lieben Menschen, den du gern näher kennenlernen willst. Was macht dich aus? Was sind die Feinheiten dieses Wesens? Wie tickt es, wie schwingt es? Wer weiß, vielleicht werdet ihr beste Freundinnen.

So ein Date wäre auch etwas für den Geburtstag oder Silvester, Termine, für die Singles ohnehin ein kreatives Programm brauchen. Sich selbst würdigen kann man aber immer. Umso schöner, wenn es nicht das Ausnahme- und Feiertagsprogramm ist.

Im Sinne der Selbstfürsorge kann man sogar bewusst den Gefahren sehr häufigen Alleinseins aktiv gegensteuern. In ihrem Buch *Einsamkeit* beschreiben der Neurowissenschaftler John T. Cacioppo und der Wissenschaftslektor William H. Patrick mehrere Faktoren, die Einsamkeit zu einem gesundheitlichen Risiko machen. Sie sind bei Einsamen – die ja nicht gleichbedeutend sind mit Menschen, die allein sind; einige Studienteilnehmer waren verheiratet – vermehrt anzutreffen. Die logische Schlussfolgerung kann aus meiner Sicht hier sein, als Einzelgänger diese Faktoren aktiv auf positive Weise zu leben. Dann gibt man phasenweise auftretenden Gefühlen der Einsamkeit nicht die Chance, eine Negativspirale in Gang zu setzen.

- *Als Erstes diagnostizieren die Forscher den Einsamen ein gesundheitsschädliches Verhalten, das sie auf das Fehlen der sozialen Kontrolle zurückführen. Wenn uns keiner ermahnt,* kritisiert oder zurückhält, trinken wir mehr, essen Junkfood und rauchen ungehemmter. Im Umkehrschuss heißt das so simpel wie wahr: Achte auf deine Gesundheit, bewege dich ausreichend und iss vernünftig. Das ist an manchen Tagen vielleicht nicht das Lieblingsprogramm des inneren Schweinehunds, aber hilfreich nicht nur für die Gesundheit, sondern auch für die Lebensfreude.

- Drei verwandte Punkte bei Cacioppo und Patrick beziehen sich auf Stress: Einsame erleben mehr Dinge als objektive Stressoren, fühlen sich auch subjektiv leichter gestresst und zeigen das stärker körperlich. Das klingt nach einer allgemeinen Unsicherheit im Leben. Das Gegenprogramm könnte hier lauten, sich um ein hohes Maß an Selbstbestimmtheit zu kümmern und sich gute Stressbewältigungswerkzeuge anzulegen. Dazu könnte man sich um einen positiven Blick aufs Leben bemühen. Ein Glückstagebuch kann hier eine gute Hilfe sein, in das man jeden Abend fünf Dinge schreibt, die an diesem Tag schön waren, besser als erwartet, die berührt oder glücklich gemacht haben. Auch Meditation kann auf der psychischen und seelischen und nicht zuletzt körperlichen Seite zu Ausgeglichenheit führen.

- Einsame schlafen schlechter und entspannen seltener. Das Gegenmittel, das hier greift: genussvoll ausruhen, faulenzen, in Stressphasen bewusst immer wieder runterkommen und optimale Bedingungen fürs Schlafen schaffen.

Wie gesagt, diese Schwierigkeiten tauchen vermehrt bei Einsamen auf, ob sie solo sind oder verheiratet. Wer freudig allein lebt, hat damit wenig zu tun, er gestaltet sein Leben aktiv und mit Genuss.

Zur Selbstfürsorge gehört für mich vor allem, sich immer wieder zu fragen: Was möchte ich jetzt? Was tut mir jetzt gut? Das kann Essen betreffen, Unternehmungen, die Gestaltung des Jobs und auch das Maß, in dem man für sich bleibt oder andere trifft. Die Flexibilität des Alleinseins hält so viele Möglichkeiten bereit! Man muss nur innehalten und sich ein paar davon anbieten. Wenn die richtige auftaucht, spürt man Freude (Ja, ich möchte lieber essen gehen statt kochen) oder Erleichterung (Ja, ich mach diese Arbeit heute nicht mehr fertig, ich steh morgen lieber früher auf dafür) oder Dankbarkeit, wenn die Intuition noch etwas ins Spiel brachte, was einem im Kopf nie eingefallen wäre.

Sich auch in Missstimmungen umarmen

Jede miese Stimmung wird gern auf den vermeintlichen Makel der Partnerlosigkeit geschoben. Mit einem Mann an der Seite wäre alles besser, ich wäre immer gut drauf und nicht so deprimiert ... Wirklich? Meine Erfahrung bestätigt das nicht. Nicht nur gibt es viele frustrierte Frauen mit Mann an ihrer Seite. Ich erkenne im Rückblick, dass ich in meinen Beziehungen ebenso gute und schlechte Tage hatte. Je nach innerer Wetterlage. Mal bestimmte die ein Mann mit, mal nicht. Aber die Schwankungen gab es gänzlich unabhängig von ihm.

Wenn du dich einsam oder auf andere Weise schlecht fühlst, dann brauchst du jemanden: dich selbst. Und es braucht dich gerade jemand: du selbst. Ob in der Positiven Psychologie oder im Buddhismus: Es heißt, dass die Quelle tiefen Glücks im eigenen Inneren liegt. Dort aber muss man erst hingelangen und sich so einrichten, dass man sich dort wohlfühlt. Achtsamkeits- und Liebende-Güte-Meditation helfen dabei ebenso wie das Verinnerlichen von positiv erlebten Momenten.[103] Glück hängt viel stärker von der eigenen Verfassung als von den äußeren Umständen ab. Darin sind sich die Forscher einig.

Überhaupt ist ein Werkzeugkoffer mit Methoden für Körper, Geist und Seele – nicht nur für Alleinige – enorm wichtig. Damit machen wir es uns in allen Lebenslagen leichter, ob sich darin Meditationsarten, Mentaltechniken oder heilsame Tools der Körperarbeit befinden. Sich damit zu unterstützen und sich regelmäßig darin zu schulen, ist ein Geschenk der Selbstfürsorge. Das kann die angeleitete Yoga- oder Qigong-Stunde am Freitagabend ebenso sein wie tägliches Meditieren. Es gibt diesen Satz, der Buddha zugeschrieben wird: »Niemand, nicht einmal dein ärgster Feind, kann dir so viel Schaden zufügen wie dein eigener ungeübter Geist. Und niemand, nicht einmal die liebevollste Mutter, kann dich so sehr unterstützen wie dein eigener geübter Geist.«

Wer dafür wach und neugierig ist, hat irgendwann eine große Auswahl an Möglichkeiten, sich aus einer Verstimmung herauszubewegen. Das ganze Wesen erinnert sich zudem an die Dinge, die bereits guttaten. Dann reicht es, abends innezuhalten, in der Stille eine Kerze anzuzünden – und schon entsteht dieser Frieden, dieses Bei-sich-Sein, dieses Zutrauen in den Lauf des Lebens. Heimat in sich selbst zu finden, das ist sicher eine der edelsten Aufgaben im menschlichen Leben.

Es gibt in jedem von uns viel zu integrieren, zu heilen, zu entwickeln, zu üben. Und natürlich werden wir immer wieder mal in die alten Muster fallen. Genau dann müssen wir für uns da sein – mit allem, was uns an Herz und Hirn und Methoden zur Verfügung steht. Ab und zu legen wir einfach den Rückwärtsgang ein – und dann kommt es darauf an, dies zu bemerken und auch damit gut zu uns zu sein. Der Gang legt sich dann von allein wieder um, und vielleicht bleiben wir ein paar Momente im Leerlauf, einfach bei uns und allem enthoben, was uns quälen könnte.

Fühlst du dich einsam, zieh dich zurück ...

... von den anderen Menschen. Schenk deine Aufmerksamkeit dir selbst. Du bist die Frau deines Lebens.

Mit sich im Reinen

Im Alleinsein wird reflektiert. Das geht beinahe nicht anders. Es ist kein anderer da, der das Selbst stützt. Das Innenleben ruft nach Aufmerksamkeit, Unaufgeräumtes will sortiert werden. Kommt man dem nach, ist irgendwann gut aufgeräumt. Im Reinen mit sich selbst zu sein, ist sehr entspannend und kraftvoll. Ich könnte sagen: Die Diskrepanz zwischen der, die ich bin, und der, die ich sein will, ist nur klein. Und das nicht, weil ich mich so super finde und mir alles gelingt. Sondern weil ich weiß, dass ich immer das Beste getan habe, was mir in der jeweiligen Situation möglich war. Vielleicht war es dumm, hat es eine Sache kompliziert gemacht oder jemanden verletzt. Aber ich habe es nicht aus Bosheit oder Blödheit gemacht, sondern weil ich in dem Moment nicht anders konnte. Man kann nicht bewusster, liebevoller, klüger, freier sein, als man gerade ist.

Das Gefühl, sich selbst zu finden, ist schwer zu beschreiben. Es ist eine tiefe Freude der Übereinstimmung mit sich selbst. Ich erlebe es so, als würden zwei Wesen verschmelzen. Ja, als könnte ich in tiefer Ruhe spüren, wie meine Seele mit den Bereichen meines Wesens verschmilzt, die hier auf der Erde agieren. Freude. Dankbarkeit. Ich spüre diese große Liebe zu mir selbst, dafür, dass ich mich auf mich verlassen kann, dass ich immer für mich da bin. Dafür, dass ich mit all dem, was ich eben bin und kann, das Leben versuche, das zu mir passt, das mich stärkt und wachsen lässt.

Oft war bis hierhin schon von den beiden Grundbedürfnissen Wachstum/Autonomie und Verbundenheit die Rede. Wenn

wir den Rat befolgen, in der Partnerlosigkeit Selbstliebe zu entwickeln, dann verstärken wir laut der Soziologin Eva Illouz das,
wovon wir eh schon genug haben: Autonomie. Die Verbundenheit aber bleibt weiterhin mangelhaft, die Anerkennung, die wir
als soziale Wesen von außen brauchen, bekommen wir weiterhin
nicht und deswegen leiden wir umso mehr.[104] Auf der Ebene der
Logik kann ich das nachvollziehen – aber ich erlebe es anders.
Wenn wirklich Liebe entsteht, bleibt sie nicht bei uns selbst stehen, sondern strömt auch zu anderen, mit denen dann umso
mehr Beziehung möglich ist. Und von denen dann umso mehr
Antwort kommt, auch in Form der angesprochenen Wertschätzung.

Zudem: Dass die Situation der Paarbeziehungen heute so
schwierig und so sehr im Umbruch ist – wie es Eva Illouz ja auch
detailliert beschreibt –, ist ein gesamtgesellschaftliches Problem,
das der einzelne Einsame nicht so leicht ändern kann. Worauf er
aber Einfluss nehmen kann, ist sein Umgang damit. Liebe zu
spüren, sie sich zu schenken und sie fließen zu lassen, scheint
mir dafür der beste Weg. Ein Weg, der nährt und erfüllt.

Innere Anteile

Wer aber liebt hier wen? Die »kleine Gesellschaft«, als die Novalis jeden Menschen bezeichnet, ist der Zusammenschluss vieler
Teilpersönlichkeiten. Mit therapeutisch orientierten Techniken
kann man diese Anteile miteinander ins Gespräch bringen, wie
du es vielleicht bereits mit Eva und Lilith in den Kapiteln 10, 11
und 13 erlebt hast.

Sich mit diesen Anteilen zu befassen, heißt nicht, dass man
verrückt ist, sondern dass man im Gegenteil in sich Harmonie
und Ausgleich schafft, um zu einem Menschen zu werden, der
nicht mehr in sich zerrissen ist. Diese Anteile wollen alle etwas
anderes, und das ist auch gut so. Auf diese Weise kann man

schließlich auf die unterschiedlichsten Situationen im Leben reagieren. Es ist ein großes Repertoire an Ausdrucks- und Verhal-
tensformen da. Konstruktiv wird das Ganze wie immer, wenn
Bewusstheit hineinkommt. Dann haben wir die Wahl, wie wir
mit inneren Regungen, Wünschen und Ideen umgehen wollen.

Auch das Innere Kind gehört zu diesen Anteilen – und oft ist
es genau dieses Wesen in uns, das sich einsam fühlt. Es ist der
Teil in uns, der immer Kind bleiben wird. In ihm versammeln
sich unsere Kindheitserfahrungen, aber auch unser Umgang mit
uns selbst, mit dem Kindlichen und Fürsorgebedürftigen in uns.
Bei den »Werkzeugen und Wegweisern« dieses Kapitels wird es
speziell um das Innere Kind gehen. Wenn es uns gelingt, diesen
Anteil zu befreien, zu heilen und immer neu glücklich zu machen, dann heilen auch wir selbst und Einsamkeit ist kein Thema
mehr.

Phantomgeliebter und Innerer Geliebter

Wer länger für sich ist, kennt oft auch das: Im Alleinsein und
Alleinleben kann es ganz neue »Beziehungsformen« geben, die
dafür offene Menschen in sich entwickeln – auch deshalb, weil
ihnen kaum eine andere Wahl bleibt. Ich möchte nur ein Beispiel
geben, wer weiß, was hier noch alles möglich ist. Wenn Entwick-
lungsschritte anstehen, die nicht so ganz einfach sind, bedient
sich das Leben – ich will es mal so nennen – eines liebevoll
freundlichen Tricks: Es arrangiert eine, vielleicht nur ganz kurze
Begegnung zweier bislang Fremder, bei der die eine Person von
der anderen regelrecht umgehauen wird und sich verliebt. Was
sie aber auch versucht, diese Verliebtheit findet keine ausrei-
chende Gegenliebe, die Umstände lassen vielleicht nicht mal die
Möglichkeit zu, einen engeren Kontakt zum anderen aufzubau-
en. Aber die intensiven Gefühle bleiben eine Zeitlang bestehen –
und sie liefern die nötige Energie, um auf einer anderen Ebene

als der zunächst gewünschten, also der »üblichen« romantischen, Schritte zu machen. In Tagträumen erfährt der verliebte
Mensch mehr über sich selbst und über das, was ihn am anderen
so fasziniert. Imaginierte Gespräche lassen in ihm ganz neue
Sichtweisen entstehen. Vielleicht entdeckt er eine Eigenschaft
des anderen in sich selbst und bringt sie zur Entfaltung. Oder
das Bild des anderen, das immer mehr zu einem inneren Bild
wird, wandelt in einer Frau ihre Idee davon, wie ein Mann, wie
ein potenzieller Partner sein könnte. Die Instanz des Inneren
Mannes oder des Inneren Geliebten wird verwandelt, wird gestärkt, wird präsenter im Leben dieser Frau. Im Grunde geht es
hier um das, was die Psychologie als Leitbildspiegelung bezeichnet und was sich bei Carl Gustav Jung zu Animus und Anima
nachlesen lässt.[105] Vielleicht wird sich in der äußeren Begegnung
nichts weiter entspinnen, doch innerlich hat frau auf jeden Fall
gewonnen.

Manfred Stelzig empfiehlt die Innere-Anteile-Übung mit dem
Inneren Liebhaber: Man solle sich vorstellen, wie er neben einem sitzt, und ihn ganz genau betrachten, ihn spüren, riechen,
erfahren. Vielleicht auch mit ihm sprechen, ihn rundum erleben.
Dann kann man den Platz tauschen und nachempfinden, wie
dieser liebevolle innere Anteil uns sieht. Es kann dabei helfen,
sich nach und nach liebenswerter und erotischer zu fühlen. Das
gibt dann auch der Gewissheit mehr Raum, dass man von anderen attraktiv und anziehend gefunden wird.[106]

Natürlich ist es wichtig, sich nicht in der »Beziehung« zu einem Phantomgeliebten – also einem Mann, der von der Verliebtheit nichts weiß oder sie nicht erwidert – oder inneren Anteil zu verlieren. So schön und zeitweise stärkend das sein kann,
immer müssen wir von unseren Ausflügen zu diesem Anteil
oder diesem Bild zu uns selbst zurückkommen. Die guten Gefühle gehen dabei nicht verloren. Vielleicht kennst du die große

Dankbarkeit, wenn es dir vergönnt war, einmal im Leben wirklich tief geliebt zu haben. Egal, wie es ausging. Es lebt in dir, es ist dein Gefühl, Teil deines Seins. Und genau um dieses Erleben geht es.

Liebe ist ein Gefühl. Jemanden zu lieben, muss nicht heißen, ihn haben zu wollen, haben zu müssen, es heißt nicht mal, mit ihm zusammen sein zu müssen. Denn dieses sanfte, zarte, Herz und Geist öffnende Empfinden ist in dir und dort kann es erlebt werden. Natürlich ist der Wunsch dann stark, den anderen in der Nähe zu haben, sein Sein zu genießen. Doch das ist manchmal nicht möglich. Immer möglich aber ist es, dieses Empfinden zu erleben und das eigene Sein verwandeln zu lassen. Und dann kann man weiterziehen.

Katherine Woodward Thomas schreibt in ihrem Buch über bewusstes, liebevolles Auseinandergehen für die Zeit nach einer Trennung: »Lassen Sie sich jetzt selbst all die Liebe, Aufmerksamkeit, Loyalität und Fürsorge zukommen, die Sie Ihr ganzes Leben lang von anderen haben wollten.«[107] Das setzt voraus, dass wir dies zuerst in uns spüren, dass wir es in uns zulassen, statt es von außen empfangen zu wollen. Es geht um das Empfinden der Liebe, die sich auf viel mehr richten kann als auf ein begehrtes Du. Sie kann dem Leben selbst gelten, dem Mysterium des Seins. Und diesem einen Ausdruck des Lebens: uns selbst.

Selbstliebe

So sehr uns andere bereichern können und so sehr wir sie erfreuen, nähren, lieben können, das Zentrum unseres Lebens können nur wir selbst sein. Das kann egoistisch gelebt werden, aber dann wurde etwas falsch verstanden. Selbstliebe ist kein Egoismus. Sie ist ab einem gewissen Punkt nicht einmal mehr etwas Persönliches. Die Vielfalt des Lebens lässt sich nämlich auch in uns erfahren. Wir können die uns hier geschenkten

Jahrzehnte dafür verwenden, das Leben am Beispiel der eigenen Person zu erforschen. Denn wen könnten wir besser kennen, wem könnten wir näherkommen? Dabei geht es nicht um das Gefühl, dass wir uns selbst so toll finden. Es geht um das Phänomen Leben, das wir in dieser Gestalt am einfachsten erfahren und erkunden können, weil sie in allen Lebenslagen bei uns ist. Sie ist eine Welle im Ozean, die sich inmitten der anderen Wellen erfährt.

Im Alleinleben kann der Mensch immer individueller werden, differenzierter, mehr »er selbst«. Und doch scheint er sich im gelingenden Alleinsein zugleich zu transzendieren, wenn ihn die Liebe berührt. Es ist dann nicht Eros, sondern Agape, wie es die alten Griechen nannten – die reine, »göttliche« Liebe. Es fühlt sich an wie die Liebe des Lebens selbst, die zu mir strömt und zugleich aus mir herauskommt.

Für mich ist jede Einsamkeit verflogen, wenn ich Liebe spüre – egal, zu wem oder was und ob da überhaupt ein Du ist. Deswegen mag ich auch den Satz so sehr, der eines Tages in so einem Moment in meinem Kopf war: Die Liebe meines Lebens, das ist die Liebe. Es ist das Empfinden der Liebe, das mir zunehmend wichtiger wird.

Es braucht diese Weitung – über einen Partner hinaus, über geschätzte Mitmenschen, ja über Menschen an sich hinaus. Liebe ist die Essenz der Spiritualität und kann alles wandeln. Sie wird uns geschenkt, und zugleich müssen wir lernen, dieses Geschenk zu erkennen, anzunehmen und ihm in seiner Kraft zu vertrauen.

Aber es ist auch ganz praktisch und »irdisch«. Mit einer lebendigen und freudvollen Beziehung zu dir selbst verwandelst du dein ganzes Leben – weil du dein Erleben wandelst. Und vielleicht sogar noch mehr. Die junge Feministin Laurie Penny schreibt: »Wenn alle Frauen dieser Erde morgen früh aufwachten und sich in ihrem Körper wirklich wohl und kraftvoll fühlten, würde die Weltwirtschaft zusammenbrechen.«[108] Heißt das nicht auch, dass wir selbst die ökologischen Krisen dieser Erde, die ja vor allem aufgrund unseres extrem gewordenen Konsums bestehen, mit Selbstliebe bannen könnten?

Was macht es zuweilen so schwierig?

Als Kinder haben wir gelernt, dass Liebe von außen kommt – von unseren Eltern vor allem. Wenn sie uns liebten, ging es uns gut. Wenn sie böse auf uns waren, litten wir und strengten uns an, damit wir wieder die Liebe erhielten, auf die wir angewiesen waren. Dieses Verhaltensmuster haben wir so tief verinnerlicht, dass wir immer noch danach handeln: Wir erhoffen die Liebe von einem anderen Menschen, damit es uns gut geht. Wir erwarten gewissermaßen, dass ein Partner die Aufgabe übernimmt, die früher unsere Eltern hatten.

Doch irgendwann wird es Zeit, diese Funktion selbst zu übernehmen. Gerade im Schmerz, wenn wir am lautesten nach Hilfe rufen, wird es Zeit, bei uns, für uns da zu sein. Wem das schwerfällt, der kann fragen: Was würde ich für einen Freund tun, der sich in der gleichen Situation oder Stimmung befindet wie ich jetzt? Und dann kann er es für sich tun.

Wenn du still wirst und dich nach innen wendest, kannst du erfahren (und verändern), wie es dir geht. Vielleicht ist da ein hektisches Rasen oder eine Traurigkeit, vielleicht Wut oder Angst. Sie sind da – du kannst sie wahrnehmen und sein lassen. Sie gehören in diesem Augenblick zu dir und wollen bemerkt werden. Sie werden vergehen, abgelöst durch andere Empfindungen, die Berührtheit zum Beispiel, die entstehen kann, weil du dich dir zuwendest. Oder das Mitgefühl, weil du dich als

Menschen erlebst, der sich wirklich bemüht und aus irgendeinem Grund jetzt einfach traurig ist oder nicht weiterweiß. Bald wirst du spüren, dass die wahre Kraftquelle in dir selbst liegt. Und die wahre Quelle der Liebe, die dann keine direkte Adresse mehr braucht, sondern einfach fließen kann. Dann kannst du dich mit all dem annehmen, was da ist, dich umarmen, dir von Herzen alles Gute wünschen und dich für das würdigen, was dein bisheriges Leben ausmachte. Was immer auch passiert ist, du hast dein Bestes gegeben. Genau das, was dir zum jeweiligen Zeitpunkt möglich war.

Werkzeuge und Wegweiser

Wenn wir beginnen, Selbstliebe zu entwickeln, dann ist dies insbesondere die Liebe des Erwachsenen, der wir sind, zu dem Inneren Kind, das in uns lebt. Es ist dieser kindliche Anteil, der immer unsere Fürsorge braucht – und der uns dafür mit enormer Kraft und Lebensfreude versorgt. Das Innere Kind ist oftmals sehr verletzt, hat es doch in den ersten Lebensjahren und auch später häufig Unverständnis und Schmerz erfahren. Es zu heilen und sich mit ihm zu versöhnen, gehört zu den wichtigsten und schönsten Aufgaben, die uns das Leben gibt. Und zu den lohnendsten, denn mit einem glücklichen Inneren Kind sind wir erfüllt und kraftvoll. Hier ein paar Vorschläge zum heilsamen Umgang mit dem Inneren Kind[109]:

- *Nimm immer wieder in ruhigen Momenten Kontakt zu dem Kind in dir auf. Vielleicht willst du die Hände auf deinen Bauch legen, denn dort lebt es. Sprich mit dem Kind, sag ihm, dass du es kennenlernen und dich mehr um es kümmern möchtest.*

- *Ein Plüschtier kann dir einen fühlbaren und sichtbaren Ausdruck des Inneren Kindes geben. Es anzuschauen, kann schon die Gefühle ins Fließen bringen und Mitgefühl für dich selbst erwecken. Außerdem kannst du es dir ans Herz drücken, was enorm wohltuend sein kann. Du kannst mit ihm tanzen oder es einfach im Arm halten, was immer dir guttut.*

- *Achte im Alltag darauf, was deinem Inneren Kind gefällt. Geh in Kontakt zu ihm, wenn du entscheidest, was du essen und was du in der Freizeit unternehmen willst oder was dir in einem Moment der Traurigkeit oder in einer schwierig gewordenen Beziehung helfen kann. Diese innere Instanz weiß genau, was dir körperlich und emotional guttut.*

- *Nimm dir immer wieder Zeit, um dich in dein Inneres Kind einzufühlen und es zu fragen, was es braucht und was es sich von dir wünscht.*

- *Erfüll ihm auch Wünsche, die dir vielleicht kindlich vorkommen. Möglicherweise möchte es in den Zoo, will eine Schlittenfahrt machen oder einen Schneemann bauen, es möchte einen Märchenfilm ansehen, etwas basteln oder einen Marienkäfer über seine Finger spazieren lassen. Gönn ihm die Freude. Spiele selbstvergessen mit deinem Inneren Kind – und spüre, dass es dir selbst auch Freude macht, sobald du aufhörst, dich dabei komisch zu fühlen.*

- *Danke deinem Inneren Kind dafür, dass es mit dir lebt, dass es dir Freude und Begeisterung, Lust und Körpergenuss, Gefühle und Vertrauen schenkt, denn genau das sind seine Lebensfelder.*

- *Setz dich mit ihm in Verbindung, sobald du dich einsam fühlst. Sprich es an, spüre es. Wenn ihr herzlich verbunden seid, gibt es keine Einsamkeit. Dann ist da vielleicht noch Traurigkeit, aber du bist verbunden mit dir selbst und im lebendigen Mitgefühl.*

(17) Niemand ist je wirklich allein

Allein bist du näher an der Natur,
näher an der geistigen Welt und erfährst dort
ein heilsames großes Du

Zeitlebens erfasst uns Menschen der Sog des Du. Wir brauchen ein Gegenüber, einen Spiegel, einen Zeugen unseres Seins. Wer dies zeitweise unter den Menschen nicht findet, ist meist umso offener für die Stimmen der Natur und der geistigen Welt. Während sich andere, die als Paare oder Grüppchen unterwegs sind, in ihren Gesprächen verlieren, fällt es dem Einzelnen sehr viel leichter, mit einem Baum in Kontakt zu kommen, einem Fluss, einer Landschaft, einem alten Gebäude. Ungeheuer berührend und heilsam ist es, von dort her Zuspruch und ein ganz eigenartiges Wohlwollen zu erfahren. Zwiegespräche werden möglich und eine tiefe liebevolle Art der Verbundenheit.

Ein Grund, das Alleinsein zu lieben

Ich fühle mich einsam. Niedergeschlagen sitze ich herum.
»Keiner kümmert sich um mich!«, jammert es in mir.
»Ein Egotrip!«, hält ein anderer Gedanke dagegen.
Was?!
Langsam dämmert es mir. Ich sitze hier zwischen Zimmerpflanzen und vielen Dingen, die andere Menschen gebaut und mir verkauft haben. Da sind Möbel aus Holz von Bäumen, es

gibt Stoffe, Geschirr. Viele CDs und DVDs, auf denen Menschen singen, Geschichten nacherlebbar machen oder mir die Welt erklären. Das Geld für alles, was hier ist, habe ich von Firmen bekommen, denen ich dafür eine Leistung gab. Für zwei von ihnen habe ich sogar heute gearbeitet, auch wenn wir nicht direkt miteinander gesprochen haben. Vorm Fenster stehen Bäume, ich höre ferne Stimmen, Autos, irgendwo wird krachend und scheppernd ein LKW entladen. Zwischen all dem die Luft, die jedes Leben atmet und die alles verbindet.

Ist es überhaupt möglich, allein zu sein? Alles, was uns umgibt, lebt oder es wurde von anderen Menschen erfunden und erschaffen. Was wir essen, haben andere angebaut, womit wir uns kleiden, haben andere hergestellt, und selbst ärgern tun wir uns für gewöhnlich über andere – und sei es darüber, dass sie nicht da sind oder uns nicht so lieben, wie wir es wollen.

Wie oft schon dachte ich beim Lesen: Danke, du Autorin, du Autor, für dieses Buch, für diesen einen Satz! Ich fühle mich dir so verbunden! Mit wie vielen klugen Menschen habe ich mich als bekennender Sachbuch-Junkie schon über faszinierende Themen »unterhalten«, während ich ihre Bücher las und in mir bewegte?

Selbst wenn wir auf einer einsamen Insel ausgesetzt wären oder uns in eine Eremitenhöhle des Himalaja zurückzögen und dort auf Lichtnahrung umstellten – wir wären voll von Eindrücken und Erlebnissen, die wir anderen verdanken. Auch unsere Sprache und selbst unser aufrechter Gang wären ohne das Vorbild anderer nicht möglich. Alle kulturellen Errungenschaften, Erfindungen, ja selbst die Art zu denken – alles wurde durch andere ermöglicht und beeinflusst. Es gibt nicht einmal ein einzelnes Gehirn, auch jedes Hirn formt sich in der Gemeinschaft mit anderen, im Austausch, im Reagieren auf das Umfeld.[110]

Auch die Art und Weise, wie wir im Alleinsein mit uns umgehen, ist ein Puzzle aus vielen unbewusst oder bewusst von anderen übernommenen Einstellungen, Ansichten und Methoden. Von Eltern, Lehrern, Freunden, Medien, aus Büchern oder Filmen. Was uns dabei stärkt, ist nicht zuletzt der Strom derer, die sich in all den vergangenen Jahrhunderten mit dem Thema herumschlugen.

Als mir das alles erstmals bewusst wurde, fühlte ich eine tiefe Ehrfurcht. So viele hatten etwas für mich getan, an mich weitergegeben und ich an sie. Ich war Teil eines jahrtausendealten Tradierens und Weiterentwickelns. Eingebunden in ein dichtes Netz, das mir zugleich die Möglichkeit gab, mich frei zu fühlen.

Der Sog des Du

Wenn niemand je wirklich allein sein kann, was ist dann Einsamkeit? Man könnte sagen, es ist die Sehnsucht nach jemandem, der uns versteht, der uns bezeugt, der uns Wert zumisst oder uns zumindest von dem Schmerz ablenkt, diesen Wert nicht selbst zu empfinden. Wir Menschen sind ganz grundlegend Beziehungswesen. Für die ersten Lebensjahre ist das offensichtlich: Als Nesthocker der extremen Art sind wir vollständig auf die gute Beziehung zur Mutter, später auch zum Vater oder zu anderen Bezugspersonen angewiesen, die für unser physisches Überleben sorgen. Auch als Erwachsene brauchen wir ein Gegenüber, um unser Selbstbild weiterentwickeln zu können. Das Du spiegelt uns, wer wir sind. Doch alles Mögliche kann zu unserem Du werden, wenn sich kein Partner oder naher Freund dafür anbietet. Wir können uns dann sogar selbst spalten und Selbstgespräche führen – bis zu einem gewissen Grad ein natürlicher und sogar sinnvoller Vorgang (siehe Kapitel 7). Wir können dieses dringend nötige Du aber auch in der Natur finden, in der Gegenwart von Bäumen oder Tieren. In unserer eigenen

Natur übrigens gibt es auch kein wirkliches Alleinsein: Jeder Mensch ist eine Gemeinschaft von Zellen, und zwar von so vielen Zellen, wie 6500 Erden Menschen hätten: 50 Billionen. Sie alle wären auf sich gestellt lebensfähig, im Körper agieren sie aber als Teil des Ganzen. »Der menschliche Körper spiegelt tatsächlich die gemeinschaftliche Anstrengung einer Gemeinschaft aus 50 Billionen einzelner Zellen wieder«, so der Entwicklungsbiologe Bruce Lipton.[111]

Das nährende Du in der Natur

Alleinsein in der Natur – das rangiert für sehr viele Menschen ganz oben auf gleich mehreren Listen: Wo komme ich zu mir? Wo tanke ich auf? Wo kann ich den Stress loslassen? Wo kommen mir die besten Ideen? Wo fühle ich mich aufgehoben und ganz als ich selbst?

So sehr wir uns als Menschheit von der Natur entfernt haben, sie bleibt die Basis unseres Lebens und Überlebens. Und wir brauchen sie nicht nur körperlich für Nahrung und Atmung, sondern auch seelisch – wir sind und bleiben Kinder von Mutter Erde und all ihre anderen Bewohner, die Tiere, Pflanzen, Steine, Gewässer, Landschaften und Berge, sind in diesem Sinne unsere Geschwister. Familienstreit, gegenseitiges Sich-Ausnutzen und ein Überleben auf Kosten anderer, das schadet am Ende allen. Das spüren wir seit Jahrzehnten und viele Menschen suchen seither nach Wegen, aus der zerstörerischen Abwärtsspirale der Ausbeutung der Natur herauszufinden. Für sich selbst im Kleinen und ebenso in Gruppen und Organisationen der unterschiedlichsten Art.

Im wirklichen Erspüren und Erfahren der Natur – beginnend vielleicht mit einem Baum, einem Fluss, einer Lieblingslandschaft – kommen wir zugleich ihr und uns selbst nahe. Sogar Weisheit wächst uns aus dem Sein in und mit der Natur zu. Man denke nur an die Hirten, die früher viel Zeit mit ihren Tieren in der Wildnis verbrachten und kaum mal Menschen begegneten. Sie hatten meist keine Schulbildung, waren dafür aber bei der Natur in die Lehre gegangen. Und so wurden sie für ihre Heilkunst und ihre Weisheit geschätzt und bei Fragen von den Dorfbewohnern aufgesucht. Sie hatten durch eine Art innere Schau die Zusammenhänge des Lebens tiefer erkannt. Die Natur war ihr wesentliches Du – und sie hatte sich ihnen offenbart, oft in Gestalt von »Naturgeistern, Wildfrauen, Bergteufeln und Feen«, wie es bei Wolf-Dieter Storl hierzu heißt. Was Menschen von ihnen erhalten, sind von alters her die »Schätze der Anderswelt«, zu denen Storl auch Inspiration, Intuition und einen »kristallklaren Geist« zählt.[112]

Wo Erich Kästner schreibt: »… und am schlimmsten ist die Einsamkeit zu zweit«, würde ich sagen: Am schlimmsten ist die Einsamkeit, wenn ich von mir selbst und allen guten Geistern verlassen wurde. Ich weiß heute ziemlich genau, was meine »guten Geister« sind – etwas, das ich einer Phase extremen Alleinseins verdanke. Ich war um die dreißig, als ich eine Gemeinschaft verlassen musste, die mir ein paar Jahre Heimat gewesen war. Zugleich trennte ich mich von meinem Mann, zeitweise auch von meiner Herkunftsfamilie. Es war ein großer Umbruch, ich musste mich gänzlich neu finden – und alles schien mir so verrückt zu sein, dass ich lange mit niemandem über das sprechen konnte, was mich bewegte. Zumal ich mit kaum noch jemandem überhaupt vertraut war. Zeitgleich war ich aufs Land gezogen – intuitiv hatte ich gespürt, dass ich dort wieder zu mir kommen würde. Und wirklich, es stellten sich wie von selbst neue Vertraute ein: ein paar alte Bäume im Wald und ein kleiner, junger, zarter Baum an einem Golfplatz, außerdem ein See, an den ich täglich ging, um mich ans Ufer zu hocken und aufs Wasser zu schauen. Ruhe. Stille. Atem. Wellen. Manchmal flehte etwas in mir um ein Feedback: War ich noch okay? War ich zu retten? Und immer öfter wurden Antworten in mir spürbar, die vom Du der Natur zu kommen schienen. Trost, Hoffnung, neu wachsende Klarheit. Ja, ich war am Leben. Ja, ich spürte. Ja, ich würde mich neu finden.

Ich schien aus allen Verbindungen gefallen zu sein. Und genau da fanden mich ganz neue, stillere Welten, die mich als Du noch – oder überhaupt erst – erreichen konnten. Es schien mir oft so, als würden mich diese Wesen der Natur zu sich rufen, mich ansprechen, um mich aus meiner Isolation zu befreien. Dieser Austausch brachte mich zurück, Schritt für Schritt zurück in die Kraft, in die Freude, ins Selbstvertrauen – und zu neuen Freunden, Vertrauten und Partnern unter den Menschen. Ich erfuhr dabei auch, dass ich dem Suchen und Finden der Seele vertrauen konnte. Und ich schätze seither die Nähe zur Natur und zu geistigen Wesen, wie ich sie so wunderbar im Alleinsein erleben kann.

Bis heute genieße ich es in großer Dankbarkeit, mit diesen Welten verbunden zu sein und mit Gewässern, Bäumen, Pflanzen, Vögeln zu leben. So empfinde ich es auch als beglückend und nährend, durch das Gewühle einer Stadt zu gehen, allein, niemanden kennend, vielleicht nicht mal die Straßen – und mich mit einem Baum, einer Rosenhecke, einer kurz um eine Ecke biegenden Katze oder dem Abendstern verbunden zu wissen. Oder in einem Restaurant draußen zu sitzen und mit achtsamen Bewegungen mit einem Sperling zu kommunizieren, der sich auf den Tisch zu möglichen Krümeln getraut hat.

Ich glaube, dass uns solche Empfindungen angeboren sind, wir sie aber oftmals vergessen haben oder regelrecht ausgetrieben bekamen. Ich weiß noch, dass der Mond in meiner Teeniezeit beim ersten Liebeskummer mein Ansprechpartner wurde. Und das, obwohl ich in einer durchweg rational denkenden

Umgebung aufgewachsen war. Doch er wurde mir wie von selbst zum Du, als ich mich niemandem sonst anvertrauen konnte. Und ich fühlte mich auf geheimnisvolle Weise getröstet.

Für Alleinige kann die ganze Welt zum Du werden. Wir können den Fokus immer neu wechseln. Mit etwas Offenheit leben wir dann weniger »eindimensional« als Menschen, die immer die gleichen Nächsten um sich haben und auf sie fokussiert sind. Dann sind wir heute mit dem Mond verbunden, morgen mit einem Baum. Und taucht übermorgen jemand auf, der uns den Kopf verdreht, ist die innere Verbindung zu Mond und Baum auch erst mal wieder in den Hintergrund verschwunden …

»Ich Narr vergaß der Zauberdinge«

Niemand ist je wirklich allein. Um das tief zu empfinden, braucht es immer neu die Entscheidung, worauf der Fokus liegen soll. Auf dem Partner (der vielleicht gerade nicht existiert), auf Gesellschaft (die möglicherweise gerade nicht zur Hand ist) oder auf all dem, was da ist: die Natur, die Kunst, die Stille, das eigene Herz, das Heilige des Moments.

Unsere Sicht der Welt hat sich in den letzten Jahrzehnten rasant verändert und tut es weiter. Was wir in der Schule in den naturwissenschaftlichen Fächern gelernt haben, hat nicht mehr viel mit dem zu tun, wie die fortschrittlicheren Wissenschaftler die Welt heute sehen. Immer mehr von ihnen räumen dem einen Platz ein, was nur als spirituell bezeichnet werden kann. Und das Wirken von morphogenetischen Feldern, von Energie, von Bewusstsein wird immer stärker als lebensbestimmend anerkannt.

Auf der wissenschaftlichen Ebene verstehen das alles sicher die wenigsten von uns. Im Praktischen aber bestätigt es vieles von den Ansichten und Methoden unserer Vorfahren und vieler spiritueller oder Heilertraditionen. Was wir erleben, ist wie ein kollektiver Shift, den wir als Einzelne nach und nach mitgestalten.

Ich sage mir in solchen Zusammenhängen oft diesen herrlichen Satz von Papageno aus der *Zauberflöte*: »Ich Narr vergaß der Zauberdinge!« Dann nämlich, wenn ich merke, dass ich ein Problem allein mit dem Kopf zu lösen versuche, statt Intuition, Inspiration, schamanische Bewusstseinsreise oder das Gespräch mit einem Baum zu nutzen. Wenn ich an etwas herumkämpfe, bis mir endlich einfällt, dass ich in einem Gebet um Unterstützung bitten kann, dass ich eine Methode des geistigen Heilens versuchen oder eine Work nach Byron Katie oder das Gespräch mit inneren Anteilen probieren kann. Solche »Zauberdinge« gehören seit Menschengedenken zu unserem Repertoire, um im Leben zurechtzukommen. Wir aber haben sie vergessen und sind gerade erst dabei, sie auch kollektiv wieder in unser Gedächtnis zurückzuholen.

Fühlst du dich einsam, zieh dich zurück ...

... von der Idee, dass sich nur mit anderen Menschen Verbundenheit erfahren ließe. Erlebe das leise, wundervolle Mitschwingen mit einem Baum, deinem Haustier, einem Fluss, einer Amsel, einem Engelwesen, einem Dichter in dessen Zeilen.

In dieser Offenheit weben wir an einem Netz der bewussten Allverbundenheit. Verbunden sind wir ohnehin immer mit allem, auch wir Menschen untereinander – wir bemerken es nur nicht. In dem Dokumentarfilm *I am* von Tom Shadyac kommen Wissenschaftler zu Wort, die aus unterschiedlichen Perspektiven zu der Aussage kamen: Wir Menschen sind keine kämpferischen Einzelwesen, das Wesentliche in uns ist die Bereitschaft zu Kooperation und Mitgefühl. Wir sind zutiefst zufrieden, wenn wir Gemeinschaft erleben oder anderen etwas Gutes tun.

Jeder, der das empfindet, trägt es weiter. Und wer es momentan aus welchen Gründen auch immer nicht so gut mit Menschen leben kann, kann sein Herz trotzdem offen lassen und die Verbundenheit, das Lieben auf andere Weisen erleben und ins große morphogenetische Feld einspeisen (siehe auch Kapitel 20).

Das lässt sich nicht zuletzt auch so sehen: Allein sind wir verbunden mit allen, die ebenfalls allein sind. Meditierend sind wir verbunden mit allen, die ebenfalls meditieren. Wer viel allein ist, kann so vieles spüren, wofür wir in der Gesellschaft noch gar keine Begriffe haben. Es können Verbundenheiten mit allem entstehen, was dieses Leben ausmacht. Wir können diese Verbindung sogar ganz bewusst zu den Energien suchen, die wir als nährend, heilsam und liebevoll erleben. Je nach Erfahrung des Einzelnen könnte das zum Beispiel der »Geist des Yoga« sein, der beim Praktizieren unterstützt, oder die Energie des Komponisten, während wir musizieren. Mit immer feiner werdenden Sinnen ist so vieles möglich.

Was uns naturgemäß nicht verlässt, ist das Alleinsein selbst. Es kann ebenfalls als Energie, als geistiges Wesen verstanden und wahrgenommen werden – streng vielleicht in seiner zeitweiligen Unerbittlichkeit, doch letztlich von großer Weisheit und Güte. Manche sprechen vom Alleinsein oder von der Einsamkeit auch als »Schwester«. Wie auch Claus Eurich, bei dem es heißt: »Das Durchwandern der Einsamkeit, sie als liebende Schwester anzunehmen, gleicht einer Einübung ins Sterben und in die Auferstehung zugleich. Man kann sie verstehen als Übung der Demut, geboren aus der Einsicht in unsere Endlichkeit, und zugleich als vertrauende Zuversicht, dass Dunkelheit nicht gleichzusetzen ist mit dem Verschwinden des Lichts, sondern lediglich mit seinem vorübergehenden Rückzug aus unserer direkten Wahrnehmung.«[113]

Was macht es zuweilen so schwierig?

Unsere Verbundenheiten sind tausendfach vielfältiger, als wir gemeinhin meinen. Viele haben ihren Lieblingsbaum, mit dem sie sich unterhalten und an den sie sich lehnen. Andere haben ihre Engel, die sie mit einer spürbaren, kraftvoll-zarten Präsenz trösten. Wer schamanisch arbeitet, weiß durch seine Krafttiere und anderen geistigen Verbündeten, dass er niemals allein sein wird.

In unserer durchrationalisierten Welt haben diese Dinge aber keinen Platz, sie werden verlacht oder wenigstens geringgeschätzt. Wer sie erlebt, den stärken sie auf eine Weise, wie das etwas rein Rationales niemals tun könnte. Er muss sich aber trauen. Genau das ist die Herausforderung.

Oft fühlen sich Menschen einsam, die genau diese Seite des Lebens lieben und schätzen. Wie schnell wird da jemand als Spinner abgetan, während er einen Reichtum lebt, der unser aller Welt befruchten könnte! Das leidige Thema Verrücktheit. Wir lernen diese Art des Verbundenseins heute üblicherweise nirgends. Aber sie lebt in uns und wird oftmals genau dann wach, wenn wir nicht mehr so fest in der Welt des Üblichen verankert sind. Wie schön, wenn Menschen es dann zulassen, sich davon helfen lassen und es später auch ins menschliche Miteinander bringen können.

Natürlich will sich auch jemand, der gern allein ist, ab und zu anlehnen. Er nutzt nur nicht so oft einen anderen Menschen dafür, sondern eher die Natur und geistige Vertraute.

Werkzeuge und Wegweiser

Vielleicht möchtest du dir in einem ruhigen Moment einmal bewusst machen, womit du dich alles verbunden wissen kannst. Was ist in diesem Moment um dich herum alles da, an Gegenständen, Pflanzen, Tieren? An Menschen in deiner Nähe und an solchen, die du im Kopf und im Herzen hast? Was lebt an Erfahrungen und Erinnerungen in dir, die dich mit weiteren Menschen und Tieren oder Bäumen verbinden? Mit Orten, die dich lächeln lassen, wenn du an sie denkst? Was schätzt du an Kunst und Kulturgütern – vom großen Sinfoniekonzert bis hin zum Rezept für deinen Lieblingskuchen? Und wie steht es um geistige Verbündete, innere Begleiterwesen oder auch Dichter oder verstorbene Verwandte, Bekannte oder Prominente, von denen du dich irgendwie so eigentümlich getröstet, gestärkt, beraten oder begleitet fühlst?

18. Sich auf das eigene Selbst verlassen

Hast du das Alleinsein gelernt,
hast du es an den großen Kreuzwegen
des Lebens leichter damit

Entscheidungen von großer Tragweite, Krankheit, Sterben – wie es Reinhard Mey so treffend ausdrückt: An den Kreuzwegen des Lebens sind wir allein. Natürlich sind wir in den äußeren Belangen gerade in Krankheit und Sterben auf die Unterstützung anderer angewiesen. Aber innerlich sind wir jetzt sehr allein. Wer sich nun zum ersten Mal bewusst damit auseinandersetzen muss, hat einen Schock zusätzlich zu verarbeiten. Wer es hingegen kennt, für sich zu sein, der wird sich ohne Zögern ganz auf die inneren Kräfte, auf das Gebet vielleicht, die Meditation fokussieren, wenn diese großen Stunden gekommen sind. Er weiß, dass er allein ist. Er ist es gewohnt, selbstständig durch Schwierigkeiten hindurchzugehen, und hat eine hohe Selbstwirksamkeit entwickelt. Und im besten Fall weiß er sich geborgen in einem größeren Ganzen, egal ob er es momentan spüren kann oder nicht. Er kennt es und sein inneres Wesen vergisst es nicht mehr.

Ein Grund, das Alleinsein zu lieben

Das Leben wirft uns immer wieder auf uns selbst zurück. In Krisen, im Scheitern, in Trennungen, Verlusten, in Krankheit, Alter und Sterben bricht in sich zusammen, was wir bislang für wahr und für lebenstauglich hielten. Wir mögen uns jetzt noch so sehr beraten oder anlehnen können, uns noch so viel unterstützen lassen, wir sind allein und wir wissen es. In unserem Körper, der vielleicht schmerzt und langwierige Behandlungen erhält, sind wir ebenso allein wie in unserem Kopf und in unserem Herzen, in denen sich die Welten neu sortieren müssen. Vielleicht erleben wir auch die Unsicherheit unserer Angehörigen, die sich zurückziehen, weil sie nicht mit uns umzugehen wissen. Wir sind heilfroh, wenn wir Unterstützung und ein wenig Wärme von anderen erhalten. Doch zugleich erkennen wir, dass wir immer allein waren, dass wir allein durch den Geburtskanal mussten, lebenslang jeden Abend allein in die Gefilde des Schlafes tauchen und am Ende allein den Weg aus dem Körper heraus gehen werden.

Dieses große Alleinsein angesichts von Krise und Neuausrichtung können wir in gewisser Weise üben. Jedes Alleinsein, dem wir nicht ausweichen, bereitet uns auf diese großen Momente vor. Ist uns unser Inneres bereits Heimat geworden, wird es uns auch in diesen schwierigen Phasen Zuflucht gewähren, wird Ruheinsel und Kraftplatz sein können. Wir scheuen nicht davor zurück, bei uns selbst zu sein, denn wir halten es mit uns aus. Und wir wissen bereits: Im Alleinsein sind wir umso mehr verbunden mit den inneren und den geistigen Kräften, die uns in der Stille erwarten. Versöhnung mit der Endlichkeit auch unseres Lebens kann entstehen, wenn wir sie spüren.

Im Buddhismus wird gelehrt, dass wir nicht dann zu Ruhe und Frieden kommen, wenn wir endlich die Beständigkeit von etwas entdeckt haben – danach könnten wir lebenslang vergeblich suchen –, sondern wenn wir akzeptieren, dass die Dinge unbeständig sind. Unsere Gesundheit, unsere Finanzen, unser Denken, unser Leben machen da keine Ausnahme. Sich damit bereits in jüngeren, frischeren Jahren zu befassen, immer wieder bei sich selbst in den Tiefen anzukommen, in denen dieses Wissen bereits lebt, ist eine sinnvolle Vorbereitung für die späten oder für schwierige Jahre. Das Geistige pflegen, um am Ende, wenn das Körperliche nachlässt, nicht in eine verzweiflungsvolle Leere zu fallen.

In ihrem Buch über Heilrituale in der Natur betont Ursula Walser-Biffiger, wie wichtig das Alleinsein für eine Zeit der Krankheit und der Genesung ist: weg von Diagnosen und Meinungen, von Fachwissen und möglicherweise lohnenden Alternativen, von Ratschlägen und all dem Wohlmeinenden, von dem unterschwelligen Zwang, den Schmerz für die Angehörigen möglichst gering zu halten. Hin zu sich selbst, in die eigenen Gefühle und Bedürfnisse und in die fortwährende Verbundenheit mit der Natur, die endlich wieder spürbar gemacht werden kann. Doch auch all das Unterdrückte wird spürbar – die Ängste und die Wut, das Gefühl, ungerechterweise zu leiden, die Trauer über nicht mehr lebbare Träume. Im Alleinsein hat all dies Platz, kann sich Gehör verschaffen und angenommen werden. Wer mit dieser Art des ordnenden Für-sich-Seins bereits vertraut ist, hat es nun etwas leichter.

Und auch der, der immer bestrebt war, seine Träume umzusetzen. Bei einer Bekannten beobachtete ich um ihr siebzigstes Lebensjahr herum einen endlos scheinenden Hunger nach Leben – sie buchte rastlos Reise um Reise und sprach von der Angst, dass sie nicht mehr genug machen und erleben könne. Ich fragte eine nur wenig jüngere Freundin, ob sie diesen Hunger kenne, und sie meinte nach einigem Nachdenken: »Nein, ich habe mich immer wieder in ruhigen Momenten gefragt, was ich will, und das dann auch umgesetzt. Ich kann nichts verpassen.« Immer wieder das Gespräch mit sich selbst zu suchen, führt unmittelbar dazu, dass sich das Leben – im Rahmen des derzeit Möglichen – so gestaltet, dass es uns entspricht. Mit dem, was nicht möglich ist, lässt sich Frieden schließen. Das alles verhindert den zusätzlichen Schmerz im Alter, nicht richtig gelebt, zu viel verpasst zu haben. Der Blick kann tatsächlich friedlich immer stärker nach innen gehen.

Da muss ich durch

Wer viel allein unternimmt, kennt diese Momente: Es wird gefährlich, es kann schiefgehen. Aber es gibt keine Alternative. Die Straße ist vereist, der Rückweg aber auch – also weiter! Die Wanderkarte stimmt nicht mehr mit der Umgebung überein, es dämmert bereits, kein Handyempfang – es hilft nichts: beten, intuitiv und nach bestem Wissen und Gewissen weitergehen und hoffen, dass es gut geht. Ein Jobangebot zieht einen Umzug und weitere Veränderungen nach sich, alle Optionen sind geprüft – es muss entschieden werden. Es kann schiefgehen. Doch wir werden handeln. Und wir werden die Folgen tragen.

In solchen Momenten kann man sich sehr allein fühlen. Wenn es aber tatsächlich keine Alternative gibt, als es allein durchzustehen, dann gibt es kein Jammern. Dann wird der Fokus justiert, ein Stoßgebet abgesendet und los geht es. Alles wurde auf eine Karte gesetzt, jetzt gilt es. Weiteratmen, Schritt um Schritt setzen. Ich habe mich schon dabei erlebt, dass ich auf einer Autofahrt zu einem für mich sehr aufregenden Termin von allein begann, ein beruhigendes Mantra zu singen, was ich sonst nie tue. Alle Ressourcen werden abgerufen, auch vom Unterbewusstsein. Es sind Momente höchster Wachheit, größter Lebendigkeit. Ein prickelndes Einssein mit dem Leben, auch wenn wir durchaus froh und erleichtert sind, wenn es heil überstanden ist.

Letztlich ist es ein Training für weitere Momente, in denen einfach niemand da ist, um uns zu helfen. Leben ist niemals sicher. Den Vorsichtigen und nichts Wagenden geschieht am Ende wahrscheinlich weniger Gutes und vielleicht sogar mehr Missgeschick (denn sie üben ja nicht). Und sie erleben nicht den Stolz und den Zuwachs an Selbstvertrauen, wenn Kniffliges gemeistert wurde.

Fühlst du dich einsam, zieh dich zurück …

… von der Hoffnung, dass du auf allen Wegen von anderen Menschen begleitet werden kannst … und von der Vorstellung, dass du die Begleitung anderer Menschen auf allen deinen Wegen unbedingt brauchst. Öffne dich für die höheren Kräfte in dir selbst und im Kosmos. Sie sind für dich da. Lass sie wirken.

Zu Prüfungen, zu Dates, zu Operationen, zu entscheidenden Geschäftsterminen, zu so vielen wesentlichen Ereignissen gehen wir allein. Abends sitzen wir da – am nächsten Tag wird es passieren. Wir wissen es, aber wir wissen nicht: Wird es gut gehen? Andere Menschen können uns beraten, uns zuhören, sie können uns die Daumen drücken und uns sogar bis zur Tür begleiten. Das große Ereignis aber stehen wir allein durch. Allein vor allem in unserem Selbst, auf das wir uns plötzlich mehr als sonst fokussieren. Es ist *unser* Herz, das heftig klopft. Es sind *unsere* Gedanken, die Karussell fahren und die wir immer wieder beruhigen müssen. Es ist *unser* Leben, das sich durch das Anstehende für immer verändern könnte. Wir sind es, die das werden tragen müssen.

Es ist typisch für uns Menschen, sich in solch herausfordernden Momenten bewusst zurückzuziehen, um alle Kräfte zu bündeln, mit sich ins Reine zu kommen, zu beten vielleicht. Künstler tun das vor ihrem Auftritt. Sportler vorm entscheidenden Start. Und es heißt, dass sich früher sogar Gebärende allein zurückgezogen haben, ganz auf die Natur vertrauend, auf die eigene und die der Erde und der Pflanzenwelt.

Was macht es zuweilen so schwierig?

Ich liege krank im Bett. Eigentlich wollte ich an diesem Buch arbeiten, aber von einer Stunde auf die nächste geht nichts mehr. Ein alarmierender Gedanke bricht in die matte Stille ein: Sterbe ich jetzt am Alleinsein, weil ich die Grippe habe und zu schwach und zu fiebrig bin, um noch mal aufzustehen und mir ein Glas Wasser oder das Telefon zu holen? Liefere ausgerechnet ich, die Liebhaberin und Verfechterin des Alleinseins, ein bitteres Beispiel dafür, wie gefährlich es eben doch ist, sich von anderen Menschen zu entfernen?

Die Gefahr ist real. Gerade in den Untiefen und an den Kreuzwegen des Lebens brauchen wir einander. Ganz besonders auf der physischen Ebene, wenn wir selbst nicht mehr für uns sorgen können. Hier nicht vorgesorgt zu haben, auch im Hinblick auf das Alter und die nachlassenden Kräfte, kann zu einem bösen Erwachen führen. Ich rate daher nicht zu leichtsinnigen Alleingängen. Gerade wer das Für-sich-Gehen gut kennt, weiß auch um seine Grenzen.

Zugleich lassen sich Kontakte, selbstverständlich fürsorgliche zumal, nicht erzwingen. Es ist gesund und klug, das Thema im Auge zu behalten. Immer aber wird ein Alleinlebender vollverantwortlich die Konsequenzen seiner Art zu leben tragen müssen. Dies zu wissen, ist schon mal ein erster Schritt zu einem bewussten Umgang mit den Fallstricken, die hier tatsächlich lebensbedrohlich werden können. Mit viel Mut entsteht auch die Einsicht: Einen Tod muss ich sterben.

Vor allem ab der Lebensmitte kann aber auch dieses Gefühl auftauchen, es einfach nicht mehr allein zu schaffen. Immer selbst für alles verantwortlich zu sein, alles managen, alles entscheiden zu müssen, ja nicht krank werden zu dürfen, weil dann einfach niemand da sein wird, der sich verbindlich kümmert. Immer ringen und kämpfen zu müssen und sich doch letztlich nicht allzu viel aufbauen zu können, weil das Leben allein einfach teurer ist. In schwachen Momenten, in denen die Belastungen des Alltags übergroß scheinen, sind auch solche Gedanken nicht fern. Bei Lichte betrachtet enthalten sie meist nicht allzu viel Wahrheit – aber gerade an Licht mangelt es eben leider in diesen Zeiten.

Werkzeuge und Wegweiser

In schwierigen Momenten können wir leicht den Halt verlieren und uns ängstlich und zutiefst einsam, ja verlassen fühlen. Doch wer allein ist, kennt die Selbstverantwortung und wird alles daran setzen, in diesen Stimmungen nicht allzu lange hängen zu bleiben. Eine uralte Übung kann ihm helfen, sich als getragen, verbunden und doch weit und frei zu empfinden, eingebunden in die größeren Kräfte des Kosmos. Es gibt diese Meditation in zahlreichen Variationen und ich habe sie wiederum im Hinblick auf das Alleinsein etwas abgewandelt.

Du setzt oder stellst dich dafür aufrecht hin und kommst etwas zur Ruhe. Im Falle einer Krankheit lässt sich diese Übung auch im Liegen ausführen, am besten mit angekipptem Kopfteil. Du spürst deinen Körper und deinen Atem, der allmählich tiefer wird. Nun spürst du in deine Füße hinein und beginnst, dich nach unten und zu den Seiten in der Erde zu verwurzeln. Du spürst, wie die Wurzeln aus deinen Füßen heraus wachsen und sich in alle Richtungen ins Erdreich graben. Bald schon kannst du belastende Energien über diese Wurzeln an die Erde abgeben und ihre nährende Energie in dich aufnehmen. Du fühlst die liebevolle Verbundenheit mit Mutter Erde, die dich immer trägt und hält.

Nach einer Zeit beginnst du, dich nach oben zu öffnen. Du weitest dich in Richtung Himmel und streckst deine Antennen nach oben aus, um den Segen von Vater Himmel zu empfangen. Du spürst die unendliche Weite, die dich wachsen lässt, die Freiheit, das Potenzial.

So stehst oder sitzt du da, geborgen zwischen Himmel und Erde. Schon in uralten schamanischen Kulturen galt es als die Aufgabe des Menschen, beide zu verbinden und aufrecht wie ein Baum im Leben zu stehen – nach unten in der Erde fest verwurzelt, nach oben in den Himmel gestreckt und offen für Inspiration und die stille unendliche Weite. So wird der Mensch zum Kanal für das Göttliche, das durch ihn hindurchfließt. Er ist Vermittler zwischen Oben und Unten, zwischen Männlich und Weiblich.

Mit dieser Übung geschieht nun zusätzlich etwas sehr Wertvolles für Phasen, in denen wir uns einsam fühlen. Vielleicht erinnerst du dich an die zwei grundlegenden Bedürfnisse, die wir haben: das nach Wachstum und das nach Verbundenheit. Im menschlichen Miteinander ist es recht schwierig, beides zu erlangen – mal wachsen wir anderen davon, mal klammern wir zu sehr im Sehnen nach Verbundenheit.

Als bewusster Kanal zwischen Himmel und Erde erleben wir allerdings beide Bedürfnisse als erfüllt: Verbunden mit der Erde, die uns trägt und nährt, lassen wir unsere Wurzeln in alle Richtungen wachsen, horizontal, wo sie all die anderen Lebensformen berühren, und in die Tiefe hinein, wo sie sich im Inneren der Erde verankern. Nach oben zum Himmel geöffnet erfahren wir Wachstum, Inspiration für Neues und die Verwobenheit mit dem großen Ganzen, dessen Teil wir sind. In der Mitte ist unser Herz, das sich in Liebe und Dankbarkeit öffnen kann.

19. Die Energie aus dem Zentrum

Hast du das Alleinsein zum Freund,
ist es dir eine immer verfügbare Kraftquelle

Kraftquellen haben wir zum Glück viele. Solche, die uns immer und zu jeder Zeit zur Verfügung stehen, sind allerdings schon knapper. Die Fähigkeit, mit sich selbst zu sein und zu wissen, wo die inneren Räume sind, die Kraft geben, gehört unbedingt dazu. Im Alleinsein geübt kann man sie nicht nur in den Oasen des puren Selbst-Seins, sondern auch mitten im Menschentrubel nutzen.

Ein Grund, das Alleinsein zu lieben

So viel Wirbel, so viele Gedanken, Gespräche, Erledigungen, Emotionen, Telefonate, Begegnungen – und jetzt endlich in den Schoß des Alleinseins sinken. Mich mit niemandem mehr teilen. Ganz für mich sein, ganz ich selbst. Ich spüre, wie es in mir rast und strömt und vibriert und tobt und will.

Ich halte es aus, bleibe im Spüren, im Wahrnehmen, lasse mich von den Gedanken nicht mehr mitreißen. Langsam, sehr langsam beginnen sich all die inneren und äußeren Ereignisse zu sortieren. Es klingt allmählich aus, was der Tag in mir zum Schwingen gebracht hat. Ich spüre, wie aus der Kakophonie wieder Harmonie wird. Und schon bemerke ich, wie die ersten zarten Wogen neuer Kraft in mich einströmen, wie aus einer verborgenen, tief unterirdischen Quelle.

Dankbarkeit erfüllt mich. Dankbarkeit für diesen ruhigen Abend, den mir das Alleinsein schenkt. Dankbarkeit dafür, dass es mir vergönnt war, es mir zum Freund zu machen. Zu einem Freund fürs Leben. Und zu meiner Kraftquelle. Im Alleinsein habe ich mich selbst immer besser kennengelernt. Ich habe eine Heimat entdeckt – in mir selbst, in meinem Inneren, einen Ort, von dem aus ich mit vielen guten Geistern des Lebens verbunden bin.

Der tragende Boden in dir selbst

Es ist die innere Heimat, die wir jederzeit aufsuchen können. In dieser Oase des puren Selbst-Seins finden wir stets neu Zuflucht. Auch wenn es uns nicht immer gelingen mag, den kraftvollen Frieden, der von ihr ausgeht, zu spüren und in unser Leben fließen zu lassen – wir können wissen, dass er da ist. Ob in Momenten lauernder Einsamkeit oder im überfordernden Trubel des Alltags. Selbst im lauten Menschengewühle kann die innere Heimat für den eine Kraftquelle sein, der sich einmal den Zugang zu diesem Ort erschlossen hat.

Von dort aus können auch Stunden der einsamen Traurigkeit und der Schwermut, Krisenmomente und ängstliches Zögern vor anstehenden Schritten, all das, was wir uns nicht gern eingestehen, was wir nicht gern empfinden, als »okay« angenommen werden. Als Teil des Lebens, als Facette des Empfindbaren. Wir spüren Mitgefühl für diesen Menschen, der das gerade empfindet und der wir selbst sind. Er erlebt, was so viele vor ihm durchgemacht haben und nach ihm durchmachen werden. Es so zu erleben, gibt dem Leben eine ungeheure und letztlich süße Tiefe.

Dann merken wir auch: Im wirklichen Alleinsein sind wir nicht allein. Dort, in unserer inneren Heimat, wissen wir uns mit dem Überpersönlichen, dem größeren Ganzen verbunden. Das ist dieser tragende Boden, auf dem sich stehen, auf dem sich leben und lieben lässt. Mal ist er nach Sekunden spürbar, sobald wir uns nach innen wenden. Zu anderen Zeiten werden wir länger brauchen, einige Tage vielleicht sogar, bis sich all die Wirbel besänftigen konnten, die der Alltag entstehen ließ. Doch wenn dieser Boden spürbar ist, sind wir angekommen. Wir können uns selbst vertrauen – und wir sind von Herzen bereit, Beziehungen einzugehen. Wir haben außerdem die Option, im ruhigen, offenen Gespräch mit uns selbst zu prüfen, ob wir die Weichen des privaten, beruflichen oder auch inneren Lebens neu stellen wollen.

Fühlst du dich einsam, zieh dich zurück …

… auf dich selbst. Die Kraft, die du suchst und brauchst
und wünschst, ist in dir selbst zu finden.

Man hört oft, dass die alten Menschen am einsamsten seien. Und tatsächlich sind sie auch am häufigsten allein. Aber sie kommen tendenziell gut damit zurecht, haben Erfahrung mit sich selbst und sind nicht mehr so stark nach außen orientiert.

Wer mir viel mehr Sorgen macht, sind die Jungen. Von frühester Kindheit an mit Smartphones und Helikoptereltern ausgestattet, haben sie kaum eine Chance, die Fähigkeit zum Alleinsein zu lernen. Die aber wird ihnen – und der Menschheit – fehlen. Wenn unentwegt andere gebraucht werden, um sie zu unterhalten, zu bestätigen, zu bespaßen, anzuleiten, zu motivieren, dann nennt man das Abhängigkeit. Die inneren Ressourcen bleiben verschüttet, Kreativität ist nur schwer möglich und an den Genuss der eigenen Gesellschaft ist gar nicht zu denken. Gegenwärtige und künftige Biografien beinhalten fast zwangsläufig

Phasen des Alleinseins. Sollte es nicht darum gehen, sich darauf vorzubereiten und sich so die Möglichkeit zu geben, konstruktiv mit den Gegebenheiten umzugehen? Andernfalls geht eine der wesentlichen Kraftquellen des Menschen verloren.

Was macht es zuweilen so schwierig?

Ich bin so gern allein, dass ich manchmal fürchte, dass mein Leben nicht ausreichen wird, es voll und ganz auszukosten. Das liegt vor allem daran, dass es auch mir nicht immer gelingt, im physischen Alleinsein wirklich für mich zu sein. Dann überrennen mich tausende Gedanken und Forderungen und malen meine Welt – auch die innere – grau und trüb. Sorgen ziehen auf, Ängste folgen. Zum Glück kann ich mir heute soweit vertrauen, dass ich weiß: Ich komm da wieder raus, oft sogar recht schnell. Gerade mit diesem Motto: Fühlst du dich einsam, zieh dich zurück. So weit, bis du wieder die Stimme des Lebens selbst hörst, bis du den inneren Reichtum wahrnimmst und die Geborgenheit spürst, die dir die »wunderbaren Mächte« geben.

Es ist auch eine Treue zu sich selbst nötig, gerade in persönlich wertvollen Qualitäten, die sonst vielleicht niemand zu teilen scheint. Ein stiller Einzelgänger kann von außen betrachtet grau, langweilig und irgendwie traurig aussehen. Zumindest für die, die stark extrovertiert unterwegs sind und nur mit den physischen Augen schauen, weil ihnen feinere Antennen fehlen. Aus der Innensicht des Einzelgängers nämlich kann sein Leben außergewöhnlich reich und farbenfreudig sein, geprägt von harmonisch miteinander schwingenden Sphären des Denkens, Empfindens, Erfahrens, Wissens und Ahnens.

Werkzeuge und Wegweiser

Das Alleinsein und die damit verbundene innere Stille als Kraftquelle zu nutzen, das kannst du sehr gut lernen, indem du dich
in Sphären begibst, wo es bereits gelebt wird. Das können
Schweigeretreats sein, die in Seminarhäusern angeboten werden, aber auch buddhistische oder christliche Klöster oder ein
Yoga-Ashram, von denen es immer mehr auch in Europa gibt.
Dort bist du nicht allein, aber doch für dich. Du klinkst dich ein
in das bestehende Feld und erlebst, wie es mit dir in Resonanz
geht und sich auch in dir zu stärken beginnt. Der Tag hat eine
Struktur, die alltägliche Überlegungen überflüssig macht und die
Achtsamkeit für den Moment fördert. Die Ablenkungen sind
stark reduziert und alles Tun – und vor allem Lassen – zielt darauf ab, zu sich, in die Stille und so zum Göttlichen zu kommen.

20. Wie es Liebe wird

Kenner des Alleinseins sind Pioniere einer
neuen Stufe der Verbundenheit mit dem Leben selbst.
Genau das, was wir heute brauchen.

So wundervoll es ist, sich in kostbaren Momenten der inneren Stille und ohne Ablenkung durch andere Menschen ganz mit dem Leben verbunden zu fühlen – so wertvoll ist es auch für die Menschheit als Ganzes. Es ist nicht übertrieben zu sagen, dass wir an einem entscheidenden Wendepunkt stehen, und viele spirituelle Lehrer betonen, dass uns kollektiv nur ein grundlegender Bewusstseinswandel überleben lassen wird. Einer dorthin, wo wir das Leben an sich – ob in einem Menschen manifestiert, in einem Tiger, einer Biene, einem Wald oder in Gaia selbst – fühlen, achten und lieben. Als meditativer Weg gelebt kann das Alleinsein genau dorthin führen. Und für viele, die sich zeitweise etwas einsam fühlen, kann es eine stützende Vorstellung sein, dass sie vielleicht genau in dieser Lebensphase auf ihre Weise an diesem Feld der Liebe mitweben.

Ein Grund, das Alleinsein zu lieben

Ein regnerischer Sonntagmorgen. Ich lass den Tag gemütlich angehen. Pavarotti singt sehnsuchtsvolle, tränenreiche Arien, während ich vom Sessel aus in den Himmel schau. Langsam öffnet sich mein Herz für die Schönheit, die auch in den schweren

Gefühlen lebt. Dankbarkeit erfüllt mich – dafür vor allem, dass ich immer für mich da bin. In guten wie in schlechten Tagen. So war es schon mein Leben lang, und als es mir eines Tages bewusst wurde, war das wie das Auspacken eines sehr großen, sehr wertvollen Geschenks: Da ist tatsächlich jemand, der immer für mich sorgt. Und er ist mir näher, als es jeder andere Mensch je sein könnte. Ich selbst bin es – und doch ist es noch viel weiter, viel größer als das, was diese Person ausmacht. Es hat bei tieferer Betrachtung keine Biografie, vor allem keine von nur wenigen Jahrzehnten so wie mein Alltags-Ich. Dieses »Ich«, dieses »Selbst«, das immer für mich da ist, irgendwie ist das auch der Hauch des Windes in den Bäumen vorm Fenster. Es ist Sonne und Mond. Es ist die Lebendigkeit, die da strömt, wenn ich ins grenzenlose Innere lausche, genauso wie die, die der Wald an einem Frühlingsmorgen fühlbar macht … Während ich hier in meinem Sessel sitze, spüre ich eine Liebe, die weiß, dass dieser Moment all das Ringen wert war. Dieser Moment, in dem alles, wirklich alles in meinem Herzen Platz findet.

Das für mich schönste und heiligste Geschenk des Alleinseins ist die gelebte, tief empfundene, im Wortsinne wunderbare Beziehung zu diesem Großen, Unsagbaren, zum Leben selbst. Ich spüre sie – leider – nicht immer. Aber doch immer häufiger. Es ist auch dieses Antworten des Lebens auf jede meiner Regungen und insbesondere auf mein Fragen, auf mein Ringen, auf mein Bitten. Wie schnell zeigt sich dann eine Antwort: in Form eines Gefühls, eines kreativen Gedankens, eines zarten Dufts im Raum, einer genau passenden Mail von jemandem, einer Vogelfeder auf dem Weg, eines Gesprächsfetzens vorübergehender Fremder, eines Strauchs im Park, der mich anzusprechen scheint, einer CD oder eines Buchs, die ich warum auch immer heute mal wieder aus dem Regal nehme, einer Sternschnuppe in einem Moment großer Unsicherheit. Dieser wundersame

Dialog, in dem immer ich die Beschenkte bin, wäre mir nicht bewusst geworden, wenn ich nicht so viel Zeit allein verbringen würde.

Da ist es wieder, dieses Durchtauchen. Barbara Mettler-von Meibom schreibt, dass es nur sinnvoll sein kann, sich der Einsamkeit als zunächst unerwünschtem Gefühl zuzuwenden und sie als Freundin zu betrachten. Dann lehrt sie uns etwas über die Liebe. Nicht über die zu einem Partner, nicht über die von Berührung und Austausch, sondern über »jene Liebe, die alles Geschaffene und alles Gewordene annimmt und sich in ihm verbunden weiß und fühlt: mit mir selbst ebenso wie mit der Mitwelt der Menschen, Pflanzen, Tiere und dem ganzen Kosmos, an dem ich teilhabe und in dem ich existiere«.[114]

Einen Menschen lieben ist wundervoll. Viele Menschen lieben und vielleicht noch den Labrador, auch das ist schön. Doch es erfüllt uns wahrscheinlich nur kurzfristig, wenn wir nicht bis zur Liebe zum Leben an sich vordringen. Diese Liebe erkennt ihr Gegenüber, ihr Du oft nicht einmal. Dann erfüllt sie das Herz einfach so bis zur Gänze, ungerichtet, erfüllend, fließend. Stimmigkeit in allem, was ist. Verbunden, geführt, von Sinn durchwoben. Größer als alle Vernunft.

»Wachsende Ringe«

Dabei fühle ich mich an die Zeile Rainer Maria Rilkes erinnert: »Ich lebe mein Leben in wachsenden Ringen …« Das Leben im sich weitenden Bewusstsein, wie es einzelne Menschen und damit zunehmend auch die Menschheit erfahren. Da ist zunächst der einzelne Mensch, umgeben von der Gesellschaft. Genau die ist es, die ihn immer wieder in Krisen werfen kann, weil er zum Beispiel allein ist und um sich herum nur Paare, Familien, Gruppen sieht. So ringt er mit ihr und erfasst sie immer tiefer in seinem Bewusstsein, um seinen Platz darin zu finden. Doch erfüllen wird sie allein ihn nie. Er muss weitergehen in seinem Wahrnehmen und Integrieren.

Um diese gesellschaftliche Ebene herum gibt es einen größeren Raum, zunächst andere Gesellschaften, die zusammen die Menschengemeinschaft bilden. In unserer globalisierten Zeit ist diese Ebene stark in unser Bewusstsein gerückt. Den nächstgrößeren »Ring«, so könnte man sagen, bildet die Natur, die gesamte Materie, die unsere Lebensgrundlage ist, dabei auch all die Tiere und Pflanzen, von denen wir so oft vergessen, dass auch sie Bewohner dieser Erde sind. Sie gehört ihnen nicht weniger als uns – was ebenfalls immer stärker in unser Bewusstsein rückt. Und dann ist da die Erde selbst, Gaia, dieses blaue Wunder mitten im All mit seinen unendlich vielen und vielfältigen Gestirnen.

Auch da hört es nicht auf. Denn umgeben und durchdrungen sind all diese Ebenen von dem ungreifbaren Geistigen, vom Transzendenten, Göttlichen. Vom Bewusstsein selbst. Von dem, was alles in Einheit zusammenhält, was es ermöglicht, ihm Leben einhaucht. Und dieser Ring ist es wohl, von dem wir auf unserem Weg des wachsenden Bewusstseins mit Rilke sagen können: »Ich werde den letzten vielleicht nicht vollbringen, aber versuchen will ich ihn.«

Irgendwo auf dem langen Weg durch die Geschichte ging uns die Erfahrung der Verbundenheit mit allem Sein verloren. Individuell und kollektiv sind wir herausgefallen aus dem Bewusstsein des großen Ganzen und aus der Einheit. An der Wurzel der enormen Schwierigkeiten, vor denen wir heute stehen, liegt so auch die Trennung vom Leben, von der Lebendigkeit, die wir kaum noch wahrnehmen, weder in uns selbst noch in anderen Menschen oder mit uns existierenden Lebensformen.

Doch wir suchen diese Einheit unentwegt – allerdings häufig dort, wo sie nicht dauerhaft zu finden ist. Vor allem in einem idealisierten Liebespartner: Mit ihm zu verschmelzen, ist unser innigstes Ziel, das in tausenden von Liedern und Geschichten beschrieben wurde. Heute kommt dieses Ideal zu einem Ende. In der Verwirrung, die dieser Abschied mit sich bringt, zeigt sich bereits der nächste Schritt: Wir erkennen, dass es um das Sich-Beziehen auf alle Lebensformen geht. Das ganze Leben in all seinen Erscheinungsformen will unser Partner sein – und es kommuniziert mit uns über all das, was uns begegnet und widerfährt, was uns freut und herausfordert. Es arrangiert all die tausend kleinen Zufälle, die am Ende unsere Biografie ausmachen. Sehen wir es so, wird unser Leben zu einem Weg in die Verbundenheit mit allem, was lebt, mit dem Leben selbst.

Auf genau diesem Weg kann uns das Alleinsein enorm unterstützen. Ist da kein verbindliches menschliches Du – so wie es insbesondere die vielen Singles erleben –, kann die Dimension der »wachsenden Ringe« näher an uns heranrücken. Die Verbindung mit der Natur, mit anderen Wesen, mit dem Göttlichen führt uns dann heraus aus Einsamkeitsgefühlen. Nur so gelingt Alleinsein aus meiner Erfahrung auch über einen längeren Zeitraum. Die Einsamkeit ist dann sogar ein Geschenk, durch das wir uns auf die Socken machen. Norbert Copray schreibt: Mündige, nicht mehr symbiotisch an andere gebundene Singles haben gelernt, sich »als Mitsubjekte einer größeren, übersteigenden Wirklichkeit zu verstehen, die sie innerlich trägt und kosmisch verpflichtet. Heilsamer Umgang mit sich, mit anderen, mit Erde und Natur ist ihre Antwort auf die Freiheit, die sie in ihrer Bindung an die umgreifende Wirklichkeit empfangen.«[115]

Natürlich: Schaffen wir diesen Sprung ins Überpersönliche nicht, kann uns das Alleinsein in dem Gefühl, nicht geliebt, nichts wert zu sein, an die Grenze des Erträglichen treiben. Doch immer kann es auch, um noch einmal Peter Schellenbaum zu zitieren, »zu erfüllter Einsamkeit werden, zum breiten Strom von Lebensenergie, die frei macht von Konventionen und vorgedachten Ordnungen und fähig, zu wachsen.«[116] Die Absicht bereits lindert allen Schmerz.

Vereinzelung – und neues Wir

Darin haben wir auch die Antwort auf die Frage, wie das zusammenpasst: die hohen Zahlen an Menschen, die allein leben, und die noch höhere Zahl an solchen, die sich einsam fühlen, auf der einen Seite – und auf der anderen unsere Phase der Menschheitsentwicklung, in der wir dringend ein neues starkes Gefühl des Wir brauchen, um die anstehenden Probleme zu lösen. Was wäre, wenn diese Gleichzeitigkeit die Aufforderung wäre, das Alleinsein zu nutzen, um gerade zu diesem neuen Wir zu finden?

Überall auf der Welt bilden sich heute Gemeinschaften, die auf unterschiedlichste Weise versuchen, die Welt zu einem friedvolleren und gesünderen Ort zu machen und das Leben hier auch für kommende Generationen lebenswert zu erhalten. Häufig kommen diese Initiativen und Vernetzungen gerade aus der Einsamkeit heraus zustande, die einzelne Menschen empfinden. Menschen zumal, die in einer wachen Sensibilität bemerken, dass etwas gewaltig aus dem Ruder läuft.

Extreme Individualisierung lässt den Menschen aus der Gemeinschaft so weit herausfallen, dass er nicht mehr überleben kann. Ähnlich hat die Menschheit versucht, autonom gegenüber der Natur zu sein – und erkennt nun sehr langsam, dass es genau dies ist, was ihren Untergang bewirkt. Sieht es auch zunächst so aus, als wäre die Natur das Opfer, so sind es letztes Endes wir Menschen. Denn es sind unsere Lebensbedingungen, die sich derzeit weiter verändern, als es unsere Biologie aushalten kann.

So wie es jeder von uns in seiner Einsamkeit braucht, wieder in die Verbundenheit mit anderen zu finden, so braucht die

Menschheit die neue Verbundenheit mit dem Leben an sich. Auch dies ist natürlich etwas, was nur Einzelne in sich erwecken können. Wie ich es erlebe, ist es allein viel leichter möglich, sich aus dem Sog herauszunehmen, den unsere gesellschaftliche Strömung des »Schneller, Weiter, Mehr« erzeugt. Dann kann man – inspiriert von Vordenkern und Vorfühlern – zu dem Empfinden kommen, etwas anders machen zu wollen und auch zu können. In der Besinnung, die aus der Ruhe kommt. In der Vertiefung, die in der Stille entsteht. In der Liebe, die spürbar wird, wenn sich das Herz für all das Leben ringsumher öffnet. In all dem kann der Einzelne sich dann wieder mit anderen zusammentun, die es ähnlich erleben, und das Feld dieser Art von Lebenshaltung stärken.[117]

Die Ganzheit in jedem von uns

Selbstwerdung als Ganz- und Heilwerdung – das ist ein Weg, auf dem wir zunehmend alles, was uns begegnet, in uns selbst entdecken und uns dort bewusst machen. Die Grazie einer Tänzerin, die auch in uns erweckt werden möchte. Die nervigen Selbstdarstellungen des Chefs, die wir eigentlich auch gern machen würden, um endlich in unserer Größe bemerkt zu werden. Und vielleicht sogar Verzweiflung und Hass eines Gewalttäters. Alles, was uns positiv oder negativ berührt, lebt auch in uns – und wartet dort auf die Erlösung, die vor allem darin liegt, dass wir uns ihm zuwenden. Es ist eine Arbeit, wie sie viele Menschen mit unterschiedlichen Methoden tun – jeder stellvertretend für uns alle.[118]

Das extreme Gegenteil dieser heilsamen Ganzwerdung ist das, was der Gewalttäter oder sogar Attentäter nicht einfach fühlt, sondern ausagiert. In so einer Aktion reagieren innerlich isolierte Menschen, die keine »Subjekte-in-Verbindung« mehr sind, wie es der Biologe und Philosoph Andreas Weber[119] nennt. Sie leben ihre Aggression an anderen aus, die sie zu Feindbildern gemacht haben. »Empfindende Wahrnehmung« nennt Weber – nicht nur für diese Extreme – als Gegenmittel. Zu spüren, wirklich zu fühlen, was in uns selbst lebt und um uns herum – das ist der Schlüssel zu einem neuen heilsamen Sein in der Welt. Das ist eine unserer dringendsten Aufgaben. Denn diesem Spüren kann ein neuartiges Handeln folgen, mitfühlend und in gelebter Verantwortung für das Ganze.

Eigentlich spürt jeder Mensch die Lebendigkeit in sich und anderem Leben. Eigentlich. Denn dass wir sie meist nicht spüren, dass wir überhaupt meist nicht spüren, liegt daran, dass wir verlernt haben, unserer eigenen Wahrnehmung zu vertrauen. Stattdessen glauben wir, was andere uns über die Welt sagen: die Eltern, die Lehrer, die Medien, die Firma, die Freunde. Wir glauben an Leistung und Konkurrenz, an dauerndes Wachstum und Kampf. Doch das Spüren lebt weiterhin in uns und will von diesen nur übergestülpten Vorstellungen befreit werden. Dann kommen wir wieder zur schmerzlich vermissten Lebendigkeit in uns selbst und in anderen. Mit ihr verwandelt sich alles. Bewusstes Alleinsein kann ein guter Anfang sein für diesen Weg.

Fühlst du dich einsam, zieh dich zurück …

… von der alten Vorstellung, dass du als Einzelwesen
um dein Überleben kämpfen musst. Spüre in der Stille,
wie untrennbar du Teil von allem bist, wie du mit allem schwingst
und alles mit dir. Und wie sich der Frieden leise ausbreitet,
wenn er in dir leben darf.

Was macht es zuweilen so schwierig?

Natürlich zieht es uns immer wieder in die Alltäglichkeiten, in die persönlichen Sorgen und die Nöte des Pragmatischen. Dann vergessen wir die großen Gefühle. Die überwältigenden Einsichten sind nur noch Worte, die nichts mehr so recht in uns zum Klingen bringen. Dann kann auch die Einsamkeit zurückkommen.

Das Spirituelle ist es, was den Schmerz nicht nur ins Vergessen drängt, sondern wirklich auflöst. Zugleich ist es ein Weg, der immer neu angestoßen sein will. Das Bewusstsein von etwas sinnhaft Größerem, in dem alles Platz hat, auch die Einsamkeit selbst, wird uns momentweise geschenkt. Und doch ist es Arbeit. Unaufhörliche Beziehungsarbeit mit dem Leben.

Werkzeuge und Wegweiser

Sich in dieser Verbundenheit mit dem Leben selbst zu üben, ist ein Weg aus zwei Richtungen: Wir gehen einen Schritt – und das Leben antwortet. Es mag damit beginnen, sich die Lebendigkeit in allem um uns her bewusst zu machen und sie beispielsweise in einem allmorgendlichen Innehalten zu begrüßen: als Kräfte der Natur, als Himmel und Erde, als Kräfte der Himmelsrichtungen (wie im Schamanischen), als die vier Elemente, als Vertreter der Tier- und Pflanzenwelten oder auf eine andere Weise. Den Tag oder eine Unternehmung so zu beginnen, gibt sehr viel Klarheit, Kraft und innere Ordnung.

Dass dabei noch etwas viel Tieferes passiert, wurde mir erst bewusst, nachdem ich diese meditative Begrüßung der Lebenskräfte schon unzählige Male praktiziert hatte. Bei Wolf-Dieter Storl las ich, dass es schlichtweg falsch sei, davon auszugehen, dass wir die Natur brauchen, sie uns aber nicht. »Nicht nur sind auch wir ein Teil der Natur, sondern sie, die Pflanzen und Tiere, brauchen uns, brauchen unsere Zuneigung, unsere Bewunderung, unsere Liebe. Sie sind unsere Mitgeschöpfe oder, wie die Indianer sagen, ›unsere Verwandten‹. Unser liebevolles Interesse ist Lebenselixier für sie und lässt sie gedeihen. (…) Wir sind die Natur selbst, in der sich die Natur bewusst wahrnimmt.«[120] In diesem Sinne brauchen sicher nicht nur die Pflanzen und die Tiere unsere Liebe, sondern auch die Berge und Steine, die Landschaften und sogar die Sterne über uns. Nicht als persönlich verniedlichtes Mögen, sondern als achtsame Wertschätzung und wahres Empfinden der Lebendigkeit von allem, was ist und dessen Teil wir sind.

Wenn wir uns meditativ, bewusst mit den Lebenskräften verbinden, dann stärkt und fokussiert das nicht nur uns selbst. Wir geben auch etwas zurück an das, worauf wir mit einem offenen Herzen unser Bewusstsein richten. Das Ganze erfährt damit eine Stärkung, das Leben an sich. Denn was passiert, ist, dass sich Bewusstheit und Lebenskraft verbinden. Das im Menschen inkarnierte Bewusstsein nimmt aktiv mit den lebendigen und lebensformenden Kräften Kontakt auf, wenn es seine liebevolle Aufmerksamkeit zur Natur, zur Erde und zu allen anderen Ausdrucksformen des Lebens strömen lässt. Einswerdung geschieht, denn es ist das Bewusstsein, das in allem lebt und nun Bewusstheit darüber erlangt.

Wir kommen hier in Bereiche, die sich in Worten kaum sagen lassen. Aber sie lassen sich erspüren und täglich neu und tiefer erkunden: zum Beispiel in dieser kleinen Praxis des regelmäßigen Innehaltens und Begrüßens der Lebenskräfte. Vielleicht willst du dies zu einem Ritual machen und es zu deinem Erfahrungsraum des All-Eins-Seins werden lassen?

21. Mystiker 5.0

Allein bist du näher am reinen Sein,
am All-Eins-Sein, der übergroßen Erfülltheit

Es sind Momente der Gnade, für die wir uns aber auch aktiv öffnen können. Alle spirituellen Wege und viele Meditationstechniken zielen darauf ab: völliges Eintauchen in die Gegenwart, Erfahren des großen Einsseins, sich Auflösen im großen Strom des Bewusstseins. Das Alleinsein erleichtert den Zugang zu dieser erhabenen Stille und selbst in Gruppen kann ihn nur jeder für sich allein finden. Wenn unser Ich nicht unentwegt von anderen Menschen bestärkt und bestätigt wird, kann es sich leichter im All-Einen transformieren.

Ein Grund, das Alleinsein zu lieben

Silvester. Allein. Wieder einmal. Denn ich wollte es ganz in Stille erleben und habe mich darauf gefreut. Die Einladung zu einer guten Party absagen zu können, hat es leichter gemacht. Als es draußen dämmerte, nahte doch der Blues. Es war nicht das Alleinsein, sondern die Projektion, dass andere das Licht in meinen Fenstern sehen und denken: Die Arme!

Doch ich habe eine Anregung von Anselm Grün befolgt, der betont, wie wichtig es sei, Alleinzeit zu strukturieren und sogar zu planen. Jetzt sitze ich hier in der kerzengeschmückten Wohnung, habe genüsslich gegessen, höre Musik von Hildegard von Bingen – und bin so berührt glücklich, weil ich etwas spüre, was ich so noch nie gespürt habe. Ich erlebe, wie ich die Stille und den Frieden tief in alle meine Zellen hineinatme. Jedes winzigste Teilchen von mir weitet sich weich und sanft, füllt sich ganz mit der Liebe des Lebens, ja, der Liebe Gottes. Das ist der Nektar des Alleinseins. Um ihn geht es. Und nur die, die viel allein waren, all-ein, können lernen, ihn in die Welt zu tragen. Ich war sehr viel allein und es dauerte sehr lange und dauert weiter an, dass ich es lerne.

Allein unterm Himmel

So nenne ich eines meiner liebsten Lebensgefühle. Es wird vor allem spürbar, wenn ich auf Reisen bin und eigentlich niemand weiß, wo ich gerade unterwegs bin. Tagelang bin ich nur in Kontakt mit denen, die mir vor Ort begegnen und gleich wieder aus meinem Leben verschwinden. Ein unentwegtes Begrüßen und Loslassen.

Ebenfalls stark spüre ich es auf nächtlichen Heimfahrten auf der fast leeren Autobahn – wenn ich von einer Feier komme, von einer Freundin, einem Wochenendkurs, der Begegnung mit einem Mann. Jetzt bin da wieder nur ich allein in der Verbindung mit diesem unfassbar großen Du. So ein Prickeln ergreift mich, tiefste, höchste Lebendigkeit. Staunend bin ich hier auf dieser dunklen Straße, eigentümlich tief verbunden – mit allen Möglichkeiten, mit Zeit und Ewigkeit. Mit diesem großen Du, das zugleich irgendwie auch Ich ist. Ich spüre dankbar, wie viel ich schon erleben und durchleben durfte. Und ich weiß nicht, was das Leben noch mit mir vorhat. Doch ich spüre: Es meint es gut. Der »unsichtbare Stern«, von dem mit Pablo Picasso am Anfang gesprochen wurde, er ist da. Er zieht mich weiter zu sich, sanft und zärtlich …

Es gibt äußere und innere Wege heraus aus der Einsamkeit. Die äußeren können uns wieder in intensivere Begegnungen führen oder in die Sinnhaftigkeit durch ein kreatives Tun. Die inneren können therapeutischer Art sein, weil wir das Allein-sein-Können lernen. Oder sie führen noch viel weiter nach innen. Zu unserem tiefsten Kern. Hier schließt sich der Kreis zu Kapitel 1, der Aufgabe, die uns das Leben mit dem Alleinsein stellt. Eine Stelle bei Penny McLean hat mich dabei vor einigen Jahren sehr berührt, auch wenn ich sie damals noch gar nicht richtig verstanden habe. Ein Weiser fragte sie, ob sie denn nicht wüsste, dass es eine »Ehre ist, auf diesem Planeten allein sein zu dürfen, sogar eine Auszeichnung«. Sie interpretierte das so: »Das Eins-Werden mit dem All, also das All-eins-Werden könnte doch auch bedeuten, dass dem, der diesen Zustand anstrebt, diese Form der Einsamkeit als Hilfe zugedacht ist, als Entlastung, damit er dieser Aufgabe besser gerecht werden kann.«[121]

Der Kreis zum ersten Kapitel schließt sich auch mit diesem Zitat von Hermann Hesse: »Wem es bestimmt ist, der muss einmal im Leben so einsam, so vollkommen einsam werden, dass er in sein innerstes Ich zurückgezogen ist. Dann ist man plötzlich nicht mehr allein. Man findet: Unser innerstes Ich ist der Geist selbst, ist Gott, ist das Unteilbare. Und damit ist man wieder mitten in der Welt, von ihrem Vielerlei unangefochten, denn man weiß sich im Innersten eins mit allem Sein.«[122]

Oder mit den Worten von Claus Eurich, der es auf so tiefe und spürbar durchlebte Weise sagt: »Im Feld der Kontemplation steht der innerlich hörende Mensch am Rand der ewigen Stille. Hier entdeckt und erfährt er sich als Person und Kosmos neu. Hier kann er sich darin üben, fernab seiner Ansprüche, Erwartungen und Projektionen zu enden. Er endet in einem Ankommen, in Berührung mit dem Ewigen. (…) Vielleicht lässt sich so, in diesem mütterlichen Angenommensein, das keiner Begründung und keiner Rechtfertigung mehr bedarf, sogar jene letzte metaphysische Einsamkeit überwinden, die allem bewussten Endlichen beigegeben ist.«[123]

Moderne Eremiten

Zu allen Zeiten gab es Menschen, deren große Liebe das Göttliche selbst war. Als Mystiker lebten sie vor allen Religionen, später im Christlichen, im Sufismus, in östlichen Traditionen. Doch auch heute gibt es mystisch veranlagte Menschen. Oft wissen sie es lange Zeit nicht, weil es in unserer Zeit kaum ein Thema ist, sich dem Transzendenten ganz und gar zu verschreiben. Doch in wem es lebt, den wird es finden, und das Alleinsein kann der Lotse sein.

Nonnen und Mönche der einzelnen Religionen leben bis heute dieses *Vacare deo* – »frei sein für Gott«. Sie tun es gewissermaßen stellvertretend für die weltlichen Menschen und meditieren, beten und wirken immer auch für sie und für das Ganze. Seit Jahrtausenden wählen Einzelne von ihnen sogar den Weg des Eremiten. Dann schenkt ihnen die größtmögliche Abgeschiedenheit auch die größtmögliche Nähe zur transzendenten Macht. Ihr Wirken könnte das eines Gegengewichts zur lauten, aufgeregten, unnatürlich gewordenen Welt sein, der sie doch in einer liebenden, für sie bittenden Weise verbunden bleiben.

Doch auch frei von Konfessionen gibt es sie, modern, zuweilen urban. Menschen, die sich mitten in der Welt ganz ihrem spirituellen Weg hingeben und deren Beziehung zum Transzendenten immer über den Beziehungen zu einzelnen Menschen steht. Eine Art »innere Eremiten«. Intensives selbst gewähltes Alleinsein erleichtert ihnen den Zugang zur Stille.

Und genau das gilt für jeden von uns. Wenn wir im Alleinsein nicht reden, auch nicht innerlich, dann tut es niemand. Stille. Wenn uns nicht ständig jemand auf die Rolle, die wir ihm gegenüber spielen, verweist, können wir uns leichter als uns selbst erleben – als Mensch, als Wesen, als verkörperte Seele. Wenn nicht ständig jemand unser Ich bestätigt, löst es sich leichter im großen Ganzen auf.

Das Denken kann sich beruhigen und Raum für das schaffen, was rein und klar Bewusstsein ist. Wenn das Denken ruht, ist einfach alles so, wie es ist, was auch immer da ist – Freude vielleicht oder Schmerz, Wut oder Sehnsucht, Trauer. Und dahinter Liebe. Die Sehnsucht nach All-Verbundenheit, sie wird im Alleinsein möglicherweise stärker, dort aber kann sie sich auch erfüllen. Dann endet jede Einsamkeit. Bin ich in Gedanken, bin ich allein. Bin ich in Stille, bin ich mit Gott.

Fühlst du dich einsam, zieh dich zurück …
… in die Stille des bloßen Seins. Sei einfach.
Atme. Spüre. Sei all-eins.

Was macht es zuweilen so schwierig?

Tolstoi schreibt: »Auf der höchsten Bewusstseinsstufe ist der Mensch allein. Eine solche Einsamkeit kann sonderbar, ungewöhnlich, ja auch schwierig erscheinen. Törichte Menschen versuchen, sie durch die verschiedensten Ablenkungen zu vermeiden, um von diesem erhabenen zu einem niedriger gelegenen Ort zu entkommen. Weise dagegen verharren mit Hilfe des Gebetes auf diesem Gipfelpunkt.«[124] Ja, oft genug sind wir töricht, während der Weise in uns tief verborgen schlummert. Ihn aufzuwecken gleicht unserem Ringen an einem sehr verschlafenen Morgen, an dem wir wieder und wieder die Schlummertaste des Weckers drücken und jedes Mal neu ins Traumland sinken. Doch irgendwann ist es so weit: Wir erwachen und der Wecker hat seine Aufgabe erfüllt.

Werkzeuge und Wegweiser

Hier gibt es nur eines: Meditation.

Ob du regelmäßig jeden Morgen oder Abend in der Stille sitzt und auf das Transzendente lauschst. Ob du dir im Alltag zwischendurch, wann immer du dich daran erinnerst, die Stille, den Raum, die Weite, das Göttliche bewusst machst. Die Form ist nicht das Entscheidende, solange sie dir einen Weg zum All-Eins-Sein eröffnet.

Zum Abschluss

Am Anfang meiner Reise auf die Sonnenseite des Alleinseins stand die freundlich-nachdrückliche Aufforderung des Lebens, etwas zu lernen, schöpferisch zu werden, mich an dem, was in meiner Vorstellung ganz anders hätte sein sollen, weiterzuentwickeln. Am Ende, an diesem vorläufigen Endpunkt – dem Moment, in dem ich dies hier schreibe – steht die Dankbarkeit, dass ich mich vom Alleinsein formen lassen durfte. Dass ich es zulassen konnte, dass ich daran wachsen konnte, dass ich darin mir selbst und dem Leben und so vielen »guten Geistern« innig begegnen durfte.

Ich hoffe sehr, dass ich dich zu einer ähnlichen Reise inspirieren oder dir bewusst machen konnte, dass du bereits auf dieser Reise bist und dass sie lohnt. Ich hoffe, dass der Schluss dieses Buches den Beginn eines qualitativ neuartigen und schöneren, reicheren Alleinseins für dich darstellt.

Das Alleinsein teilen, so wie ich es in diesem Buch getan habe, ist etwas ganz Besonderes. Bevor ich nun wieder in diesen Raum des Für-mich-Seins zurücktauche, lade ich dich ein, die 21 Gründe wirklich für dich zu nutzen. Ob dir drei oder siebzehn oder nur ein Grund weiterhelfen, ist dabei nicht wesentlich. Integriere das in dein Leben, was für dich wertvoll ist. Und vielleicht entsteht mit der Zeit deine ganz eigene Liste von Gründen, das Alleinsein zu lieben.

Mögest du auf deinem Weg stets dieses Mysterium erinnern: Niemand ist je wirklich allein.

Danksagung

Auch ein Buch über das Alleinsein schreibt man nicht allein. Wenn ich mich an den langen Entstehungsprozess erinnere, dann fallen mir immer mehr Menschen ein, die ihn direkt oder indirekt unterstützt haben. Gespräche, die mich bestärkten, aber auch ärgerlich herausforderten und innere Klärungsprozesse meinerseits anregten. Bücher und Vorträge, die mir etwas verdeutlichten oder ein Mosaiksteinchen lieferten, durch das drei andere Steinchen erst in einen Zusammenhang gebracht werden konnten. Freundschaften, die mich in Momenten des Zweifels wieder aufbauten. Kleine Begegnungen, die mich plötzlich etwas begreifen ließen, was zuvor nur ahnbar war. Für all das bin ich sehr dankbar.

Ich danke zuerst B., denn unsere Zeit stand ganz am Anfang. Sie hat mich sehr mit dir verbunden und doch unendlich einsam gemacht. In unseren Gesprächen und allnächtlichen langen E-Mails entstand damals die Idee, dass ich über das Alleinsein ernsthaft forschen und ein Buch schreiben sollte. Ich habe sie einige Male wieder losgelassen, doch sie hat mich immer wieder erfasst und meine Begeisterung neu entfacht. Danke.

Meinen Eltern und meinem Bruder danke ich von Herzen, insbesondere dafür, dass sie immer davon ausgehen, dass ich es schon richtig machen werde. Für unsere Freundschaft, die mir immer wieder auch im Klärungs- und Schreibprozess wichtig war, danke ich Angela, Maya und Vera. Für wertvolle Anregungen bin ich Helene, Ingrid, Manuel, Monika, Stefanie (insbesondere für das inspirierend künstlerisch gestaltete Leerbuch für meine Notizen) und einigen anderen sehr dankbar. Sabina danke ich sehr herzlich dafür, dass sie in mir immer wieder den Mut weckte, meinen eigenen Weg zu gehen.

Andrea Viaricci danke ich sehr für unsere seelenvolle Verbindung und für den »Stimm-Klang«, der im entscheidenden Moment das Schreiben zum Fließen brachte. Von Herzen danke ich Claus Eurich, der mich mit seinem Lehren und seinem Sein tief inspirierte.

In großer Freude danke ich Byron Katie und der von ihr an die Welt verschenkten *Work*, die immer neu für Klarheit und Frieden auch in meinem Kopf und meinem Herzen sorgt. Ich danke Eckhart Tolle, der mich immer wieder in die Gegenwärtigkeit führt und die Vision der »Neuen Erde« auch in mir erweckte.

Von Herzen danke ich vielen Seen, Bäumen, Bergen, Landschaften und Orten, vielen Katzen, Hunden, Vögeln und geistigen Wesen, von denen ich mich immer neu getröstet und getragen, genährt und inspiriert, erfreut und auf besondere Weise geliebt fühlen durfte. Ich danke dem Alleinsein selbst, diesem liebevollen Lehrmeister.

Dieses Buch wäre undenkbar ohne Jakob Mallmann, den Programmleiter des Integral-Verlages. Ich danke dir sehr für unsere wertschätzende und freundschaftliche Zusammenarbeit. Du bist ein »Verlagsmensch«, wie ihn sich eine Autorin nur wünschen kann. Katrin Ingrisch danke ich für die engagierte Betreuung des Buches im Verlag und Daniela Weise für das feinfühlige und sehr kompetente Lektorat.

Was ich nicht erwartet hätte: Freude mit niemandem teilen zu können, ist schwerer, als in einer emotionalen Schwierigkeit allein zu sein. So bin ich sehr dankbar, dass es heute Menschen gibt, die sich mit mir freuen, wenn etwas gelingt. Und ich danke dir, liebe Leserin, lieber Leser, dass ich über dieses Buch meine große Freude am Für-sich-Sein mit dir teilen durfte. Ich hoffe sehr, ich konnte ein wenig dazu beitragen, dass du künftig das Alleinsein, wann und in welcher Form auch immer es dir begegnet, freudig begrüßen und in seiner kraftvollen Tiefe und Schönheit für dich ausleben kannst.

Alles Liebe auf deinem Weg!

Literaturauswahl

Alborch, Carmen: Allein sind wir stark. Wie unabhängige Frauen ihr Leben selbstbewusst meistern können, Oesch Verlag 2001

Aron, Elaine N.: Sind Sie hochsensibel? Wie Sie Ihre Empfindsamkeit erkennen, verstehen und nutzen, mvg 2005

Beer, Ulrich: Alleinsein, Centaurus 2011

Bordt, Michael: Die Kunst sich selbst auszuhalten. Ein Weg zu innerer Freiheit, ZS Verlag 2015

Burger, Jerry M.: »Individual Differences in Preference for Solitude«, in: Journal of Research in Personality 29, 1995, Seite 85 ff.

Byron Katie: »Kehr es um.« Wie The Work unser Leben verwandeln kann, DVD, Tao Cinemathek 2011

Byron Katie: Lieben was ist. Wie vier Fragen Ihr Leben verändern können, Arkana 2002

Cacioppo, John T. / Patrick, William: Einsamkeit. Woher sie kommt, was sie bewirkt, wie man ihr entrinnt, Springer Spektrum 2011

Cain, Susan: Still. Die Kraft der Introvertierten, Goldmann 2013

Coplan, Robert J. / Bowker, Julie C. (Hrsg.): The Handbook of Solitude, John Wiley & Sons Ltd. 2014

Copray, Norbert (Hrsg.): Zeit und Geist 5. Lieber allein?, Im Sog der Single-Gesellschaft, Kösel 1991

Deml, Sonja: Singles in der Moderne. Ursachen und vermeintliche Ursachen des Single-Phänomens, VDM 2007

Döring, Dorothee: Glücklich allein. Ohne Partner in die reifen Jahre, mvg 2007

Donath, Orna: Regretting Motherhood. Wenn Mütter bereuen, Knaus 2016

Dorner, Maximilian: Einsam, na und? Von der Entdeckung eines Lebensgefühls, btb 2015

Dowrick, Stephanie: Zu zweit allein. Über Nähe und Distanz, Frauenoffensive 1991

Eichler, Astrid: Es muss was Anderes geben. Lebensperspektiven für Singles, SCM Brockhaus 2014

Eurich, Claus: Aufstand für das Leben. Vision für eine lebenswerte Erde, Via Nova 2016

Gamma, Anna: Schön, wild und weise. Frauen auf dem Weg zu sich selbst und in die Welt, Theseus 2015

Gerberding, Eva / Holst, Evelyn: Wer sagt, dass Männer glücklich machen?, Südwest 2013

Grözinger, Gerd (Hrsg.): Das Single. Gesellschaftliche Folgen eines Trends, Leske & Budrich 1994

Grün, Anselm: Stille im Rhythmus des Lebens. Von der Kunst, allein zu sein, Gütersloher Verlagshaus 2013

Hagenberg-Miliu, Ebba: Allein ist auch genug. Wie moderne Eremiten leben, Gütersloher Verlagshaus 2013

Holst, Evelyn / Sandmeyer, Peter: Wenn Märchenprinzen lästig werden. Die neue Leichtigkeit männerloser Frauen, Scherz 2004

Hoffmann, Monika: Solo aufs Parkett. Anleitung fürs Glück allein, Bildung und Wissen 2006

Hradil, Stefan: Die Single-Gesellschaft, Beck 1995

Illouz, Eva: Warum Liebe weh tut, Suhrkamp 2011

Jaeggi, Eva: Ich sag mir selber Guten Morgen. Single – eine moderne Lebensform, Piper 1994

Kaufmann, Jean-Claude: Singlefrau und Märchenprinz. Warum viele Frauen lieber allein leben, Goldmann 2006

Kottler, Jeffrey: Kraftquelle Alleinsein. Unsere ganz privaten Augenblicke. Unser geheimes Selbst, Kabel 1996

Kreps, Bonnie: Abschied vom Märchenprinzen. Eine Abrechnung mit der romantischen Liebe, Fischer 1994

Leenen, Maria Anna: Einsam und allein? Eremiten in Deutschland, Aschendorff 2006

Leenen, Maria Anna: Sich Gott aussetzen und standhalten. Eremitisches Leben heute, Aschendorff 2009

Lendt, Holger / Fischbach, Lisa: Treue ist auch keine Lösung. Ein Plädoyer für mehr Freiheit in der Liebe, Pendo 2012

Marletta-Hart, Susan: Leben mit Hochsensibilität. Herausforderung und Gabe, Aurum 2009

Mary, Michael: Fünf Lügen, die Liebe betreffend, Hoffmann und Campe 2001.

McLean, Penny: Einsamkeit ist eine Sehnsucht, Peter Erd 1989

Mettler-von Meibom, Barbara: Einsamkeit in der Mediengesellschaft, LIT 1996

Mikutta, Petra: Die bessere Hälfte schenk ich mir. Singles aus Leidenschaft, Rowohlt 2000

Müller, Wunibald: Gönne dich dir selbst. Von der Kunst, sich gut zu sein, Vier-Türme-Verlag 2001

Muri, Franziska: Alles, was mich glücklich macht. Das ganz persönliche Buch der Lebensfreude, Integral 2016

O'Donohue, John: Anam Cara. Das Buch der keltischen Weisheiten, dtv 2010

Piroué, Susi und Katja: Vom Vergnügen, mit sich selbst zu reisen, Piper 2007

Rösinger, Christiane: Liebe wird oft überbewertet. Ein Sachbuch, Fischer 2012

Rosin, Hanna: Das Ende der Männer und der Aufstieg der Frauen, Berlin Verlag 2013

Sartorius, Mariela: Die hohe Schule der Einsamkeit. Von der Kunst des Alleinseins, Gütersloher Verlagshaus 2006

Schaef, Anne Wilson: Die Flucht vor der Nähe. Warum Liebe, die süchtig macht, keine Liebe ist, dtv 1992

Scholz, Lucia: Nutze die Kraft deiner Gefühle. Das einfache Ritual für mehr Gelassenheit, innere Freiheit und Lebensfreude, Gräfe und Unzer 2014

Storch, Maja: Die Sehnsucht der starken Frau nach dem starken Mann, Goldmann 2010 (2000).

Storr, Anthony: Schöpferische Einsamkeit. Das Geheimnis der Genies, Zsolnay 1990

Stüwe, Klauß: Kraftquelle Einsamkeit. Vom Mut, sich selbst zu begegnen, Claudius 2008

Tolle, Eckhart: Eine neue Erde. Bewusstseinssprung statt Selbstzerstörung, Arkana 2005

Tudor-Sandahl, Patricia: Verabredung mit mir selbst, Herder 2005

Wagner, Ursula: Die Kunst des Alleinseins, Theseus 2005

Walser-Biffiger, Ursula: Heilrituale in der Natur. Die Wahrnehmung verfeinern, persönliche Rituale gestalten, die Selbstheilungskräfte stärken, AT 2012

Wieland-Burston, Joanne: Einsamkeit. Zeiten des Rückzugs, Zeiten der Entwicklung, Kreuz 1995

Winnicott, Donald Woods: »Über die Fähigkeit, allein zu sein«, in: Zeitschrift für Psychoanalyse 12 (06), 1958

Woodward Thomas, Katherine: Lass uns in Frieden auseinandergehen, Integral 2016

Zangen, Britta: 50 plus und endlich allein, Bücken Sulzer 2005

Anmerkungen

1 Patricia Tudor-Sandahl: Verabredung mit mir selbst, Herder 2005, Seite 12.

2 Anselm Grün: Stille im Rhythmus des Lebens, Gütersloher Verlagshaus 2013, Seite 63.

3 Carlo Zumstein: Reise hinter die Finsternis, Ariston 1999, Seite 13.

4 Beide Zitate ebenda, Seite 14.

5 Richard Rohr: Reifes Leben, Herder 2012, Seite 185.

6 Jean-Claude Kaufmann: Singlefrau und Märchenprinz, Goldmann 2006, Seite 95.

7 Christiane Rösinger: Liebe wird oft überbewertet, Fischer 2012, Seite 194. Ein kluges und bissig-witziges Buch, das jede Single-Einsamkeit wegpustet – zumindest bei Menschen, die nicht mehr allzu fest an das Ideal der lebenslangen romantischen Zweierbeziehung glauben.

8 Meike Winnemuth: Das große Los, Knaus 2013, Seite 13.

9 Hans-Peter Hempel: »Allein-sein-Können kommt nicht von allein«, Interview in: Psychologie heute, September 2003, Seite 29.

10 Bella DePaulo: »Single in a Society Preoccupied with Couples«, in: Robert J. Coplan / Julie C. Bowker (Hrsg.): The Handbook of Solitude, John Wiley & Sons Ltd. 2014, Seite 302 ff.

11 Ein ganzes Buch darüber schrieb Dan Killey: Die Einsamkeit zu zweit, Kabel 1991.

12 Jan Eckhard: »Der sozialstrukturelle Kontext der zunehmenden Partnerlosigkeit in Deutschland«, in: Zeitschrift für Soziologie, Jahrgang 43, Heft 5, Oktober 2014, Seite 341 ff.

13 Alan R. Teo, Kyle W. Stufflebam, Takahiro A. Kato: »The Intersection of Culture and Solitude. The Hikikomori Phenomenon in Japan«, in: Robert J. Coplan / Julie C. Bowker (Hrsg.): The Handbook of Solitude, John Wiley & Sons Ltd. 2014, Seite 445 ff.

14 Ulrike Schlicht: Selbsterweiterungsprozesse alleinlebender Frauen, Dissertation, Waxmann 2002. Historische Ausführungen, insbesondere zur Situation der Frauen, finden sich in dem hervorragenden Buch von Carmen Alborch: Allein sind wir stark, Oesch Verlag 2001.

15 Heiko Ernst: »Endlich allein! Warum Sie mehr Zeit für sich selbst brauchen«, in: Psychologie heute, September 2003, Seite 25.

16 Siehe zum Beispiel Luc Goossens: »Affinity for Aloneness in Adolescence and Preference for Solitude in Childhood. Linking two Research Traditions«; in: Robert J. Coplan / Julie C. Bowker (Hrsg.): The Handbook of Solitude, John Wiley & Sons Ltd. 2014, Seite 150 ff.

17 Jerry M. Burger: »Individual Differences in Preference for Solitude«, in: Journal of Research in Personality 29, 1995, Seite 85 ff.

18 Nach ebenda Seite 89. Abraham Maslow: Motivation and Personality, Harper & Row, 1970.

19 Dorothea Krüger: Alleinleben in einer paarorientierten Gesellschaft, Centaurus 1990.

20 Elke Hartmann-Wolf: Die große Freiheit, in: Focus 25/2015, Seite 94 ff.

21 Einsamkeit & Gemeinsamkeit in Deutschland. Eine Studie von Harris Interactive und Wahlverwandtschaften e.V., 2014.

22 So bestätigt es unter anderem Daniel Russell, der eine Langzeitstudie in den USA dazu durchführte, nach Ines Possemeyer: »Einsamkeit«, in: GEO, 10/2002, Seite 46.

23 Vgl. Patricia Tudor-Sandahl: Verabredung mit mir selbst, Herder 2005

24 Bella DePaulo: »Single in a Society Preoccupied with Couples«, in: Robert J. Coplan / Julie C. Bowker (Hrsg.): The Handbook of Solitude, John Wiley & Sons Ltd. 2014.

25 https://de.statista.com/statistik/daten/studie/173640/umfrage/lebenseinstellung---single-aus-ueberzeugung/, letzter Aufruf Herbst 2016.

26 Susan Cain: Still, Goldmann 2013, Seite 14.

27 Ausführlicher dargestellt bezüglich Introversion/Extroversion ist dies in Susan Cain: Still, Goldmann 2013, Seite 228 ff.

28 ebenda, Seite 250.

29 Mit einem sogar internationalen Blick wird dies auch thematisiert in Hanna Rosin: Das Ende der Männer, Berlin Verlag 2013.

30 Vgl. ebenda, Seite 95 f.

31 Vgl. Christiane Rösinger: Liebe wird oft überbewertet, Fischer 2012, Seite 37. Sie beruft sich hierbei auf den Psychologen und Schlafforscher Michael H. Wiegand.

32 Nach Jerry M. Burger: »Individual Differences in Preference for Solitude«, in: Journal of Research in Personality 29, 1995, Seite 88. Jeffrey Kottler widmet dem Thema, allein ohne soziale Kontrolle zu sein, sehr viel Raum in seinem Buch *Kraftquelle Alleinsein*, Kabel 1996.

33 Siehe auch Britta Zangen: 50 plus und endlich allein, Bücken Sulzer 2005.

34 Peter Bieri: Wie wollen wir leben?, Residenz 2011, Seite 33.

35 Nach Jerry M. Burger: »Individual Differences in Preference for Solitude«, in: Journal of Research in Personality 29, 1995, Seite 85 ff.

36 Diese Zusammenhänge erklärt der herausragende Soziologe und »Beschleunigungsexperte« Hartmut Rosa, zum Beispiel

im Vortrag »In welchen Zeiten leben wir?«, Auditorium Netzwerk 2016.

37 Um hier tiefer einzutauchen, gibt es aus meiner Erfahrung nichts Besseres und Transformierenderes als die Bücher und Vortrags-DVDs von Eckhart Tolle.

38 Heiko Ernst: »Endlich allein! Warum Sie mehr Zeit für sich selbst brauchen«, in: Psychologie heute, September 2003, Seite 27.

39 Vgl. Ines Possemeyer: »Einsamkeit«, in: GEO, 10/2002, Seite 37.

40 Nach Jerry M. Burger: »Individual Differences in Preference for Solitude«, in: Journal of Research in Personality 29, 1995, Seite 88.

41 Leo Tolstoi, zitiert nach Martin Tamcke: Tolstojs Religion, Insel 2010, Seite 64.

42 Martin Hecht: »Zum Glück allein«, in: Psychologie heute, Dezember 2015, Seite 18.

43 Andrew Smart: Öfter mal auf Autopilot, Goldmann 2014, Seite 7.

44 Hans-Peter Hempel: »Allein-sein-Können kommt nicht von allein«, Interview in: Psychologie heute, September 2003, Seite 29.

45 Zum »Aufräumen« bis in die Generationen vor uns hinein gibt es eine sehr wirkungsvolle Methode von Vera Griebert-Schröder, die sie in ihrem Buch *Eine Reise zu den Ahnen* (Allegria 2015, Taschenbuch 2016) beschreibt.

46 Sehr einfach anwendbar zum Beispiel beschrieben in Hedy Lötscher-Gugler: Das Daumen-hoch-Prinzip, AT 2009. Grundlegender ist die Methode als EMDR bekannt.

47 Wie wir unser Erblühen freudvoll unterstützen können, habe ich in dem Buch *Alles, was mich glücklich macht* beschrieben, in das du außerdem deine eigenen Notizen

zu schönen Erinnerungen und allerlei anderen Schätzen deines Lebens machen kannst.

48 Zitiert nach Susan Cain: Still, Goldmann 2013, Seite 119.

49 Vgl. ebenda, Seite 144 ff.

50 Nach Mihaly Csikszentmihalyi: Flow und Kreativität, Klett-Cotta 2015 (1997), Seite 100.

51 Ebenda, Seite 177.

52 Ebenda, Seite 274.

53 Anna Gamma: Schön, wild und weise, Theseus 2015, Seite 141 ff. Siehe auch die dort zitierte Inge Stephan: Das Schicksal der begabten Frau, Kreuz 1990.

54 Dan Killey: Die Einsamkeit zu zweit, Kabel 1991, Seite 146.

55 Nach Mihaly Csikszentmihalyi: Flow und Kreativität, Klett-Cotta 2015 (1997), Seite 347.

56 Reinhold Messner: »Wer bist du, wenn du mit dir allein bist?«, Interview mit Norbert Copray, in: Zeit und Geist 5. Lieber allein?, Kösel 1991, Seite 80 ff.

57 Wer hierzu mehr lesen möchte, dem empfehle ich Maitreyi Piontek: Das Tao der Frau, Heyne 2008 (1996) und Weibliches Manifest, Heyne 2013 (2009).

58 Volker Elis Pilgrim in: Zeit und Geist 5. Lieber allein?, Kösel 1991, Seite 47 ff.

59 Ich möchte als Beispiel Maitreyi Piontek nennen, deren Arbeit eine tiefe Heilung des Weiblichen anstößt, die sich auch auf die Beziehungen zwischen Männern und Frauen auswirkt. www.maitreyipiontek.com.

60 Siehe Bella DePaulo: »Single in a Society Preoccupied with Couples«, in: Robert J. Coplan / Julie C. Bowker (Hrsg.): The Handbook of Solitude, John Wiley & Sons 2014, Seite 302 ff.

61 Zitiert nach SuperTV 32/2016, Seite 98.

62 Donald W. Winnicott: »Über die Fähigkeit, allein zu sein«, in: Zeitschrift für Psychoanalyse 12 (06) 1958.

63 Barabara Pachl-Eberhart: Warum gerade du?, Integral 2014, Seite 108.

64 Heiko Ernst: »Endlich allein! Warum Sie mehr Zeit für sich selbst brauchen«, in: Psychologie heute, September 2003.

65 Paul Ferrini: Das Geheimnis deiner neun Lebenszyklen, Ansata 2016, Seite 161.

66 Eva Jaeggi: Singles – gesellschaftliche Pioniere oder Narzissten, Auditorium Netzwerk 1993, Track 5.

67 Bonnie Kreps: Abschied vom Märchenprinzen, Fischer 1994.

68 Britta Zangen: 50 plus und endlich allein, Bücken Sulzer 2005.

69 Peter Schellenbaum in: Zeit und Geist 5. Lieber allein?, Kösel 1991, Seite 5.

70 Maja Storch: Die Sehnsucht der starken Frau nach dem starken Mann, Goldmann 2010, Seite 114.

71 Petra Mikutta: Die bessere Hälfte schenk ich mir, Rowohlt 2000.

72 Christiane Northrup: Frauenkörper, Frauenweisheit, Arkana 2010 (1994).

73 Vgl. Bonnie Kreps: Abschied vom Märchenprinzen, Fischer 1994.

74 Gerald Hüther beschreibt dies zum Beispiel in dem Vortrag: »Wie man sein Gehirn optimal nutzt«, 2 CDs, Auditorium Netzwerk.

75 Michael Nast: Generation beziehungsunfähig, Edel Germany 2016, Seite 237.

76 Zum Beispiel in Michael Mary: Die Beziehungs-Trickkiste, Gräfe und Unzer 2013.

77 Rebecca Niazi-Shahabi: Ich bleib so Scheiße, wie ich bin, Piper 2013.

78 »Frauen wissen heute sehr genau, was sie wollen«, Interview in: Brigitte 15/2016.

79 Maja Storch: Die Sehnsucht der starken Frau nach dem starken Mann, Goldmann 2010.

80 Vgl. Eva Illouz: Warum Liebe weh tut, Suhrkamp 2011; und auch Hanna Rosin: Das Ende der Männer, Berlin Verlag 2013.

81 Antje Joel: »Herzstillstand«, in: Süddeutsche Zeitung Magazin 51, 18. 12. 2015, Seite 34.

82 Stephan Hradil: »Der Single«, in: Stephan Moebius, Markus Schroer (Hrsg.): Diven, Hacker, Spekulanten. Sozialfiguren der Gegenwart, Suhrkamp 2010, Seite 349.

83 Susi Piroué: Vom Vergnügen, mit sich selbst zu reisen, Piper 2007, Seite 14.

84 Eva Gerberding / Evelyn Holst: Wer sagt, dass Männer glücklich machen?, Südwest 2013, Seite 125.

85 Jürgen vom Scheidt: »Wonnen der Einsamkeit«, in: Zeit und Geist 5. Lieber allein?, Kösel 1991, Seite 120.

86 Mehr zu Lilith findet sich zum Beispiel in Hannelore Traugott: Lilith, Edition Astrodata 1995. Außerdem in Anna Gamma: Schön, wild und weise, Theseus 2015.

87 Barbara Fredrickson: Bis hin zu Liebe, DVD, Auditorium Netzwerk 2014, Vortrag Teil 1.

88 Nach Bella DePaulo: »Single in a Society Preoccupied with Couples«, in: Robert J. Coplan / Julie C. Bowker (Hrsg.): The Handbook of Solitude, John Wiley & Sons 2014, Seite 302 ff.

89 Dalai Lama / Howard Cutler: Die Regeln des Glücks, Herder 2012, Seite 116.

90 Carmen Alborch: Allein sind wir stark, Oesch Verlag 2001, Seite 250.

91 Diesen Aspekt führt Anna Gamma aus, in: Schön, wild und weise, Theseus 2015

92 Hans-Peter Hempel: »Allein-sein-Können kommt nicht von allein«, Interview in: Psychologie heute, September 2003, Seite 29.

93 Jack Kornfield: Das innere Licht entdecken. Meditationen für schwierige Zeiten, Arkana 2011, 3 CDs.

94 Eckhart Tolle: Jetzt, Kamphausen 2003, Hörbuch, CD 5, Track 2.

95 Zeit und Geist 5. Lieber allein?, Kösel 1991, Seite 16.

96 Holger Lendt / Lisa Fischbach: Treue ist auch keine Lösung, Pendo 2012, Seite 286.

97 Erica Jong: Keine Angst vor fünfzig, zitiert nach Eva Gerberding / Evelyn Holst: Wer sagt, dass Männer glücklich machen?, Südwest 2013, Seite 89.

98 Hanna Rosin in einem Interview im Spiegel vom 31.12. 2012.

99 Das Gedicht ist sehr lang, deswegen kann ich es hier nicht komplett wiedergeben. Es findet sich auf www.sein.de/ wenn-du-die-welt-veraendern-moechtest-liebe-einen-mann/ (letzter Aufruf Oktober 2016).

100 Eckhart Tolle: Jetzt, Kamphausen 2003, Hörbuch, CD 6, Track 4.

101 Sophie Fontanel: Das Verlangen. Wie ich mir eine sexuelle Auszeit nahm – und die Lust neu entdeckte, Kailash 2012, Seite 19. Das Buch kommt wie ein autobiografischer Bericht daher, die Autorin betont allerdings in Interviews, dass es ein Roman mit autobiografischen Zügen sei. Während ihre Heldin die Enthaltsamkeit bewusst wählte, passierte sie der Autorin eher, weil ihr Körper so, wie sie es kannte, einfach nicht mehr wollte.

102 Eric Julian Manalastas: An Exercise to Teach the Psychological Benefits of Solitude. The Date with the Self, Philippin Journal of Psychology, 2010, 44 (1), Seite 95 ff.

103 Anregungen speziell dazu gibt dir mein Buch *Alles, was mich glücklich macht*, Integral 2016.

104 Eva Illouz: Warum Liebe weh tut, Suhrkamp 2011, Seite 270 ff.

105 Sehr gut und teilweise zeitgemäßer beschrieben ist dies
zum einen bei John A. Sanford: Unsere unsichtbaren
Partner, Ansata 1986, zum anderen bei Anselm Grün:
Lebensmitte als geistliche Aufgabe, Vier-Türme-Verlag
2009.

106 Manfred Stelzig: Keine Angst vor dem Glück, Ecowin 2008,
Seite 117 ff.

107 Katherine Woodward Thomas: Lass uns in Frieden auseinandergehen, Integral 2016, Seite 122.

108 Laurie Penny: Fleischmarkt, Nautilus Flugschrift 2012, Seite 9.

109 Wenn dein Inneres Kind stark verletzt ist und es dir schwerfällt, mit ihm in einen liebevollen Kontakt zu kommen,
können Bücher speziell dazu weiterhelfen. Der Klassiker
ist von Erika J. Chopich und Margaret Paul: Aussöhnung
mit dem inneren Kind, Ullstein 1993.

110 Vgl. Gerald Hüther: Etwas mehr Hirn, bitte, Vandenhoeck
& Ruprecht 2015, Seite 35.

111 Bruce Lipton im Vorwort zu James D. Baird: Glücksgene,
Integral 2010, Seite 11.

112 Wolf-Dieter Storl: Ur-Medizin, AT 2015, Seite 247.

113 Claus Eurich: Die heilende Kraft des Scheiterns, Via Nova
2014, Seite 130.

114 Barbara Mettler-von Meibom: Einsamkeit in der Mediengesellschaft, LIT 1996, Seite 225.

115 Norbert Copray: »Vorwärts zu den Wurzeln oder: Aus
Freiheit geboren«, in: Zeit und Geist 5. Lieber allein?, Kösel
1991, Seite 118 und 119.

116 Peter Schellenbaum in: Zeit und Geist 5. Lieber allein?,
Kösel 1991, Seite 6.

117 Über das Wirken von Feldern, in Anlehnung an Rupert
Sheldrake, haben Vera Griebert-Schröder und ich im Buch
*Großstadtschamanismus. Wie wir zu uns finden, wenn die
Welt sich immer schneller dreht* ausführlicher geschrieben.

118 Vgl. zum Beispiel Albrecht Mahr: Von den Illusionen einer unbeschwerten Kindheit und dem Glück, erwachsen zu sein, Scorpio 2016, Seite 216 ff.

119 Andreas Weber: »Das Schweigen der Pflanzen«, in: Evolve. Magazin für Bewusstsein und Kultur; 11/2016, Seite 36. Andreas Weber vertritt eine Bewegung des Enlivenment: eine folgerichtige Entwicklung nach dem Enlightenment, also der Aufklärung. Beim Enlivenment geht es »um eine neue Aufklärung, welche nicht nur die Emanzipation des denkenden, sondern auch die des fühlenden Menschen und die aller Lebewesen zum Ziel hat«, Seite 35, Seite 9.

120 Wolf-Dieter Storl im Vorwort zu Marianne Ruoff: Löwenzahn und Löwenkraft, AT 2017.

121 Penny McLean: Einsamkeit ist eine Sehnsucht, Peter Erd 1989, Seite 167.

122 Hermann Hesse: Lektüre für Minuten, Frankfurt 1975, Seite 90.

123 Claus Eurich: Das Gute im Bösen, Via Nova 2010, Seite 127 f.

124 Zitiert nach Martin Tamcke: Tolstojs Religion, Insel 2010, Seite 65.

Franziska Muri

Der individuelle Glückskompass

Welche Momente deines bisherigen Lebens bringen dich heute noch zum Lächeln? Welche Eigenschaften an dir selbst schätzt du besonders? Was möchtest du in diesem Leben unbedingt noch tun? Deine Antworten auf diese und viele weitere Fragen schaffen dir einen Schatz an Glücksmomenten, auf den du jederzeit zurückgreifen kannst. Sogar eine »Glückskur« lässt sich damit machen: Tägliches Eintauchen in berührende Erinnerungen und beflügelnde Gedanken zieht nämlich immer mehr Schönes in dein Leben. Warum das so ist und wie genau man das anstellt? Auch das erfährst du in diesem Buch. Mach es zu deinem persönlichen Sprungbrett ins Glück!

978-3-7787-9262-9

Leseprobe unter
www.ansata-integral-lotos.de

INTEGRAL

Franziska Muri

Liebe dich selbst,
dann liebt dich das Leben

Gut für sich selbst sorgen – sollte das nicht das Einfachste überhaupt sein? Doch wie oft sind wir für andere da, erledigen, was »unbedingt« getan werden muss – und stellen unsere eigenen Bedürfnisse hinten an?

Wie ein bewusster, liebevoller Umgang mit sich selbst gelingt, zeigt Franziska Muri. Ihre sieben Geheimnisse der Selbstfürsorge eröffnen auch im größten Trubel des Alltags einen Weg zu uns selbst. Sie helfen, uns so anzunehmen, wie wir sind, und uns um das zu kümmern, was uns wirklich guttut. So werden wir uns selbst zum besten Freund und geben unserem Leben eine stabile Grundlage, auf der Zufriedenheit, Freude und Gelassenheit wachsen können.

978-3-7787-9291-9

Leseprobe unter
www.ansata-integral-lotos.de

INTEGRAL